PARIS
LIBRAIRIE AUGUSTE AUBRY
Rue Séguier, 18
Ancienne rue Pavée-Saint-André-des-Arts

VOYAGE

DE

LISTER A PARIS

EN M DC XCVIII

PARIS. — TYPOGRAPHIE LAHURE
Rue de Fleurus, 9

VOYAGE
DE
LISTER A PARIS
EN MDCXCVIII

TRADUIT POUR LA PREMIÈRE FOIS

PUBLIÉ ET ANNOTÉ

PAR LA SOCIÉTÉ DES BIBLIOPHILES FRANÇOIS

ON Y A JOINT

des Extraits des ouvrages d'Évelyn relatifs à ſes voyages
en France de 1648 à 1651
            3   5

A PARIS
POUR LA SOCIÉTÉ DES BIBLIOPHILES

—

M DCCC LXXIII

AVERTISSEMENT.

Tout a été dit sur Louis XIV & son siècle, sur la société à laquelle il présidoit, sur l'entourage qu'il dominoit de sa majesté. Les rayons de nos bibliothèques ploient sous le faix des annalistes, traités spéciaux, pamphlétaires, panégyristes, historiens officiels, recueils de chansons dont le voisinage rappelle l'escorte obligée des anciens triomphateurs. Reste-t-il quelque chose à apprendre? quelque chose d'essentiel? Je ne sais; mais peut-être écoutera-t-on volontiers le témoignage d'un étranger à portée, par sa position, de nous dire de quelle façon la gloire du grand Roi frappoit les yeux de nations naguère ennemies & toujours rivales; comment elles apprécioient nos mœurs, nos arts, nos sciences. C'est ce que l'on peut demander au docteur Lister, qui, en 1698, accompagna le comte de Portland dans son ambassade auprès de Louis XIV, après la paix de Ryswick. Tel est le motif qui nous a engagé, autant que ses curieux détails fur le Paris d'il y a cent foixante-quinze ans, à publier une traduction des récits d'un voyageur, nous ne dirons pas inconnu, mais dont les œuvres n'avoient jamais pris place dans notre littérature (1).

On connoît trois éditions de Lifter, fi toutefois les deux premières, datées de 1698 & 1699, & complétement identiques, ne font pas la même (2). La troifième, donnée en 1823, par un confrère de l'auteur, le docteur Henning, avec d'affez nombreufes notes, promet merveilles, & ne tient guère fa promeffe. Mutilée de près d'un tiers, elle prétend parfois corriger l'ancien texte, celui qui avoit été publié fous les yeux de l'auteur même; mais ces corrections font trop malencontreufes pour que l'on foit tenté de les adopter. Nous lui avons cependant emprunté la notice biographique; la divifion par chapitres, plus commode pour le lecteur, & quelques notes. Ces notes font nombreufes & prolixes chez le docteur Henning, qui

---

(1) Il exifte à la Bibliothèque un manufcrit d'une traduction ancienne (vers 1720) de Lifter. Mais, outre que cette traduction eft affez négligée, je n'y ai trouvé aucune obfervation ni note à fignaler. Son auteur paroît tellement étranger à l'époque de Louis XIV, qu'il écrit Puffart pour Puffort. (B. J. P.)

(2) Lowndes indique également l'édition de 1698; autrement, je ne croirois pas à fon exiftence. Lifter, paffant les premiers fix mois de 1698 à Paris, n'avoit guère le temps de publier fon voyage dans les fix derniers mois de l'année. (E. de S.)

en réclame la responsabilité pour lui seul & qui fait bien. Nous avons dû les écarter presque toutes. Fausses, hasardées ou puériles, elles auroient inutilement chargé notre volume, qui tirera un tout autre intérêt de celles que nous ont communiquées trois de nos confrères. On les reconnoîtra à leurs initiales (1).

Nous avons suivi scrupuleusement le texte de l'édition de 1699. Nous n'en avons rien omis; pas plus les dissertations anatomiques & chirurgicales que le reste. C'est l'ouvrage d'un médecin. Si le lecteur y rencontre des passages choquants, fastidieux ou trop techniques, il va sans dire qu'il est libre de les passer. Nous avons également laissé subsister quelques expressions d'une familiarité bizarre. Ces expressions ou leurs équivalents sont dans l'original; elles caractérisent l'homme; & la fidélité à laquelle nous nous sommes astreint ne nous permettoit pas de les faire disparoître. La seule modification que nous nous soyons permise a eu pour objet de rétablir les noms propres & de rectifier les citations là où il en étoit besoin. Enfin, nous n'acceptons en aucune façon la responsabilité de certaines opinions qu'exprime nettement Lister

---

(1) Les notes de M. de Sermizelles sont désignées par les initiales E. de S., celles de M. le baron Pichon par les initiales B. J. P.; celles de M. Paulin Paris par les initiales P. P.; celles de M. le comte L. Clément de Ris par les initiales C. R.

fur le célibat des prêtres, par exemple. Proteftant, on ne doit pas s'attendre à le voir parler comme un catholique. C'eft fon affaire & non la nôtre. D'ailleurs, ce ne feront jamais de pareilles attaques qui diminueront ou augmenteront le nombre des vocations eccléfiaftiques ou religieufes.

Lifter étoit un favant, un lettré; mais — qu'il foit permis à un membre de la Société qui offre fon livre au public d'en faire la remarque — ce n'étoit pas un bibliophile. Il emporta de Paris, nous dit-il, deux ou trois volumes, &, après avoir un jour cédé à la tentation d'affifter à une vente de livres, il en fortit indigné des prix qu'ils atteignoient, laiffant les libraires s'en arranger comme ils pourroient. Ce n'eft pas fans mauvaife humeur qu'il parle de ceux-ci.

Ce n'eft pas ainfi que, quelques années plus tard, s'exprimoit fur leur compte le Suédois George Wallin dans un paffage de fa *Lutetia Parifiorum erudita* (1), que je demande la permiffion de citer :

---

(1) *Lutetia Parifiorum erudita fui temporis, hoc eft annorum hujus fæculi XXI & XXII auctore G. W. S. (Georgio Wallino Sueco), Norimbergæ, anno MDCCXXII;* in-12 de IV & 182 pages, plus 2 pour l'*errata*.

Wallin eft encore l'auteur d'une differtation fur fainte Geneviève, dans laquelle il attaque avec une forte de fureur l'hiftoire & même l'exiftence de cette fainte, dont le culte eft fi touchant & fi fympathique. Il en arrive à des raifonnemens comme ceux-ci : « Quoi! les prières de fainte Geneviève auroient fauvé Paris? Il n'y avoit donc pas

« Peut-être ceux qui voudroient faire en France le même voyage que moi & dans le même but se trouveroient-ils bien d'accepter le plan que j'ai suivi. Je n'ai eu qu'à m'en louer. Ce n'est pas sans raison, dit-on, que tous veulent apprendre, tandis que personne ne veut payer les frais d'apprentissage. C'est ici surtout que ce proverbe trouve son application. La plupart des voyageurs ont un grand désir de connoître les nouveaux écrits des savans, de les lire, d'en faire leur profit; mais le nerf de toutes les affaires leur manque souvent pour se procurer ceux de ces ouvrages qui leur plairoient; puis il ne convient guère à des gens qui ont devant eux un long voyage à faire de se charger de pareils embarras,

---

d'autres personnes qui prioient Dieu? Pourquoi Dieu ne les exauçoit-il pas aussi bien qu'elle (p. 149)? Loth étoit saint: il ne put sauver Sodome, & sainte Geneviève auroit sauvé Paris! »

Mais on trouve dans son livre, pour ainsi dire malgré lui, de curieux renseignemens sur le culte de sainte Geneviève à Nanterre, sur les processions & les *Eulogies* de sainte Geneviève, &c. (sous la Restauration, on en envoyoit encore au Roi & à la famille royale, me dit M. l'abbé Bossuet). Notre regretté collègue de Lincy a tiré bon parti de ce livre maussade dans son *Histoire des Femmes célèbres*, restée malheureusement incomplète.

Voici le titre de l'ouvrage: *G. Wallini de S. Genovefa.... disquisitio historico-critico theologica. Witterbergæ, sumptibus & litteris viduæ Cardeta*, 1723; 12 feuillets, dont le portrait de sainte Geneviève, & 276 pages in-4°. Figures intéressantes.

L'ouvrage est dédié au roi de Suède, que Wallin appelle son trèsbon & très-haut PATRON *après Dieu*. J'aime mieux sainte Geneviève. (B. J. P.)

s'il est permis de parler des livres de cette façon malséante. A ceux qui veulent à la fois satisfaire leur goût & ménager leurs finances, j'indiquerai une méthode aisée : il faut pour cela s'introduire dans la familiarité de deux ou trois des principaux libraires. Vous entrerez sans peine dans une liaison avec eux; car, à l'exemple de tous leurs compatriotes, ils sont surtout avec les étrangers d'un abord facile. Achetez-leur un ou deux ouvrages; tout leur magasin est bientôt à votre disposition. Vous pouvez ensuite le fréquenter aussi souvent qu'il vous plaira; parcourir tous les livres que vous voudrez : tous sont sous votre main, propres & bien reliés. Vous aurez, pour vous en servir, une table bien éclairée à côté de vous. Si c'est en hiver : un bon feu. Personne ne fera de bruit autour de vous; personne pour vous surveiller. Vous serez seul dans le magasin, qui vous sera livré comme si les maîtres vous avoient connu dès l'enfance. Les livres qu'ils n'auront pas, ils enverront, si vous le désirez, leurs domestiques les chercher ailleurs. Quant aux leurs, si vous voulez les lire chez vous, ils vous les confieront. Parmi les libraires à qui je suis redevable de ces bons offices, je citerai pour son extrême politesse M. Florentin Delaulne, qui, de son côté, je crois, n'aura pas eu à se plaindre de mon peu de soin (1).

---

(1) Avant le passage cité par M. de Sermizelles, il en est un autre

« Il ne s'en faut guère qu'à l'exemple de je ne sais quel empereur romain, je n'appelle Paris

---

(p. 148), curieux pour l'histoire du commerce des livres. Le voici : « Pour ce qui est des libraires, que j'appellerai *minorum gentium* (on appeloit ainsi à Rome les familles patriciennes qui ne remontoient pas à l'origine de la République), c'est-à-dire ceux qui vendent des livres, tant vieux que modernes, sous des auvens, sur tous les quais de la Seine & dans toutes les places & carrefours publics, je n'en parle pas, & leur nombre ne peut pas être évalué. Je ne dis rien non plus des amateurs libraires (*privatos bibliopolas*) qui font le commerce, non en public, mais chez eux. Lorsque j'arrivai à Paris, il y avoit encore une quatrième espèce de libraires assez plaisans, & qui ne manquoient jamais d'acheteurs. Sur des tables, sur des planches placées dans la rue étoient étalés des livres de toute espèce, & le marchand invitoit à haute voix les passans à les voir & à les acheter. J'ai encore dans les oreilles ces mots que j'ai entendu répéter si souvent : *Bon marché! Quatre sols, cinq sols la pièce! Allons! vite! Toutes sortes de livres curieux* (ces mots sont en françois dans le texte). J'étois stupéfait qu'on pût vendre à si vil prix des livres souvent très-rares & très-bien conditionnés (*rariores & elegantes*). Mais j'en appris bientôt les motifs. 1° Cette espèce de libraires n'a aucune connoissance des livres. 2° Satisfaits d'un petit bénéfice, ils revendront sans faire autrement attention ce qu'ils auront acheté aux conditions les plus faciles : car, à Paris, les bibliothèques des personnes qui meurent ne sont pas toujours vendues publiquement à l'enchère, comme cela se fait dans d'autres villes; mais on vend les livres, en quelque sorte, tant, à l'aune courante, à ceux qui en veulent. Cependant, peu après, ces ventes furent défendues par l'autorité supérieure, tant à cause des abus auxquels elles donnèrent lieu, qu'à cause des autres libraires, qui se plaignirent de ne plus voir personne (*querentium solitudinem ante ostium*). »

Ailleurs (p. 11) Wallin nous apprend que « le P. Ducerceau (qu'un ministre de l'instruction publique & des beaux-arts confondoit si adroitement naguère, dans une allocution publique, avec l'architecte du seizième siècle) avoit composé deux satires françoises : l'une, intitulée *Morolique*, contre M. Le Tellier, archevêque de Reims; l'autre, *le Petit*

cette chère ville, tant je m'en sépare avec peine; tant, rien que de penser à elle, il me semble

---

Flagellant, contre l'*Histoire des Flagellans* du docteur Boileau, mais que, malgré le haut prix que l'on étoit disposé à les payer, il étoit impossible de se procurer ni l'une ni l'autre. » Je n'ai vu ce fait littéraire mentionné nulle part.

Parlant (p. 122) de la bibliothèque de l'abbé Bignon, Wallin se plaint « que ce trésor soit invisible depuis que Law en a fait l'acquisition à haut prix. »

Mais je ne puis résister au plaisir de citer ce que dit Wallin des bibliothécaires parisiens en 1722 (p. 124) : « Quoiqu'à leurs yeux nous soyons des hérétiques, ils nous rendent tous les bons offices qu'ils peuvent imaginer & se donnent pour nous toutes les peines imaginables. Certes, ils n'ont pas cette pesanteur d'esprit & ce caractère morose dont j'ai vu infectés quelques bibliothécaires d'autres pays. Arrive-t-il quelqu'un dans le dépôt qui leur est confié, ils se cachent dans quelque coin, alléguant le froid en hiver & la chaleur en été; & leurs connoissances littéraires sont si légères, qu'ils ne savent pas ce que c'est que Lambécius, ni où il est. Le bibliothécaire parisien, au contraire, est profondément versé dans tout ce qui touche à toutes les branches de l'histoire, de l'étude & de l'érudition; ce qui permet à l'étranger d'apprendre beaucoup de lui. Sa civilité est telle, qu'il semble n'avoir été créé & mis au monde que pour vous. Dès qu'il vous voit arriver, abandonnant toutes les occupations qui l'accablent, il vole vers vous le sourire sur les lèvres & les bras étendus. Il ouvre les salles de la bibliothèque, vous y introduit, vous accompagne dans toutes les pièces, & ce n'est qu'avec beaucoup de peine & après beaucoup de prières que vous obtenez de lui de se couvrir de son bonnet. Tout ce qu'il a de curieux, de rare & de beau, il vous le montre sans en être prié, & par le seul effet de sa politesse. Il vous le met en main & vous engage à le prendre, à le feuilleter, à l'examiner. Vous entend-il témoigner le désir de voir un ouvrage, il sembleroit qu'un prince a parlé, tant il est prompt & empressé. Il parcourt aussitôt le catalogue, note la place du livre, parcourt les rayons & les armoires sans prendre le temps de respirer; traine les échelles lui-même, les dresse, les gravit, ne permet ni qu'on l'aide ni qu'on porte les

m'en arracher une seconde fois. Tout lecteur bien disposé, appréciateur équitable des Fran-

---

livres. Il approche un siége, dispose la table, sert debout le lecteur assis. On ne lui demande qu'un livre, il apporte dix autres ouvrages traitant le même sujet, afin qu'on puisse les comparer & prendre au moins leurs titres, si l'on n'a pas le temps de faire davantage. Il vous fournit de l'encre, des plumes, du papier, de la lumière même, si le jour baisse.

« Quand il vous voit bien au travail, de peur de vous gêner, il demande la permission de s'en aller, comme s'il ne pouvoit le faire qu'avec votre agrément. Il ferme les portes, vous laissant bien entouré de livres, bien pourvu des instrumens & du temps nécessaires. Après une heure ou deux, il revient; vous demande si vous êtes satisfait de tel ou tel auteur; quel jugement vous portez de son ouvrage; si vous désirez d'autres livres, tout prêt à vous offrir de nouveau son ministère. Sinon, & si vous cessez de lire, il réunit les volumes & les remet à leur place, étouffant quelquefois sous leur poids. Il garde toujours un front ouvert dans la crainte que vous n'attribuiez à l'impatience l'oppression (*suspiria*) que lui cause la fatigue. Enfin, quand vous partez, il vous remercie d'avoir honoré la bibliothèque de votre présence; il vous reconduit dans tous les escaliers jusqu'à la dernière porte, tête nue; a l'air de vous quitter avec le plus vif regret, & vous prie de revenir très-souvent, de ne pas épargner votre serviteur, de disposer de la bibliothèque, comme si elle étoit vôtre & tout à fait à votre volonté.

« Tel est le portrait du bibliothécaire parisien. Et si par hasard ce pauvre livre (*vile opusculum*) tombe un jour sous les yeux des François, qu'ils sachent que mon cœur n'est ni de fer ni de marbre, mais que je leur rends grâce autant qu'il est en mon pouvoir, & qu'en cela je ne fais qu'acquitter une dette. Mon nom ignoré n'est pas digne d'être gravé dans la mémoire de tant de gens éminens (*egregiorum*); mais qu'ils sachent seulement que je suis le lecteur le plus assidu qu'ils reçurent dans ce temps-là dans leurs bibliothèques. »

Si les bibliothécaires parisiens d'aujourd'hui ne se reconnoissent pas tous dans le portrait de leurs devanciers, ce n'est peut-être pas tout à fait de leur faute. Ce qui étoit possible pour un nombre limité de traçois, comprendra les justes motifs de cet amour innocent. Plût à Dieu que l'orage de malheurs qui s'apprêtoit à fondre sur moi n'eût pas troublé la paix de mon âme! Plût à Dieu que les soupirs secrets & les larmes, qui me rendirent si amères les plus grandes & les plus innocentes délices de l'univers entier, n'eussent pas eu de véritables causes (1). Adieu cependant, ville aussi agréable dans la prospérité que pleine de consolations pour l'adversité & les âmes souffrantes! Adieu, ville qui m'as été également douce dans les deux fortunes! Paris, ville bien chère, car mon amour pour toi ne me permet pas d'en dire plus. Peut-être le sort me fournira-t-il l'occasion de parler encore de toi; mais je dois à présent mettre fin à cet ouvrage où j'ai vanté ton

---

vailleurs réels & sérieux, ne l'est plus avec la société très-mêlée, à tous les points de vue, qui a envahi les bibliothèques. Lauraguais, dans sa *Lettre à Mme**, où, au travers des nuages métaphysiques & des écarts d'un esprit mal ordonné, il y a des pensées remarquables & justes, des anecdotes amusantes, & ce beau fragment des mémoires de la duchesse de Brancas, Lauraguais, dis-je, remarque que le public, ayant voulu entrer partout, est entré en effet partout, mais que les lieux où il est entré ne sont plus restés ce qu'ils étoient avant son introduction; de façon que le public n'a pas vu ce qu'il vouloit voir. Ceci s'applique aux bibliothèques comme aux cours & à bien d'autres choses. (B. J. P.)

(1) Wallin venoit d'apprendre la mort inattendue de son pére, évêque de Nordland. Cette mort le contraignit de revenir en Suède plus tôt qu'il ne se l'étoit proposé. (E. de S.) Il me semble, au ton du style, que la mort de son pére n'entroit que pour une moitié dans le chagrin que causoit à Wallin son départ de Paris. L'amour qu'avoit su lui inspirer quelque jolie Parisienne devoit y figurer pour l'autre moitié. (C. R.)

bonheur de renfermer dans ton sein un si grand nombre d'érudits. Mais combien seroit plus grand mon bonheur à moi si, en te voyant adopter une autre religion, je pouvois dire que le tien est arrivé à son comble (1). »

C'est avec ces paroles attendries que Wallin prend congé de Paris & lui souhaite d'abandonner son antique foi. Il y a de cela juste cent cinquante ans, & depuis lors Paris a été bien près d'accomplir le vœu du voyageur. Paris prenoit-il ainsi le chemin du Paradis terrestre ? S'acheminoit-il, au contraire, sur la voie diamétralement opposée ? Les mois de mars, avril & mai 1871 sont là pour répondre.

Je reviens à Lister après une digression peut-être trop longue.

A l'époque de son voyage à Paris, Louis XIV n'est plus pour nous à son apogée : dès ce moment le soleil du grand règne s'abaisse rapidement vers son déclin. Je ne pense pas qu'il en fût de même pour les contemporains auxquels l'éclat d'un passé si récent devoit encore fermer les yeux sur sa décadence. Lister obéit sans doute entièrement à cette impression. Mais un de ses compatriotes, né & mort peu d'années avant lui, John Évelyn, dont nous allons raconter la vie, a laissé également des notes sur Paris. Ces notes ont été écrites cinquante ans avant celles de

---

(1) **Pages 149** & suivantes.

Lister : c'est le Paris de la régence d'Anne d'Autriche dont il s'agit & point encore celui de Louis XIV. L'aspect doit en être tout autre; mais les ressemblances, s'il y en a, & les contrastes doivent offrir un égal intérêt. Le lecteur pourra en juger, la Société des bibliophiles ayant bien voulu accueillir ma proposition & autoriser la publication, dans ce même volume, de la partie du journal d'Évelyn, qui contient le récit de son séjour à Paris en 1648 & années suivantes.

E. DE SERMIZELLES.

JOHN EVELYN.

La vie d'Evelyn s'eſt écoulée ſous le règne de Charles Ier, le protectorat de Cromwell, les règnes de Charles II, de Jacques II, de Guillaume III, & les premières années de la reine Anne. Elle a traverſé preſque entièrement le ſiècle pendant lequel ſe ſont développés les élémens de la proſpérité & de la puiſſance de la Grande-Bretagne.

John Evelyn eſt né à Wotton, dans le comté de Surrey, le 31 octobre 1620. Il étoit le quatrième enfant & le ſecond fils de Richard Evelyn & d'Eléonor, fille unique de John Standsfield, d'une ancienne famille du Shropshire éteinte vers cette époque. La famille d'Evelyn ſubſiſte encore avec honneur. Vers 1620, elle poſſédoit depuis plus d'un ſiècle une grande opulence. Pluſieurs terres conſidérables appartenoient à cette maiſon d'origine normande. L'une des ſources de ſa richeſſe avoit été la fabrication de la poudre. Le père d'Evelyn, comme ſes ancêtres, poſſédoit pluſieurs poudreries.

Ce fut à l'école de Southover que l'enfant fit ſes études, juſqu'à ſon entrée à l'univerſité. Il fut admis en 1637 au collége de Baliol (Oxford). Il s'étoit fait antérieurement inſcrire pour l'étude du droit à l'Inn de Middle Temple. Jeune alors, ſa vie paroît avoir été, comme elle le fut toujours, parfaitement ordonnée. Rien ne donne à penſer que ſon journal ne diſſimule quelque irrégularité.

Au bout de quelques années, les agitations politiques vinrent troubler, comme le reste du pays, le calme des villes universitaires. Evelyn choisit ce moment pour faire un court voyage dans les Pays-Bas. Il se rendit à Genappe, qu'assiégeoient les François & les Hollandois, soutenus par quelques compagnies angloises. La ville étoit prise quand il arriva. Le capitaine Honeywood l'admit comme volontaire, &, pendant qu'on relevoit les fortifications de la place, Evelyn, une pique à la main, prenoit part au service militaire. Soldat *ad honores*, il devoit préférer & préféra, en effet, figurer sur les bancs de l'université de Leyde. A Dort, il assista à l'entrevue de la reine Marie de Médicis, exilée avec sa fille la reine Henriette-Marie.

Les agitations s'aggravant & la guerre civile étant déclarée, il revint en Angleterre & se rendit à l'armée royale avec l'intention de prendre part à la bataille de Brentford. Après avoir eu l'insigne honneur de donner au Roi un cheval tout équipé, il quitta l'armée. Les terres de son frère aîné (leur père étoit mort depuis peu) n'étoient pas éloignées de Londres. Sa famille, ses biens étoient exposés à la vengeance des parlementaires si sa présence sous le drapeau royal eût été connue. Charles Ier lui-même aima mieux se priver d'un soldat que de causer la ruine d'une maison opulente, bien disposée pour sa cause, & l'autorisa à passer à l'étranger.

Evelyn partit pour la France. Nous donnons le récit de son séjour, où nous avons pris ce qui nous a semblé le plus intéressant. De France il passa en Italie, qu'il visita à peu près tout entière, après s'être fixé pendant plusieurs mois à Padoue pour y étudier l'anatomie. Inscrit à l'université, les étudians lui conférèrent le plus grand honneur dont ils disposoient en le nommant *syndicus ar-*

tiftorum. Il refufa cette dignité, qui demandoit de l'affiduité, une certaine refponfabilité & de la dépenfe. Il confeffe ingénument que ce refus ne plut guère à fes compatriotes, qui s'étoient donné beaucoup de mal pour le lui faire obtenir.

Il n'entre pas dans notre plan de donner des détails fur ce voyage d'Italie, quelque intéreffant qu'il foit; mais je dois dire que partout où Evelyn s'arrêta on reconnoît à fes acquifitions, à l'attention qu'il donna aux beautés de la nature & aux monumens des arts, le bibliophile diftingué, le futur fondateur de la Société Royale & le confeil du comte d'Arundel dans le don que ce grand feigneur fit à Oxford des célèbres marbres qui portent encore fon nom.

Après un féjour d'environ deux ans en Italie, Evelyn revint en France par Genève. « Nous nous fîmes, dit-il, conduire en bateau à Lyon en traverfant d'admirables rochers. De Lyon nous montâmes à cheval pour Roanne, couchant en chemin à Feurs. A Roanne, on nous offrit tout ce que la France pouvoit contenir de meilleur, car les provifions y font auffi bonnes qu'abondantes, & notre fouper auroit pu fatisfaire un prince. Nos lits étoient de damas & dignes de coucher des empereurs. La ville eft l'une des mieux bâties de France, fur le bord de la Loire. Nous y fîmes marché avec un vieux pêcheur pour nous conduire en bateau jufqu'à Orléans. Dès le premier jour, nous arrivâmes à Nevers affez à temps pour pouvoir vifiter la ville, la cathédrale (de Saint-Cyr), le collége des Jéfuites & le château ducal. Le pont eft fort beau. Le lendemain nous paffâmes à la Charité, jolie ville fur la rivière. J'y perdis mon fidèle épagneul Piccioli, que j'avois depuis Rome. Des pages & des laquais du gouverneur me le volèrent, paroît-il, &

j'en fus très-fâché, à caufe des bonnes qualités de ce pauvre chien. Le jour fuivant nous atteignîmes Orléans. Nous ramions chacun à notre tour, & je penfe que mon compte monte bien à une vingtaine de lieues. De temps en temps nous nous promenions dans les prés & les champs qui bordent la rivière. Nous tirions aux oifeaux, & tout nous étoit bon. A d'autres momens on jouoit aux cartes, on chantoit, on faifoit des vers; car nous avions avec nous le grand poëte M. Waller, & d'autres gens d'efprit. "

Pendant fes voyages en France, Evelyn avoit vécu dans une grande intimité avec fir Richard Browne, ambaffadeur de Charles Ier auprès du roi de France. Il s'étoit attaché à fa fille, qu'il époufa à Paris le 27 juin 1647. Le 4 octobre fuivant, après une abfence de quatre ans, il retourna en Angleterre, où le rappeloient fes affaires, laiffant fa femme, très-jeune encore, à la garde de lady Browne. Cette union, que ne paroît avoir troublé aucun nuage, dura près de foixante ans. Mme Evelyn furvécut de trois ans à fon mari, & mourut à Londres, le 9 février 1709, à l'âge de foixante-quatorze ans.

En Angleterre, Evelyn réfidoit principalement à Sayes-Court, domaine de fon beau-père, dont il fit plus tard l'acquifition. Sir Richard Browne lui confia plufieurs miffions auprès du roi Charles Ier, dont il alla baifer la main à Hampton-Court, le 10 octobre 1647. Quelques mois après, Charles Ier étoit mort, &, quoique Evelyn fût en Angleterre, quoique fes opinions & fon attachement à ce prince fuffent connus, il fut agir avec affez de circonfpection pour ne pas être inquiété, & pour obtenir des parlementaires des laiffer-paffer qui lui permettoient d'aller & de venir d'Angleterre en France. Dès le commencement de 1652 il réfolut de s'établir définitivement dans fon pays & de fe fixer à Sayes-Court. Immédiatement après, il alla à Wotton, chez fon frère, qui l'appeloit pour lui demander fon avis fur fes jardins. Les plans d'Evelyn furent fuivis; & cette terre, dont il hérita plus tard, fubfifte encore aujourd'hui avec fon parc tel qu'il l'avoit tracé.

Une fois en Angleterre, Evelyn continua à fe livrer à fon goût pour les jardins & à étudier les arts, dont la pratique ne lui étoit pas étrangère. A fon retour d'Italie, il avoit gravé fur fes deffins quelques vues prifes entre Rome & Naples. Il dédia le recueil de fes gravures à Thomas Henshawe. Quelques années plus tard, en 1649, il publia une traduction de la *Servitude volontaire*, fuivie par d'autres traductions : du *Bon Jardinier françois*, du V⁰ livre de *Lucrèce*, de l'*Inftruction* de Naudé pour dreffer une bibliothèque, du *Traité de l'Éducation des enfans* de faint Jean Chryfoftome, &c.

Après la reftauration de Charles II, à laquelle il travailla avec plus de zèle peut-être que d'efficacité, bien accueilli à la cour; mais fans vouloir demander ni accepter de fonctions permanentes, il fut prefque toujours employé dans des commiffions d'utilité publique. Il publioit de temps à autre quelques opufcules propres à feconder fes vues dans les fonctions qui lui étoient confiées. Son *Fumifugium*, ou le moyen de diffiper la fumée & les brouillards de Londres, a été réimprimé plufieurs fois. A la même époque, il s'en prit à la toilette des femmes dans fon *Tyrannus ou la Mode*. Je ne fais fi le *Tyrannus* eut beaucoup de fuccès. Evelyn avoit imaginé pour les hommes un coftume (1) qui fe rapprochoit beaucoup de la robe ar-

---

(1) Ce coftume étoit noir, doublé de blanc. Les jeunes gens dont il contrarioit le goût de parure affuroient qu'on n'en avoit pas été cher-

ménienne. Charles II voulut bien l'adopter, & la mode en dura huit jours.

S'il falloit retracer sa vie en détail & transcrire tout ce que la Correspondance & les Mémoires que nous avons sous les yeux contiennent de curieux, nous finirions par faire une traduction complète. Bornons-nous à dire que peu de vies furent plus calmes que la sienne, & mieux remplies d'occupations utiles ou agréables. Le seul, le grand malheur de son existence fut la mort de presque tous ses enfans. Il leur donne dans ses *Mémoires* de touchans regrets. Toutefois il laissoit par son petit-fils sa maison bien établie.

Toujours admis avec empressement à la cour de Charles II, il ne prit aucune part aux désordres de tout genre dont elle étoit le théâtre. « Ce prince, dit-il, a toujours été bon & bienveillant pour moi dans toutes les circonstances; je serois ingrat si je ne déplorois pas sa mort, comme je le fais de toute mon âme, & par devoir & par bien d'autres raisons encore. »

« Je n'oublierai jamais, ajoute-t-il plus loin, le jour de la proclamation de Jacques II, la débauche, les discours profanes, le jeu, la dissolution & l'oubli total de Dieu, dont je fus témoin il y a aujourd'hui huit jours (c'étoit un dimanche soir). Le Roi badinoit avec ses concubines, les duchesses de Portsmouth, de Cléveland, de Mazarin; un page françois chantoit des chansons d'amour dans cette splendide galerie, tandis qu'une vingtaine de courtisans & d'autres personnes dissolues jouoient à la bassette autour d'une grande table, sur laquelle étoient éta-

---

cher le modèle bien loin : le plumage des pies en avoit fourni l'idée. La plaisanterie n'étoit pas neuve : depuis longtemps on s'en servoit contre les Dominicains. (E. de S.)

lées plus de deux mille pièces d'or. Deux gentilshommes qui étoient avec moi m'en témoignèrent leur stupéfaction. Six jours après, ce n'étoit plus que poussière (1). »

Sous Jacques II, Evelyn fut nommé commissaire du sceau privé, & en plusieurs circonstances refusa fermement de contre-signer des ordres du Roi qu'il désapprouvoit. Le Roi ne paroît pas lui en avoir su mauvais gré. Il ne prit aucune part à la révolution de 1688; mais son fils étoit allé rejoindre l'armée du prince d'Orange.

Le 4 mai 1694, Evelyn, appelé à Wotton par son frère aîné, âgé & sans héritier mâle, se rendit à son invitation. « Ce jour-là, dit-il, je quittai Sayes-Court avec ma femme & quatre domestiques, emportant beaucoup de meubles, des tapisseries, &c., pour meubler les appartemens que mon frère m'avoit assignés, & revenir, plus de quarante ans après l'avoir quitté, passer le reste de mes jours avec lui, à Wotton, où je suis né. J'ai laissé ma maison de Sayes-Court toute meublée, avec trois domestiques, à mon gendre Draper, qui y passera l'été & tout le temps qu'il lui conviendra. » Cinq ans après, son frère mourut, lui léguant la terre de Wotton, qu'il ne quitta plus. Quant à Sayes-Court, le czar Pierre étant à Deptford pour y étudier la construction des vaisseaux, loua cette maison & la laissa, en partant, dans un état de désordre & de malpropreté que comprendront ceux qui

---

(1) Cette soirée du 1er février 1685 a laissé une trace ineffaçable dans l'histoire d'Angleterre. Les artistes & les écrivains se sont faits l'écho du sens moral de la nation angloise, profondément froissé par le spectacle de cette débauche. (Voir le tableau de Matthew Ward à la *National Gallery*, & l'admirable passage de lord Macaulay au commencement du chapitre IV.) Macaulay s'est servi, pour composer son récit, des documens fournis par Évelyn, corroborés par ceux échappés à la plume de Saint-Évremond. (C. R.)

font au fait des habitudes du Czar & de sa cour. Evelyn y avoit planté des haies de houx d'une rare beauté, hautes & impénétrables, pensoit-il, comme des murailles. L'un des grands divertissemens de Pierre Ier, étrange mélange de bête fauve & de grand homme, consistoit, après boire, à se faire traîner dans une brouette, puis à passer & repasser au travers de ces haies, malgré leurs épines. C'étoit le cœur du propriétaire qui saignoit. Pour panser ses plaies, le gouvernement anglois lui accorda une indemnité de 150 l. st.

Les dernières années d'Evelyn le conduisirent à une vieillesse avancée, mais sans aucun affoiblissement intellectuel. Ses lettres en font foi. Elles s'écoulèrent doucement dans les mêmes occupations qui avoient charmé sa jeunesse. Sans ambition — nous avons constaté son indépendance dans ses fonctions temporaires de garde des sceaux — : membre de la Société Royale dès sa fondation, il en fut plusieurs fois le secrétaire, mais il en refusa la présidence. Il n'accepta point non plus la chevalerie que le roi Charles II voulut lui conférer. Après sa mort, son petit-fils fut nommé baronnet en 1713.

Occupé jusqu'à ses derniers momens d'art, de sciences, de belles-lettres, d'archéologie, & même de poésie — car il composoit des vers que l'on estime encore —, il fut bien l'homme de son temps : je veux dire du temps de Charles II. A ses yeux, Waller étoit avec Hudibras (c'est ainsi qu'il nommoit Buttler) le plus grand poëte de son époque. On ne rencontre dans ses œuvres ni le nom de Shakespeare, ni celui de Burton, dont l'*Anatomy of melancoly* fut le seul livre qui fît lever le docteur Johnson deux heures plus tôt. Il nomme une fois « ce Milton qui a écrit une apologie du régicide » & ne mentionne pas davantage Dryden. Peut-être l'auteur dramatique négligé éloignoit-il du poëte l'homme auſtère. Après tout, il reſte dans les goûts littéraires d'Evelyn aſſez à louer pour que, cent cinquante ans plus tard, le premier M. d'Iſraeli ait pu lui conſacrer le paſſage ſuivant de ſon *Literary character* : « Le nom d'Evelyn, dit-il vers la fin de ſon livre, revient ſouvent ſous ma plume. Cet écrivain publia près de trente traités divers à une époque où le goût & la curioſité n'avoient pas encore pris racine en Angleterre. Son patriotiſme ne s'étoit pas refroidi ſous les neiges de plus de quatre-vingts hivers. De ſa main mourante, il libelloit un dernier legs à ſes compatriotes. Evelyn nous donne une aimable idée de ſes ouvrages & de leur objet : il nous enſeigne à planter, puis à bâtir ; après nous avoir appris à nous employer utilement à l'extérieur de nos demeures, il eſſaya de nous créer à l'intérieur des occupations utiles & amuſantes, grâce à ſes travaux ſur la gravure, la peinture, la numiſmatique, la bibliophilie ; ſoit qu'il vante le goût des médailles & des eſtampes, ſoit qu'il cherche à débarraſſer Londres de ſa fumée ou à la purifier par des plantations, qu'il enrichiſſe nos vergers, qu'il bâtiſſe des glacières, qu'il invente des ſalades, philoſophe membre de la Société Royale, ſatirique raillant la mode ou moraliſte héſitant entre la vie active & la vie contemplative, jamais, dans ces travaux d'une exiſtence ſi bien remplie, la meilleure part n'en ſera ſuffiſamment louée. Tant que la Grande-Bretagne conſervera ſa prépondérance en Europe, la *Sylva* d'Evelyn ſe préſentera à la penſée avec ſon cortége de chênes triomphans. Dans ſa troiſième édition, le cœur du patriote ſe réjouit de ſes ſuccès. Il dit à Charles II combien de milliers de chênes ont été plantés & ont multiplié ſous l'inſpiration de cet ouvrage. C'eſt lui qui du fond de ſa retraite ſtudieuſe, jetant un regard prophétique ſur notre siècle, assura le triomphe de nos escadres & leur domination sur les mers. Demandez à l'amirauté angloise comment ont été construites les frégates de Nelson : elle vous répondra que ce fut avec les vieux arbres plantés par le génie d'Evelyn. »

Outre ses résidences à la campagne, Evelyn possédoit toujours une habitation à Londres. Ce fut là qu'il mourut, le 27 février 1705-6. Il est enterré à Wotton, où l'on peut voir sa tombe & son épitaphe. Je ne la transcrirai pas ici, préférant reproduire quelques lignes du testament de sa veuve, dans lesquelles elle demande que son corps repose auprès de celui de son mari, « dont l'amour, dit-elle, & l'amitié m'ont rendue heureuse pendant cinquante-huit ans & neuf mois. Les soins qu'il prit de mon éducation — elle n'avoit pas treize ans lors de son mariage — furent ceux d'un père, d'un amant, d'un ami, d'un mari. Ils se sont continués de même que sa tendresse, son affection, sa fidélité jusqu'au dernier moment de sa vie. Je dois le mentionner par reconnoissance envers sa mémoire, qui me sera toujours si chère, & je ne dois pas oublier ma gratitude envers mes parens pour m'avoir confiée à de si dignes mains. »

La descendance d'Evelyn s'éteignit en 1812 : sir Frédéric, son arrière-petit-fils, n'ayant point d'enfans, laissa Wotton à sa veuve, qui, à son tour, le transmit à John Evelyn, descendant de Georges, grand-père de notre Evelyn.

Heureux les peuples qui conservent & respectent ces traditions : elles sont l'origine, l'appui & la sauvegarde de l'avenir.

E. DE SERMIZELLES.

Il exiſte de nombreux portraits d'Evelyn peints & gravés. Voici ceux dont nous avons pu conſtater l'exiſtence :

Portraits peints & deſſinés.

1. Evelyn en 1641, à vingt & un ans; peint par Van der Borcht, peintre allemand, amené en Angleterre avec Venceſlas Hollar par le comte d'Arundel (*Mémoires*, t. Ier, p. 15).

2. Evelyn en 1648, à vingt-huit ans; peint par Robert Walker. « 1er juillet 1648, j'ai poſé devant M. Walker, cet excellent peintre, pour ce portrait où il y a une tête de mort. » (*Mémoires*, t. Ier, p. 247.)

3. Evelyn en 1650, à trente ans; deſſiné à la mine d'argent par R. Nanteuil en même temps que le portrait de Mrs Evelyn & que celui de R. Browne. C'eſt d'après ces deſſins que furent gravées les deux planches dont nous parlons plus loin. Ces trois portraits ſont conſervés à Wotton.

Nous ſavons en outre par les *Mémoires* (t. Ier, p. 249) qu'un portrait de Mrs Evelyn fut peint à l'occaſion de ſon mariage par Sébaſtien Bourdon.

4. Evelyn en 1685, à ſoixante-cinq ans; peint par Godefried Kneller. Les *Mémoires* (t. Ier, p. 239) nous apprennent que ce portrait fut terminé le 8 octobre 1685. Il eſt aujourd'hui à Wotton. Gravé en 1818 par Bragge.

5. Evelyn en 1689, à ſoixante-neuf ans; peint par Godefried Kneller pour Pepys, l'ami d'Evelyn. Nous ſavons par les *Mémoires* (t. II, p. 299) qu'il fut terminé le 8 juillet 1689. Aujourd'hui à Wotton. (E. de S.)

Portraits gravés.

1. Evelyn, gravé par Nanteuil d'après le deſſin cité § 3. Il eſt connu ſous le nom du *Petit Mylord*. Le perſonnage eſt vu à mi-corps, de face, légèrement tourné vers la gauche, la tête découverte, le buſte enveloppé d'un manteau : viſage allongé, nez long & proéminent, jolie bouche ombragée d'une légère mouſtache, regard mélancolique ; longue perruque retombant négligemment ſur les épaules, col uni rabattu. L'enſemble offre ce type d'élégance & de diſtinction qui caractériſe les portraits de Van Dyck. Au bas, les armes d'Evelyn, qui ſont d'azur au griffon paſſant d'or, au chef d'or. Deviſe : *Meliora retinete*. En deſſous, un paſſage d'Iſocrate en grec.

Il exiſte quatre états de cette planche, tous très-exactement décrits par Robert Dumeſnil dans le *Peintre graveur françois*, n° 93, article *R. Nanteuil*. Il eſt probable que la planche de ce portrait ſe trouve encore en Angleterre (voir à ce ſujet une note de M. de Montaiglon, article *Nanteuil*, dans l'*Abecedario de Mariette*).

2. Evelyn, gravé en 1818 en Angleterre, par Bragge, d'après le portrait de Godefried Kneller, cité § 4. Evelyn eſt vieux : il a ſoixante-cinq ans (1685). Il eſt vu à mi-corps, debout, vêtu d'une robe de chambre, le corps de profil à gauche, la tête de trois quarts ; il tient dans ſa main droite ſon livre de *Sylva*. Au bas, un fac-ſimile de ſon écriture & la date de *Wotton* 1704.

3. Evelyn, gravé en 1776 par Bartolozzi, d'après quelque portrait de Godefried Kneller ou dans ſa manière, mais différent du précédent (probablement d'après le portrait cité § 5).

Enfin, on poſſède un charmant portrait de Mrs Evelyn

gravé en 1818 par Meyer, à la manière angloife. Elle eft vue en bufte, fans les mains, de face, légèrement tournée vers la gauche : cheveux bouclés encadrant la figure & retombant fur les épaules; pendans d'oreilles & collier de perles, robe décolletée; figure régulière, expreffive, de grands yeux, un beau nez, une jolie bouche; belle perfonne, mais plus de charme encore que de beauté. Au bas, ces mots : « *Engraved by Meyer from an original drawing by* R. Nanteuil, *at Paris*, 1650. » C'eft la gravure du crayon de Nanteuil citée § 3. (C. R.)

Les quelques pages intitulées : *Les Chofes les plus remarquables de Paris*, font partie d'un volume de mélanges provenant de la collection de M. Alexis Monteil, l'érudit auteur de l'*Hiſtoire des François de divers États*. Je m'en rendis acquéreur, en 1852, à la vente publique de cette curieuſe collection. Les nombreuſes pièces qui compoſent ce volume ont été recueillies pendant la dernière moitié du dix-ſeptième & la première du dix-huitième ſiècle. La date de celle que nous publions n'eſt pas connue; mais tout nous porte à la fixer vers 1660. L'auteur, on s'en apercevra facilement, n'eſt pas un appréciateur bien ſagace & bien éclairé des monumens & des œuvres d'art qu'il recommande à l'attention des voyageurs; mais il exprime aſſez nettement, quoique d'une façon bien incomplète, l'idée que l'on ſe faiſoit des choſes les plus remarquables de la ville de Paris à cette époque. Il jette çà & là un nouveau jour ſur quelques curieux cabinets, ſur quelques belles maiſons, aujourd'hui détruites, ſur des monumens, des tableaux, des ſtatues alors attribués avec plus ou moins de raiſon à des artiſtes à qui on les conteſte aujourd'hui. Il ſe peut donc que la critique contemporaine trouve quelques motifs de conteſter ou de modifier certaines provenances ou certaines attributions conſacrées par le temps

& infirmées par la ſcience. C'eſt ce qui nous a fait penſer que ce petit mémorandum ne feroit pas déplacé à la ſuite de nos deux voyageurs.

Paulin PARIS
(De l'Inſtitut).

PRÉFACE

DE L'ÉDITEUR DE 1823.

C'EST en 1698 que le docteur Martin Lifter, médecin de grande réputation, à Londres, écrivit & publia l'ouvrage que l'on offre une feconde fois au public. Il avoit accompagné le comte de Portland dans fon ambaffade en France pour les négociations de la paix de Rifwick.

Dans cette circonftance, le docteur Lifter paffa à Paris fix mois, qu'il employa à converfer avec les gens lettrés de cette capitale, à examiner fous leurs divers afpects les curiofités naturelles ou artiftiques & les antiquités, les bibliothèques & les jardins, les palais & les hôtels des particuliers. Des notes qu'il avoit prifes, il compofa un volume, qu'il publia à fon retour, fous le titre de *Voyage à Paris en* 1698.

Mainte anecdote fur des perfonnages de diftinction ajoute à l'intérêt de fon récit : fes nombreufes réflexions & fes remarques annoncent le favant profond, l'homme du monde éclairé & l'honnête homme accompli.

On a penfé que cet ouvrage, bien accueilli lors de fa publication, valoit la peine d'être publié de nouveau, moins encore pour fa rareté que pour la curiofité que doivent exciter fes defcriptions d'une magnificence & d'une grandeur qui ne font plus. L'éditeur a jugé à propos d'ajouter à fon texte de nombreufes notes biographiques & hiftoriques & des éclairciffemens fur plufieurs des hommes connus dont il y eft parlé. C'eft de ces additions feulement qu'il entend accepter la refponfabilité.

ESSAI

SUR

LA VIE DU DOCTEUR LISTER.

MARTIN Lifter naquit vers l'an 1638. Sa famille, originaire du *Yorkshire*, s'étoit, à l'époque de fa naiffance, établie dans le comté de Buckingham & avoit déjà fourni plufieurs hommes diftingués dans l'art de la médecine. Il faut noter parmi eux Sir Mathieu Lifter, qui eut l'honneur infigne d'être le médecin de Charles Ier & préfident du collége des médecins.

Martin eut l'avantage d'être élevé fous la direction de Sir Mathieu fon oncle : placé au collége de S. John à Cambridge, il y reçut en 1658 le grade de bachelier, & à la reftauration, en 1660, il fut, grâce à fon royalifme ferme & décidé, nommé, par ordre royal, membre de ce collége. Deux ans après, il fut reçu maître ès arts, &, s'adonnant à l'étude des fciences médicales, il alla voyager en France pour travailler affidûment à élargir le cercle de fes connoiffances. En 1670, il revint en Angleterre & s'établit à York, où il acquit à jufte titre une grande réputation de talent & de fcience dans fon art.

Le temps qu'il pouvoit dérober à l'exercice de fa profeffion il le confacroit avec autant de zèle que de goût à des recherches fur l'hiftoire naturelle & les antiquités des diverfes provinces d'Angleterre, particulièrement fur celles du nord : & il entreprit plufieurs voyages dans ce feul but. Les communications qu'il fut ainfi à portée de faire à la Société royale fur divers fujets de météorologie, d'hydrologie, de minéralogie, de botanique, de zoologie, d'anatomie, de pharmacie, d'antiquités : les traités fpéciaux qu'il avoit antérieurement publiés fur l'hiftoire naturelle, furent affez nombreux & d'une affez grande importance pour le faire admettre dans cet illuftre corps. Il donna auffi au mufée Ashmoléen d'Oxford un grand nombre de monnoies anciennes, d'autels, d'autres antiquités & de curiofités naturelles. Il fit auffi préfent à ce même mufée des deffins originaux faits par fes filles pour le *Synopfis conchyliorum*. Sa réputation avoit alors atteint un fi haut point dans tout le royaume, que fi éloigné qu'il fût de la métropole, on le preffa de s'y établir. Cédant aux follicitations de fes amis & du public, il fe fixa à Londres en 1683. Au printemps de la même année il reçut d'Oxford le diplôme de docteur en phyfique à la recommandation fpéciale du lord chancelier, & bientôt après il fut nommé membre du collége des phyficiens (1).

Occupé fans relâche, durant le long efpace de vingt-fix ans, des devoirs de fa profeffion & d'autres études fatigantes, il jugea prudent de fe donner enfuite un peu plus de repos. Sa fanté étoit fort affoiblie ; pour la rétablir, il faifit avec empreffement l'occafion d'aller en France à la fuite de l'ambaffadeur : l'expérience lui avoit appris

---

(1) J'ai dû me fervir de ce terme qui, tout en ayant le même fens que celui de médecin, a en anglois une fignification plus honorable. En Angleterre, la poffeffion de ce titre a donné lieu à des procès. (E. de S.)

que l'air de ce pays où il avoit déjà fait deux voyages lui étoit falutaire. Il y paffa fix mois ; & à fon retour il écrivit pour la fatisfaction du public le récit de ce qu'il avoit vu & remarqué dans la capitale de ce pays.

En 1709, la maladie du docteur Hannes lui valut le titre de médecin ordinaire de la reine Anne. Il ne jouit pas longtemps de cet honneur, car en février 1712 (N. S.), il mourut dans fa foixante-quatorzième année, ufé par l'âge & les infirmités.

Après cette efquiffe de la vie de Lifter, telle que j'ai pu la tracer fur les rares matériaux que le hafard m'a fournis, le lecteur fera peut-être bien aife de trouver ici quelques remarques concifes fur fes écrits & fur leur caractère.

Quoiqu'on ait noté dans les écrits de Lifter des idées hafardées & trop d'attachement aux doctrines des anciens auteurs, ils ne font pourtant pas dépourvus d'obfervations folides & nombreufes, réfultat de fa propre expérience.

Il n'eft point d'ouvrage qui donne une meilleure preuve de l'exactitude de fa critique que fes *Exercitationes de fontibus medicatis Angliæ*.

Le même éloge s'applique à fes *Exercitationes fex medicinales*, publiées d'abord en 1694, puis, de nouveau, avec des additions, fous le titre de *Octo exercitationes*, &c., en 1697, quand fa fanté déjà chancelante lui impofoit la néceffité d'une vie plus fédentaire & l'abandon d'une profeffion fatigante. Les maladies dont il s'y occupe font l'hydropifie, le diabète, l'hydrophobie, le mal vénérien, le fcorbut, la goutte, le calcul & la petite vérole.

Pour le traitement de l'hydropifie, il met fa principale confiance dans les purgatifs draftiques & une févère abftinence de liquides.

Il pense que le diabète consiste dans le relâchement des vaisseaux rénaux. Il n'admet pas la saveur sucrée dans les premières périodes de la maladie ; & il cite un exemple d'une guérison opérée par la boisson abondante de vin où l'on avoit fait bouillir du gingembre, en donnant au malade du petit-lait pour apaiser sa soif.

Pour l'hydrophobie, il affirme que personne n'en guérit jamais, une fois que la terreur de l'eau s'est manifestée. Il raconte l'histoire d'un certain Corton qui est fort curieuse & digne d'être lue.

Il considère le mercure comme le grand spécifique du mal vénérien : mais à son avis un antidote est nécessaire pour combattre certains effets du remède lui-même ; & cet antidote c'est le gayac.

Le calcul est, dit-il, identique à la vraie pierre. C'est aux substances ingérées qu'il l'attribue & à la foiblesse des organes sécrétoires : ceux-ci sont à son avis la cause *sine quâ non* de la maladie.

Il attribue l'origine de la goutte à la débilité des organes destinés à la sécrétion des humeurs dans les articulations. Pour le traitement, une grande abstinence de solides aussi bien que de liquides. *Parva cibatio summæ curæ fit,* c'est là, dit-il, une règle d'or.

Sur le scorbut, comme on pouvoit s'y attendre, rien qui mérite d'être remarqué : mais à propos de la petite vérole il blâme sévèrement le traitement rafraîchissant introduit par Sydenham, & Sydenham pour l'avoir fait. Il exprime une préférence décidée pour les remèdes dits *alexipharmaques.*

Sa *Dissertatio de humoribus*, la dernière de ses productions & l'œuvre de sa vieillesse, est pleine d'assertions gratuites & hypothétiques & de réfutations des autres théoristes. Il s'y montre aussi sévère pour Dracke &

Ruysch qu'il l'avoit été pour Sydenham dans son *Traité de la petite vérole.*

Il publia aussi dans les *Transactions philosophiques* une quarantaine d'articles, sans compter les ouvrages suivans :

Historiæ Animalium tres tractatus: unus de Araneis; alter de Cochleis terrestribus & fluviatilibus; tertius de Cochleis marinis, in-4°, 1678.

Exercitatio anatomica de Cochleis maxime terrestribus, & Limacibus, in-8°, 1694.

Exercitatio altera anatomica de Buccinis fluviatilibus & marinis, in-8°, 1695.

Exercitatio anatomica tertia Conchyliorum bivalvium, in-4°, 1699.

Il publia encore une édition de l'ouvrage de Godard, sur les insectes : il le refondit presque entièrement & y mit beaucoup plus de méthode.

Mais de ses ouvrages, celui dont je dois m'occuper aujourd'hui, c'est son voyage de Paris. Je n'ai été encouragé à le donner au public que par le désir de faire partager à ceux qui pourroient ne l'avoir jamais lu, le plaisir que j'ai eu à le parcourir. Qu'il obtienne l'approbation de tout le monde, je n'ose m'en flatter, car je sais combien les lecteurs en général ont peu de goût pour tout ce que le temps a, je ne dirai pas seulement vieilli, mais fait oublier.

Ceux-là seuls que leurs préjugés ou la rareté du volume ont empêchés de le lire, ont pu se refuser à croire qu'il contînt une quantité de choses curieuses. Il faut pourtant reconnoître qu'il s'y rencontre quelques bagatelles, comme si l'auteur s'étoit borné à transcrire son journal; & le style en est fort négligé. C'est néanmoins un fait avéré qu'il fut assez bien accueilli pour engager l'auteur à le réimprimer l'année suivante (1). Ceci dut lui donner d'autant plus de satisfaction qu'on avoit essayé de tourner en ridicule non-seulement le livre, mais aussi l'auteur lui-même à propos de son livre. Son principal critique fut le docteur William King, légiste remarquable pour sa verve satirique & le sérieux de son persiflage. *Ridentem dicere verum quis vetat?* Telle étoit sa devise, & dans cette circonstance, il imagina de donner une parodie du voyage de Lister en écrivant un voyage analogue, mais fictif, de Paris à Londres qu'il attribuoit à Sorbière, lequel trente ans auparavant avoit publié un voyage qu'il avoit réellement fait en Angleterre & qui étoit si remarquable pour ses inexactitudes & son ignorance des mœurs & des usages de ce pays où il avoit passé trois mois, qu'en pareil cas l'emploi de son nom devenoit à lui seul une satire.

Peut-être ne déplaira-t-il pas au lecteur de connoître quelques échantillons de l'œuvre ironique du docteur King; je vais donc lui en citer deux ou trois passages des plus vifs & des plus plaisans.

« Quoique, » dit-il en faisant allusion à l'amour de la nature dont le docteur Lister se dit possédé dans son introduction, « quoique j'eusse fait rencontre d'un gentleman anglois qui m'avoit offert de me montrer les princes du sang, les principaux ministres d'État, &c., je ne laissai pas de le remercier de sa civilité & je lui dis tout net que j'avois bien plus de plaisir à voir le brave John Sharp de Hackney, criant, en blouse blanche, les navets à un

---

(1) Je doute fort de l'existence de cette deuxième édition donnée en 1700, peut-être y a-t-il eu un titre renouvelé, & d'ailleurs dans sa Préface (page 2) le docteur Henning dit que c'est la *seconde* fois que le voyage de Lister est offert au public. (B. J. P.)

liard la botte, que Sire Charles Cotterel faisant faire place à un ambassadeur : & que j'avois bien plus de goût & de facilité pour me mettre dans la tête la physionomie d'une centaine de mauvaises herbes que celles de cinq ou six princes. »

Un peu plus loin : « La raison qui fait qu'il y a bien plus de bateaux au-dessous du pont qu'au-dessus, c'est qu'il y a là une douane, &c., & ce qui fait qu'il reste là tant de si grands navires de toute sorte & de toute nation, c'est qu'ils ne peuvent pas passer sous le pont. (Ouf!) Mais en revanche il y a bien des petites barques qui passent des balais, du pain d'épice, du tabac, & de quoi boire la goutte. (Ah bravo!) »

Puis encore, & c'est le dernier morceau de cette parodie que je veuille citer : « Je me promenois dans S. James-Park. Il n'y a là ni pavillons, ni décorations de treillages & de fleurs, mais bien une immense quantité de canards. C'étoit surprenant à voir : & je ne pus m'empêcher de dire à M. Johnson, qui avoit bien voulu m'accompagner dans cette promenade, qu'à coup sûr toutes les mares d'Angleterre avoient contribué pour leur part à cette profusion de canes. Ce mot lui fit tant de plaisir qu'il courut soudain à un vieux monsieur qui étoit assis dans un fauteuil à leur donner à manger, lequel se leva d'un air très-obligeant, m'embrassa, me baisa sur les deux joues, & m'invita à dîner en me disant combien il m'étoit obligé des complimens que j'avois adressés aux canards de Sa Majesté. »

Notre satirique ne s'en tint pas là, mais jugea à propos de prendre pour but de ses sarcasmes le docteur & son édition d'Apicius. Pour cette fois ce fut un poëme qu'il intitula : *L'Art de la Cuisine à l'imitation de l'Art poétique d'Horace*. Il l'adresse au docteur Lister qu'il fait en quelque forte le héros de la pièce. En voici le début :

> Ingénieux Lifter, te fembleroit-il bon
> Qu'à Cynthie on donnât pour gorge un fauciffon,
> Des pieds de veau ; pour bras, les ailes d'une dinde ?
> Peignant ainfi, Kneller n'eût point gravi le Pinde.

Un peu plus loin il dit :

> S'il vivoit ce poëte, & s'il pouvoit chanter
> Ton voyage, ô Lifter, tes exploits : te vanter,
> Héros qui fus braver & Paris & fes filles
> Pour en goûter la foupe, & manger des morilles !

Dans tout cela, il y a au moins autant d'injuftice & de mauvaife foi que de talent. Au refte, le public goûta peu la plaifanterie, encore que l'écrivain dans fa tendreffe pour fon œuvre ait eu foin de fe faire fouvent connoître comme l'auteur des voyages de Sorbière à Londres.

Tous les ouvrages de Lifter fourniffent la preuve du foin minutieux qu'il apportoit dans fes obfervations : &, dans ceux qui font plus fpécialement anatomiques, de l'infatigable attention qu'il mettoit à rechercher & à développer dans leurs plus menus détails la ftructure du corps humain & celle des animaux inférieurs. Le grand reproche à lui faire c'eft cet amour exceffif de la controverfe & fa févérité envers les phyficiens même les plus diftingués qui avoient le malheur de différer d'opinion avec lui. En plus d'une occafion le grand Sydenham fut l'objet de fon aigre critique, je dirois prefque de fa groffièreté. Parlant de lui en gros avec d'autres favans, il emploie l'injuftifiable défignation de *nos gens*, *noftri homines*. C'eft à lui qu'il fait allufion lorfqu'il mentionne ces vains & récents commentateurs de la nature qui cherchent à jouer le philofophe, au moyen d'explications en l'air de la nature des maladies & de leurs remèdes, pour s'attirer ainſi quelque crédit auprès des ignorans. Tels ſont, ajoute-t-il, tous ceux qui n'ont pas étudié la phyſique à fond & pour tout de bon. Il faut dire, au contraire, à l'éloge de Sydenham que, bien qu'il ſe plaigne ſouvent, & de façon à montrer qu'il en étoit touché, de la dureté & de l'injuſtice de ſes contemporains, jamais il n'en déſigne aucun par ſon nom.

Ces ménagemens ne furent pas du goût de l'illuſtre & prodigieux anatomiſte Ruyſch. Stigmatiſé par Liſter, dans ſa diſſertation ſur les humeurs, il céda à ſon irritabilité naturelle & repouſſa l'attaque avec chaleur & en apparence avec juſtice. « Perſonne, » dit-il, dans la préface de ſon *Theſaurus anatomicus novus*, « perſonne ne pourra nier qu'il ne ſoit fort indécent à Martin Liſter, Anglois, l'avocat de l'exiſtence des glandes dans les viſcères, de m'accuſer à pluſieurs repriſes dans ſon *Traité des humeurs* d'avoir avancé des *fauſſetés*. Ce ſeroit avec bien plus de juſtice qu'on lui renverroit cette accuſation, à lui qui a eu la préſomption de décider ſur des objets qu'il n'avoit jamais vus. Comment ſouffrir que de pareils calomniateurs ſe mêlent de prononcer ſur ce qu'ils ignorent complétement?

« Bien plus, dans divers paſſages de ce traité, je ſuis le ſujet de ſes attaques parce que, ſuivant lui, j'aurois ſoutenu en public (tandis que je ne l'ai jamais dit ni écrit) que je niois complétement l'exiſtence des glandes dans le corps : & que, quant à celles du cerveau, j'affirmois que ce n'étoit que de la graiſſe, &c. J'apprendrois avec plaiſir pourquoi il n'a cité ni le paſſage ni tout au moins l'ouvrage où je me ſerois exprimé de la ſorte; &, certes! quiconque a lu ce que j'ai publié, ſait bien que c'eſt tout le contraire!

« Je ne vais cependant pas m'arrêter à insulter ce champion des glandes, parce que le hasard a voulu qu'il pensât autrement que moi & que, les yeux fermés aux découvertes modernes & obstinément attaché à ses vieilles hypothèses, il essaye de réfuter mes doctrines, sans avoir eu seulement l'occasion de voir les nouvelles pièces & les préparations qui sont dans mon cabinet! »

Il est bon d'observer que Lister, tout en se laissant aller si aisément à son goût pour le sarcasme, se donne toutes les peines du monde pour se persuader à lui-même & faire croire aux autres qu'il a en aversion cette sévérité impolie : *A qua tamen inurbanitate maxime abhorreo*.

On pourroit dire, pour excuser ce défaut, qu'il est le seul que la postérité lui connoisse (1).

---

(1) Le *Manuel de Lowndes*, nouvelle édition, aideroit à compléter la partie bibliographique de cette notice, encore qu'on n'y trouve pas le détail de ce que Lister a publié dans les *Transactions philosophiques*. (E. de S.)

M. le docteur Henning a oublié un des ouvrages les plus estimés de Lister, c'est son édition d'Apicius Cœlius. Londres, Bowyer, 1705, in-8°, tirée à cent vingt exemplaires & réimprimée en 1709, à Amsterdam. C'est d'autant plus étonnant qu'il rapporte (page 9) l'allusion ironique faite par King à l'Apicius. Si ce livre singulier a été, comme Lister paroît assez bien le prouver, écrit du temps d'Héliogabale, on peut dire que la cuisine du moyen âge étoit la même que la cuisine romaine. (B. J. P.)

ÉPÎTRE DÉDICATOIRE.

A SON EXCELLENCE JOHN,

Lord Sommers, baron d'Evesham, lord grand chancelier & l'un des lords-justiciers (1) *d'Angleterre.*

Mylord,

C'est sur la sagesse que reposent la justice & l'équité, & il ne semble pas qu'elle soit accomplie si elle ne comprend aussi la philosophie, les sciences naturelles & tout ce qui est de bon goût dans les arts. Il est certain, Mylord, à l'honneur de votre haute position, que c'est parmi vos prédécesseurs que l'on compte les plus grands philosophes de ce siècle; & Votre Seigneurie ne leur cède en rien; comme si rien en effet ne savoit mieux inspirer l'équité qu'une juste appréciation des arts & des sciences utiles. C'est là ce qui m'enhardit à présenter à Votre Sei-

---

(1) *Lord-justicier*, synonyme de régent. C'étoient les lords-justiciers qui administroient l'Angleterre durant les voyages que faisoit Guillaume III sur le continent. (E. de S.)

gneurie ce tableau reſtreint de la magnifique & noble ville de Paris, & de la cour de ce grand Roi qui a tant & ſi longtemps inquiété l'Europe & coûté en particulier à l'Angleterre tant de tréſors & de ſang. Peut-être, Mylord, pourrez-vous, pour vous diſtraire, conſacrer une heure de loiſir à ces pages où je me flatte que vous ne rencontrerez rien qui puiſſe vous déplaire, mais de ſimples faits avec les remarques d'un obſervateur ſans préjugés. Et pour ne point vous importuner plus longtemps au milieu de vos occupations ſi laborieuſes & ſi utiles, je vous demande la permiſſion de me dire,

Mylord,

De Votre Seigneurie,
Le très-humble & très-obéiſſant ſerviteur,

Martin LISTER.

VOYAGE A PARIS

EN 1698.

☙

AU LECTEUR.

C'EST furtout pour fatisfaire ma curiofité & m'amufer du fouvenir de ce que j'ai vu, que j'ai écrit ce petit livre. Je cherchois à m'occuper en un lieu où je n'avois guère autre chofe à faire qu'à me promener çà & là, & où je n'ignorois pas que mon titre d'étranger me donnoit un libre accès auprès des hommes & des chofes. Les François fe piquent de civilité ; ils bâtiffent & s'habillent principalement pour paroître. Ce goût-là fert la curiofité des étrangers & la leur fait agréer.

Mais à quoi bon un nouveau voyage à Paris, dans une ville fi connue ? Pour cette excellente raifon, de m'épargner la peine à mon retour de recommencer trop fouvent le même récit. — Mais nous favons déjà tout ce que vous pouvez dire, ou nous pouvons le lire dans l'*Etat de la*

France (1) ou dans la *Defcription de Paris* (2), deux livres qui fe trouvent chez tous les libraires de Londres. — Vous le pouvez, il eft vrai, & je vous engage à ne les pas négliger fi vous voulez bien juger de la grandeur de la cour de France & de l'immenfité de Paris. Ce font là des lunettes dont moi auffi j'ai voulu effayer ; mais j'ai trouvé qu'elles n'alloient pas à ma vue : j'ai réfolu de m'en paffer, & comme il s'agiffoit d'une grande ville & de vaftes palais, j'ai penfé que je pouvois bien ne pas me fervir de loupes ni de microfcopes.

Mais pour vous mettre de fuite à l'aife, je vous promets, lecteur, de ne pas vous ennuyer de cérémonies d'Etat ou d'Eglife, ni de politique. Ce n'étoit jamais de mon plein gré que j'y prenois part; & il falloit pour cela ou que la converfation l'exigeât ou que ma promenade me fût prefcrite à l'avance. Vous verrez fans peine à mes obfervations que je fuis plus difpofé à faire ma cour à la nature qu'aux puiffances. J'avois plus de plaifir à voir monfieur *Braman* (3) bêcher en vefte blanche dans le jardin du Roi & y femer fes couches, que de voir Monfieur de Sainctot introduire un ambaffadeur ; & j'avois plus de goût & d'aptitude à retenir le nom & la phyfionomie d'une centaine de plantes, que celle de cinq ou

---

(1) Livre du plus haut intérêt, dont il y a eu un grand nombre d'éditions de 1649 à 1748.

(2) De Germain Brice, autre livre fort curieux dont il y a eu neuf éditions, [favoir : 1684 (& 1685), (réimprimé à la Haye, 1685), 1687, 1698, 1700, 1706, 1713 (réimprimé à Amfterdam, 1718), 1717, 1725 & 1752 (celle-ci faite en effet en 1736). (B. J. P.)

(3) Le nommé Braman a le foin particulier de la culture des fimples & a la direction de tout ce qui dépend du jardin. Ses foins & fon habileté ont été fi loin, qu'il eft parvenu à affembler jufqu'au nombre de 5000 plantes différentes des quatre parties du monde, &c. (Brice, 1698, II, 16.) V. p. 8, la parodie de ce paffage. (B. J. P.)

six princes. Après tout, j'aurois bien préféré une promenade le long de la plus misérable haie en Languedoc aux plus belles allées de Versailles & de Saint-Cloud, tant je mets la simple nature avec un beau soleil au-dessus des chefs-d'œuvre de l'art le plus exquis sous un climat froid & stérile. J'ai encore un autre motif pour ne vous importuner que bien peu d'affaires de cour, c'est que je n'avois pas plus à m'occuper de l'ambassade (1) que de la manœuvre du vaisseau qui m'avoit amené. Il me suffit à moi, comme au reste du peuple anglois, d'en ressentir les bons effets, & de passer cette vie dans la paix & la tranquillité. C'est un bonheur pour nous quand les rois se raccommodent : c'étoit là le but de cette ambassade (2), & j'espère que cela durera tout le temps qui me reste à vivre.

Mylord ambassadeur fut accueilli avec beaucoup de distinction par le roi, les princes & les ministres. Il est sûr que les François sont la nation la plus polie du monde & savent complimenter & recevoir de bien meilleur air que le reste de l'Europe. Cependant la généralité du royaume sentoit vivement la nécessité de la paix : quelques bigots, quelques officiers réformés (3) se mirent

---

(1) L'ambassade dont il s'agit venoit négocier le traité de paix qui, de la maison où les pourparlers avoient eu lieu & qui appartenoit au roi Guillaume, prit le nom de paix de Riswick. (Henning.)

(2) Sa durée ne dépassa guère trois ans. A la mort du roi Jacques, le 6 septembre 1701, Louis XIV, non-seulement reconnut son fils comme roi d'Angleterre, mais encore disposa le roi d'Espagne, le pape & le duc de Savoie à en faire autant. Ceci, regardé avec raison par la cour d'Angleterre comme une violation directe du traité de Riswick, le comte de Manchester reçut ordre de quitter Paris sans prendre congé, & la guerre fut déclarée. (Henning.)

(3) En France, les militaires se plaignoient du traité, qu'ils trouvoient déshonorant. En Angleterre, les Jacobites en furent atterrés,

bien d'abord à murmurer, mais ils finirent par céder, eux aussi, & nous n'entendions plus rien dire lors de notre départ; mais revenons à nos affaires.

J'arrivai heureusement à Paris, après un long voyage, par un mauvais temps; car, parti de Londres le 10 décembre, je n'atteignis Paris que le premier janvier. J'étois tombé malade en chemin, & je demeurai seul cinq jours à Boulogne, jusqu'à ce que ma fièvre eût cédé; & cependant, malgré un voyage si pénible, en dix jours je me remis, & je fus parfaitement guéri de ma toux. C'étoit elle qui m'avoit déterminé à quitter Londres à une pareille époque de l'année, & je n'en eus pas le moindre retour de tout l'hiver, quoiqu'il fût aussi rude à Paris que je l'eusse jamais éprouvé à Londres. Ces bienfaits de l'air de France, je les avois déjà ressentis à trois reprises diverses; aussi ce voyage étoit depuis bien des années l'objet de mes vœux, mais la guerre leur opposoit un obstacle insurmontable. Je saisis donc

---

parce que jusqu'à la fin Louis n'avoit cessé de dire qu'il n'abandonneroit jamais les intérêts de leur prince. La reine, Marie de Modène, se fioit tellement à cette parole, qu'elle fit dire à ses partisans que l'Angleterre resteroit en dehors du traité, & qu'elle auroit à soutenir la guerre à elle seule. Et quand le roi de France lui apprit la ratification du traité, elle ne craignit pas de lui répondre qu'elle souhaitoit qu'il pût être aussi avantageux à sa gloire qu'à son repos.

Mais c'est le sort des mesures d'intérêt public d'être vantées ou blâmées, en raison des intérêts ou des caprices individuels. C'est ce qu'un peu plus tard on put voir sous le règne de la reine Anne. La guerre des alliés arrêtant tout commerce avec la France, & ayant fait imposer des droits énormes sur ses vins, cette dernière circonstance, présentée comme une calamité intolérable, & ressentie comme telle par les nombreux amis de la bouteille, forma contre le duc de Marlboroug une coalition puissante qui, outre son frère le général Churchill, comptoit dans ses rangs des membres du Parlement, des hommes de loi, du clergé, des gens de plaisir, qui tous réclamoient à grands cris la paix pour terminer leurs souffrances. (Henning.)

avec empressement la première occasion qui se présentoit : mylord Portland (1) avoit bien voulu me permettre de l'accompagner dans son ambassade extraordinaire, & il me dit de partir en avant avec ceux de mes bons amis qu'il envoyoit tout disposer pour son arrivée.

Pour ne point dire au hasard de ma mémoire ce que j'aurai vu à Paris, j'ai résolu de le distribuer en catégories distinctes.

---

(1) Le comte de Portland étoit l'un des trois plénipotentiaires. Né en Hollande, à la révolution il suivit en Angleterre le prince d'Orange, qu'il avoit déjà eu occasion de servir dans des circonstances secrètes & d'importance. En 1689, il fut créé comte de Portland, & nommé premier gentilhomme de la chambre (*groom of the stole*). Pendant dix ans il eut la confiance du roi, qu'il servit fidèlement, mais sans pouvoir obtenir la faveur de la nation angloise, jalouse à la fois & contemptrice des étrangers. Il fut à la fin supplanté dans la faveur de Guillaume par Keppel, qui, de simple page & sans que rien pût justifier cet avancement, fut créé comte d'Albemarle avec la libre disposition de toutes les grâces royales. Irrité de la supériorité que son rival avoit prise sur lui pendant son absence, le comte de Portland profita de quelques passe-droits qu'on lui avoit faits dans ses fonctions de premier gentilhomme pour donner sa démission de tous ses emplois & se retirer de la cour. Le roi fit ce qu'il put, mais en vain, pour le détourner de cette résolution. Le comte néanmoins ne renonça pas au service de son maître ; il consentit à accepter des fonctions à l'étranger, & conserva son attachement pour lui jusqu'à la fin. Appelé au lit de mort de Guillaume, & arrivé comme il avoit déjà perdu la parole, le roi lui prit la main & la porta avec tendresse sur son cœur. (Henning.)

CHAPITRE I.

PARIS EN GÉNÉRAL.

Quoique j'aie eu bien du temps à ma difpofition pendant les fix mois (1) que j'ai paffés à Paris, la rigueur de la faifon m'en a cependant fait perdre une partie que je fus obligé de garder la chambre. D'ailleurs, je ne penfe pas avoir vu la dixième partie de ce qui mé-

---

(1) Burnet explique comme il fuit les lenteurs des négociations. Le traité marcha lentement jufqu'à ce que Harlay, chef des plénipotentiaires françois, fût arrivé à la Haye. On penfoit que c'étoit lui qui en avoit le fecret, & il paroiffoit mieux difpofé que fes collègues à agir avec franchife & à éloigner les difficultés qu'on avoit foulevées précédemment. Mais pendant qu'on fe communiquoit diverfes pièces, le maréchal de Boufflers demanda une conférence avec le comte de Portland : ils fe virent quatre fois par ordre de leurs maîtres, & demeurèrent longtemps enfemble. Lord Portland dit plus tard à Burnet que c'étoit le roi Jacques qui avoit été le fujet de leur entretien. On finit par décider que ce prince fe retireroit à Avignon, & que les 50000 liv. fterl. ftipulées annuellement en faveur de la reine par fon contrat de mariage lui feroient auffitôt payées. Une autre difficulté, vraie ou fauffe, dit un écrivain françois contemporain, fut la reconnoiffance du titre de Guillaume. Quand les plénipotentiaires françois eurent promis que le roi leur maître le reconnoîtroit comme roi de la Grande-Bretagne, ils parurent croire que cette conceffion avoit affez d'importance pour l'engager à renoncer à d'autres articles auxquels Louis étoit oppofé. Mais Guillaume reprit avec chaleur qu'on n'avoit qu'à effacer cet article & à s'occuper des autres, parce qu'il ne vouloit pas que cette condition apportât le moindre obftacle à l'admiffion de ceux-ci. (Henning.)

ritoit d'être vu & soigneusement examiné, parce que je n'éprouvois aucun goût pour bien des choses, & en particulier pour la peinture & l'architecture. Néanmoins j'ai visité cette ville dans toutes ses parties; j'en ai fait le tour; j'en ai pris à distance des vues d'ensemble de divers endroits; & il faut bien convenir que c'est l'une des plus belles & des plus magnifiques qu'il y ait en Europe, & où un voyageur trouveroit aisément de quoi occuper tous les jours sa curiosité durant six mois. Pour en donner une idée générale, sans entrer dans de vaines discussions sur son étendue & sa population comparées à celles de Londres, je dirai qu'à l'entrée de Mylord ambassadeur la foule étoit telle que tous nos Anglois en étoient étonnés, & auroient le lendemain volontiers abandonné la question s'ils n'avoient mis dans la balance la curiosité des Parisiens, bien plus avides de pompes & d'apparat que les gens de Londres, curiosité qui les avoit attirés presque tous sur le passage de la cavalcade. Ce qui prouve ce goût jusqu'à l'évidence, c'est qu'il y avoit là des centaines de carrosses de personnes de la première qualité, parmi elles, même des pairs & des évêques, que j'y vis, qui se tenoient rangés en ligne dans les rues & avoient eu la patience d'y demeurer des heures entières (1).

---

(1) Il s'agissoit là de faire honneur à l'ambassadeur, & pas du tout de curiosité. Nombre de gens en outre se trouvoient à ces entrées pour se donner de l'importance, & faire croire qu'ils étoient de rang à ce que leur présence y fût désirée. (E. de S.)

Il y a dans le *Mercure galant* de mars 1698 une intéressante relation de cette entrée. Il y est dit, entre autres choses, « qu'il se trouva une très-grande affluence de peuple depuis l'entrée du faubourg Saint-Antoine jusqu'à l'hôtel des Ambassadeurs extraordinaires, rue de Tournon (*caserne de la garde municipale*), & quoiqu'il y ait près d'une lieue & demie de chemin, la route se trouva bordée de plusieurs rangs de car-

Ce qui est également certain, c'est que la portion de la ville occupée par le petit peuple est, toute proportion gardée, beaucoup plus peuplée qu'à Londres. Ici nombre de maisons sont habitées par quatre, cinq & jusqu'à dix ménages ou familles, en ne l'entendant toutefois que de certains quartiers commerçants. Il y a encore cette différence entre les deux villes, c'est qu'ici les palais & les couvens ont absorbé les maisons du peuple & l'emplacement qui leur étoit destiné en les forçant à s'entasser les uns sur les autres, tandis qu'à Londres, au contraire, c'est le peuple qui a détruit les palais, qui a élevé ses habitations sur leurs fondemens & forcé la noblesse à habiter les squares ou les rues avec un air d'égalité. Mais ceci s'est fait loyalement; c'est-à-dire que ce que le peuple occupe, il l'a payé à sa valeur.

Les vues qu'on a de la rivière sont admirables; par exemple, celle du Pont-Neuf, en regardant du côté des Tuileries, ou celle du Pont-Royal, en sens inverse; d'autres encore, telles que celles du pont Saint-Bernard (1), de la Grève, &c. La Seine, qui passe au milieu de la ville, est bordée de beaux quais de pierre de taille. Elle forme dans le cœur de la ville deux îles qui ont donné lieu à la construction de nombre de beaux ponts. L'une de ces îles, appelée l'île du Palais, fut pendant plusieurs siècles à elle seule toute la ville de Paris.

Les maisons sont ou entièrement construites en pierre

---

rosses de chaque côté des rues, ce qui, joint à la grande quantité de peuple qui parut depuis les plus hauts étages des maisons les plus élevées jusqu'au milieu des rues, en sorte qu'on estoit souvent obligé de faire alte, fit dire à quelques Anglois qu'il y avoit plus de monde dans Paris seul qu'ils n'avoient cru qu'il y en eust dans toute la France.» (B. J. P.)

(1) C'est celui de la Tournelle.

de taille, ou enduites de plâtre. Quelques-unes, du commencement de ce siècle, sont bâties en brique ou en pierre de taille, comme à la place Royale, à la place Dauphine, &c.; mais on y a renoncé aujourd'hui, & dans quelques lieux seulement on a peint en façon de briques la couche de plâtre, comme on peut le voir dans une portion de l'abbaye de Saint-Germain des Prés. Partout les maisons sont élevées & majestueuses; il y a un grand nombre d'églises, mais de médiocre grandeur; les tours & les clochers sont en petit nombre par rapport aux églises, & cependant les dômes ou coupoles, cette noble sorte de clochers, fait un merveilleux effet dans la perspective, encore qu'il n'y en ait guère: ce sont ceux du Val-de-Grâce, des Invalides, du collége Mazarin, de l'Assomption, des Grands-Jésuites & quelques autres. Toutes les maisons des personnes de distinction ont des portes cochères, c'est-à-dire de larges portes où peuvent passer des carrosses, & par conséquent des cours intérieures garnies de remises. On estime qu'il y a plus de sept cents de ces grandes portes, & quantité d'entre elles sont élevées sur les plus nobles modèles de l'ancienne architecture.

Les fenêtres basses de toutes les maisons sont garnies de barreaux de fer, & cela doit être d'une grande dépense. La richesse & la propreté des ameublemens répondent à la magnificence extérieure des maisons. On y trouve des tentures de riches tapisseries relevées d'or & d'argent; des lits de velours, de damas cramoisi ou d'étoffes d'or & d'argent. Des cabinets & des bureaux d'ivoire incrustés d'écaille, d'or & d'argent de cent façons diverses: des bras & des lustres de cristal; mais, par-dessus tout, les tableaux les plus rares. Les dorures, les sculptures, les peintures des plafonds sont admirables.

Tel est le goût dans cette ville & ses environs pour cette magnificence, que vous ne pouvez entrer dans la maison d'un particulier de quelque aisance sans l'y voir déployée, & souvent c'est sa ruine. Quiconque peut ménager quelque chose, veut un tableau ou quelque sculpture du meilleur artiste. Il en est de même pour les ornemens des jardins; aussi n'imagine-t-on pas quel plaisir cette quantité immense de jolies choses donne à l'étranger curieux. A Paris, dès qu'un homme a, par héritage ou autrement, acquis quelque fortune, il se hâte de l'employer ainsi que je viens de le dire.

Et pourtant, après tout, il leur manque bien des ustensiles & d'autres commodités de la vie que nous possédons en Angleterre. Ceci me rappelle qu'autrefois M. Justel (1), un Parisien, me dit ici qu'il avoit fait une liste d'une soixantaine d'objets de cette nature qu'on ne connoissoit point à Paris.

Le pavé des rues est tout en pierres de huit à dix pouces cubes. Les ruisseaux sont peu profonds & sans bords, ce qui permet aux voitures de les passer facilement.

Ces rues, il faut le dire, sont fort étroites, & les passans sont mal protégés contre la presse & la rapidité des voitures qui, lancées au grand trot sur le pavé entre des maisons hautes & retentissantes, font une sorte de musique qui ne sauroit guère être agréable à d'autres oreilles qu'à celles des Parisiens.

Rien de plus imposant que les palais royaux: comme le Louvre, les Tuileries, le Luxembourg, Palais-Royal.

Les couvens sont grands, nombreux & bien bâtis : tels

---

(1) C'est sans doute le généalogiste. (B. J. P.)

font, par exemple, le Val-de-Grâce, Saint-Germain des Prés, Saint-Victor, Sainte-Geneviève, les Grands-Jéfuites, &c.

Il n'y a guère de places à Paris; mais elles font très-belles, comme la place Royale, celle des Victoires, la place Dauphine : aucune d'elles n'est grande, fauf la place Vendôme, qui n'eft pas encore achevée. Les jardins, qui dans l'intérieur de la ville font ouverts au public, font immenfes & très-beaux. Je citerai les Tuileries, le Palais-Royal, le Luxembourg, le Jardin du Roi, celui de l'Arfenal, & beaucoup d'autres qui appartiennent à des couvens, comme ceux des Chartreux, des Céleftins, Saint-Victor, Sainte-Geneviève.

Mais ce qui rend la réfidence en cette ville très-agréable pour les gens de qualité, c'eft la facilité d'aller au dehors prendre l'air en voiture de quelque côté que ce foit. Toutes les avenues en font bien pavées, & les lieux de divertiffement propres, découverts ou ombragés tour à tour, felon que votre goût ou la faifon le demande : ces promenades font le Cours-la-Reine, le bois de Boulogne, celui de Vincennes, les fables de Vaugirard, &c.

Pour en venir à une defcription détaillée de cette grande cité, je crois à propos de parler d'abord des rues, des places publiques & de ce qu'on y peut voir. Enfuite, des maifons remarquables, des curiofités naturelles ou artiftiques, des hommes & des bibliothèques que j'y aurai vifités. Après cela, du genre de vie des Parifiens & de leurs divertiffemens. Nous parlerons en quatrième lieu des jardins & de leurs décorations; du climat & de la fanté des habitans. Enfin, nous conclurons en donnant un aperçu de la fituation de la médecine & de la pharmacie dans cette ville.

CHAPITRE II.

LES RUES, LES PLACES PUBLIQUES, CE QUE L'ON Y VOIT.

Il y a ici un grand nombre de carroffes, fort ornés de dorures, mais il y en a très-peu, & encore appartiennent-ils tous à la haute nobleffe, qui foient grands & à deux fonds. Ce qui leur manque en grandeur & en élégance, fi nous les comparons aux nôtres de Londres, eft amplement compenfé par la commodité dont ils font & leur facilité à tourner dans les rues les plus étroites. Dans ce but, ils font tous à col de cygne avec les roues de devant très-baffes; elles n'ont pas plus de deux pieds & demi de diamètre. Il eft bien plus aifé d'y monter, & le fiége du cocher étant plus bas en conféquence, vous permet de voir quelque chofe par la glace du devant, tandis que chez nous le cocher eft, fur fon fiége élevé, le feul point de vue que nous ayons. Tous, jufqu'aux fiacres (1), ont aux quatre coins de doubles refforts qui diffimulent tous les cahots. Jamais je ne m'en fuis mieux

---

(1) On fait que le nom vient du fr. Fiacre, auguftin déchauffé, décédé en odeur de fainteté le 16 février 1684, dont les portraits étoient pendant un certain temps mis partout & particulièrement fur les portières des voitures de louage.

Il y a dans le *Séjour de Paris*, de Nemeitz, des détails fort curieux fur les fiacres, les voitures de remifes & les cochers. (B. J. P.)

aperçu qu'un jour, qu'après m'être fervi durant quatre mois de voitures de Paris, il m'arriva de monter dans la meilleure voiture de Londres de Mylord. Pas un cahot qu'on ne reffentît en plein; auffi une heure de cette voiture me fatigua plus que fix de celles de Paris.

Outre les voitures des gens riches, il y a ici des voitures de remife qu'on loue au mois : elles font bien dorées, ont de bons chevaux & des harnois propres. Ce font les voitures que les étrangers prennent au jour ou au mois, fur le pied de trois écus d'Angleterre, environ, par jour (18 à 19 francs à peu près), c'eft ce qui fait le malheur des fiacres & des chaifes à porteurs, qui font les plus fales & les plus miférables voitures qu'on puiffe imaginer. Elles ne laiffent pas d'être auffi chères qu'à Londres, & encore il n'y en a guère.

Il y en a pourtant encore une autre efpèce dans cette ville que j'aurois voulu en premier lieu paffer fous filence, la prenant d'abord pour quelque mauvaife plaifanterie. Cela fait un pitoyable contrafte avec une cité fi magnifique. Ce font les vinaigrettes, c'eft-à-dire une caiffe de voiture fur deux roues, traînée par un homme & pouffée par derrière par une femme ou un enfant, ou bien par tous les deux à la fois.

On a en outre pour voyager rapidement une grande quantité de chaifes de pofte pour une feule perfonne, & de *rouillons* (1) pour deux. Ce font des voitures à deux roues avec de doubles refforts qui les rendent fort douces. Elles vont fort vite; les deux chevaux tirent, mais il n'y en a qu'un feul dans les brancards. Le poftillon monte dans le rouillon; mais pour la chaife il monte le

---

(1) Ce mot, dans le texte, eft donné pour du françois, mais je n'ai fu le trouver nulle part. (E. de S.)

cheval hors brancards. Je ne pense pas que ceci soit en usage en Angleterre; mais on pourroit l'y introduire utilement.

Quant aux récréations & aux promenades, il n'y a pas de peuple qui aime plus que le Parisien à se réunir, à voir & à se montrer. Ces réunions absorbent une grande partie de leur temps; & dans ce but, toutes les personnes de qualité fréquentent le Cours-la-Reine. C'est une triple rangée d'arbres d'une grande longueur le long de la rivière, dont celle du milieu, plus large à elle seule que les deux allées latérales, peut tenir huit voitures de front. Au centre, est une esplanade circulaire où elles peuvent tourner, & aux deux extrémités sont deux belles portes.

Ceux qui souhaitent un air meilleur & plus libre, vont plus loin; les uns au bois de Boulogne, les autres à celui de Vincennes. De quelque côté de la ville que vous sortiez, vous ne le ferez guère sans rencontrer quelque promenade agréable. Ou bien on descend de voiture, & l'on va se promener à pied aux Tuileries, au Luxembourg ou dans d'autres de ces grands jardins qui appartiennent à la couronne ou aux princes, & qui, bien meublés de siéges, sont ouverts à tout le monde, sauf aux laquais & à la canaille. Mais nous y reviendrons.

Il n'est personne qui fasse plus grande figure dans la ville que les évêques avec leurs splendides équipages & leurs belles livrées. Ce sont presque tous en effet gens de grande maison & promus comme tels à cette dignité où, pour arriver, la science est moins nécessaire que chez nous, quoique plusieurs de ces évêques soient gens savans & de mérite. Ce sont pour la plupart, je le répète, des personnes de qualité ou des cadets de grande maison. C'est à l'honneur de l'Eglise, mais la doctrine & la piété y gagnent-elles également? cela me semble plus douteux. Ils feront les patrons de l'érudition, mais rarement on les en verra les modèles : & il feroit à fouhaiter qu'ils furpaffaffent les autres en mérite comme ils le font en naiffance (1).

Les abbés affluent ici de tous les coins du royaume. Ils y font une figure confidérable, car c'eft un clergé de condition, & c'en eft la portion la plus favante : au moins font-ils tels depuis le temps du cardinal de Richelieu, qui conféroit ces bénéfices aux eccléfiaftiques de fcience & de talent, & cela fpontanément, fans les prévenir, & moins encore fans attendre leurs follicitations. Il avoit une manière à lui, fûre & fecrète, de s'informer des gens de mérite, & il les avançoit enfuite quand il en jugeoit l'occafion favorable. Cette conduite remplit le royaume d'hommes favans, encouragea puiffamment l'étude ; & la France s'en reffent encore.

Il eft amufant de voir comment le roi fait former cette grande ville à l'obéiffance, en lui en demandant des preuves à propos de chofes de peu d'importance. On ordonna, il y a quelque temps, aux marchands d'abattre toutes leurs enfeignes (2) à la fois, fans permettre de les avancer à l'avenir de plus d'un pied ou deux au delà du mur, ou

---

(1) Pour répondre à cette injufte affertion, il fuffit de dire qu'à l'époque où Lifter écrivoit l'épifcopat françois comptoit dans fes rangs Huet, Boffuet, Fénelon, Fléchier, Mafcaron, le vertueux cardinal de Coiflin, Colbert, évêque de Montpellier, & le cardinal de Rohan, l'ami de du Fay, le bibliophile & poffeffeur des livres de de Thou. Ce n'étoit certes pas plus un ignorant que Mgr Le Tellier, l'archevêque de Reims, dont le catalogue a été imprimé in-folio. (B. J. P.)

(2) Au commencement du dernier fiècle, il n'y avoit guère de boutique fans fon enfeigne fpéciale, & en Angleterre ces emblèmes ne ceffèrent d'être employés qu'après avoir été défendus par acte du Parlement. Avant cela, leur emploi général fourniffoit des moyens d'exiftence aux peintres d'un ordre inférieur : quelquefois même on s'adref-

d'avoir plus de telle dimenſion, aſſez petite, en quarré. On obéit à l'inſtant; en ſorte que les enſeignes n'obſtruent plus les rues, & font, grâce à leur petiteſſe ou à leur élévation, auſſi peu de figure que s'il n'y en avoit point.

Il y a à Paris un grand nombre d'hôtels, c'eſt-à-dire d'auberges publiques, où on loue des appartemens. Ce nom s'applique auſſi aux maiſons des ſeigneurs & des gentilshommes, dont le nom eſt le plus ſouvent écrit en lettres d'or ſur un marbre noir placé au-deſſus de la porte. Ceci ſembleroit indiquer que ces perſonnages n'ont d'abord habité Paris qu'en qualité d'étrangers, & logés à l'auberge, ne s'y feront bâti des maiſons que plus tard (1). Il eſt ſûr qu'il n'y a point de riche & grande cité ſans que l'on compte parmi ſes habitans des gens de qualité, & qu'une cour telle que celle de France ne ſauroit s'en paſſer. Mais de ſavoir ſi leur préſence eſt indifférente ou non à leur province, c'eſt une autre queſtion. Dans les contrées d'où s'eſt retirée la nobleſſe provinciale, le peuple d'Angleterre ſemble avoir moins de mœurs & de religion, & les taxes y ſont levées avec plus de peine, plus d'inégalité & plus d'injuſtice que dans les lieux où les propriétaires ont continué à vivre ſur leurs domaines (2).

ſoit aux grands artiſtes. Il y avoit un marché d'enſeignes pour toute eſpèce de marchands & de pratiques dans Harp-Alley Shoe-Lane.

(Edward, *Anecd. des peintres.*)

(1) Conjecture qui n'a pas le ſens commun, hôtel veut dire maiſon. (B. J. P.)

(2) La reine Eliſabeth étoit ſi perſuadée de cette vérité, qu'à la vue de l'accroiſſement de Londres, qu'elle regrettoit, elle publia une proclamation pour défendre de bâtir davantage. Son ſucceſſeur eut ſouvent, durant ſon règne, recours à la même meſure, & il alloit juſqu'à menacer la nobleſſe qui vouloit habiter à Londres. Il preſſoit fort, dit

On peut dire qu'à Paris une nouvelle ville a, en quelque forte, remplacé l'ancienne depuis quarante ans. Depuis que le roi eft monté fur le trône, les améliorations y ont été telles qu'elle a tout à fait changé; & fi, comme me l'ont dit des ouvriers, il eft vrai qu'une maifon ordinaire conftruite en moellons & plâtrée à l'intérieur ne dure guère que vingt-cinq ans (1), la plus grande partie de la ville a dû être rebâtie à neuf depuis peu. C'eft à coup fûr dans ce fiècle-ci que la plupart des grands hôtels ont été conftruits ou rebâtis : il en eft de même des couvens, des ponts & des églifes, des portes de la ville : joignez à cela les changemens opérés dans les rues, les quais fur la rivière, le pavage. Le tout a été fort augmenté ou fait à neuf.

Sur la rivière, entre les ponts, en amont & en aval, font, en immenfe quantité, des bateaux chargés de bois, de foin, de charbon, de grain, de vin & d'autres denrées; mais, au dégel, une débâcle foudaine les met fréquemment en danger de fe brifer en pièces contre les piles des ponts, qu'ils ont quelquefois renverfés à leur tour. Pour éviter les pertes confidérables qu'avoient éprouvées de ces accidens les propriétaires des bateaux & des marchandifes, on avoit propofé de creufer auprès de la ville un grand baffin d'hivernage : mais cela ne fembloit offrir aucun profit au gouvernement. On a donc laiffé les auteurs du projet s'en tirer comme ils pourroient. Il n'y a ici de règlement ou de projet pour bien

---

lord Bacon, les gentilshommes de province de retourner dans leurs terres. « Songez, meffieurs, leur difoit-il, qu'à Londres vous êtes comme des vaiffeaux en pleine mer qui ne paroiffent rien du tout; dans vos terres, au contraire, vous êtes tels que des vaiffeaux fur une rivière qui font un effet fort impofant. » (Henning.)

(1) C'eft là une fingulière erreur. (B. J. P.)

réussir que ceux qui doivent rapporter quelque chose à l'Etat (1). On y entend admirablement l'art de rendre l'impôt productif.

Vous ne manquerez pas de remarquer dans les rues les conseillers & les principaux officiers des cours de justice qui y font grande figure. On leur porte la queue à eux & à leurs femmes, & vous en voyez nombre aller par les rues & en équipage. C'est là ce qui fait si bien vendre des places de cette nature (2). L'homme qui aura le

---

(1) Qu'est-ce que rapportoient donc à l'Etat les quais, les ponts, les églises dont il nous a parlé plus haut? (B. J. P.)

(2) La vénalité des offices de magistrature, qui existoit dès long-temps en France & faisoit d'une charge une propriété réelle dont le possesseur ne pouvoit être dépouillé que pour forfaiture & après un procès, ne fut entièrement régularisée que sous Henri IV. Il les rendit héréditaires, moyennant le payement annuel du soixantième denier du prix de la charge : ce droit se nommoit la Paulette, du nom du financier Paulet, qui en avoit fait la proposition.

Lors de la création de nouveaux offices, le nombre de magistrats qui devoient les remplir étoit réglé aussi bien que les sommes à payer par les concessionnaires. Les candidats dans les conditions voulues adressoient leur demande au roi, & en recevoient des lettres du grand sceau, après quoi ces offices devenoient, comme il a été expliqué plus haut, héréditaires dans la famille du concessionnaire qui, lui de son vivant, & ses héritiers après lui, pouvoient en disposer par vente. Lorsque la vente d'une charge avoit lieu, l'acquéreur en sollicitoit du roi l'agrément, & lorsqu'il l'avoit obtenu, outre le prix destiné au vendeur, il payoit au trésor une somme qui alloit d'un à deux mille écus. En cas de vente subséquente, cette somme lui faisoit retour ou à ses héritiers. On avoit encore le plus grand soin que l'acquéreur remplît toutes les conditions convenables; il devoit être gradué en droit, avoir subi de sévères examens, appartenir à une famille sans reproche & posséder une fortune qui le mît considérablement au-dessus du besoin.

Et maintenant, si c'en étoit le lieu, il resteroit à examiner si un pareil système n'assuroit pas l'indépendance de la magistrature autant que l'*avancement* de nos jours, & l'usage qui ne donne guère encore cet avantage qu'à ce qu'on appelle la magistrature debout, dont les titulaires, entièrement dans la main du pouvoir, au lieu d'avoir de véritables charges, n'ont que de simples commissions. On jugera aisément que

droit de communiquer cet honneur à fa femme, trouvera telle fortune qu'il voudra. Le droit d'avoir à l'églife un grand couffin de velours eft un autre privilége du même genre, & la place d'homme de loi qui la poffède vaut un tiers de plus.

On voit auffi journellement dans les rues une grande variété de moines dont l'accoutrement nous paroît fort étrange à nous autres Anglois : au refte, cette bizarrerie fait bien dans un tableau. Je ne faurois m'empêcher de plaindre le zèle mal employé de ces pauvres gens, qui fe mettent en religion, comme ils difent, renoncent au monde & s'impofent les règles les plus févères de vie & de régime. Quelques ordres font vêtus décemment, tels que les Jéfuites, les pères de l'Oratoire, &c., mais la plupart font finguliers dans leur coftume hors d'ufage, qui n'eft que l'habit groffier de la claffe inférieure des anciens temps, fans linge ni aucun des ornemens du fiècle préfent.

Leur régime maigre eft oppofé à la nature & à l'amélioration progreffive de l'alimentation. La loi de Moyfe montroit plus de prévoyance, & tout chez les Juifs étoit ordonné pour la propreté & la fanté. Si la loi chrétienne prefcrit l'humilité, la patience dans les maux, la mortification & l'abftinence des voluptés & des plaifirs coupables, elle nous laiffe la liberté de manger de toutes chofes, fans nous commander une nourriture diftincte & encore bien moins la malpropreté : & fur d'autres points les catholiques eux-mêmes font de cet avis, car leurs églifes font propres, pompeufement ornées & parfumées.

---

ce dernier paragraphe eft du traducteur, & peut-être lui pardonnera-t-on d'avoir, une fois en paffant, exprimé fon opinion perfonnelle. (E. de S.)

Si nous souffrons la persécution, il suffit de l'endurer avec patience, elle & les calamités qui l'accompagnent; mais nous tourmenter de gaieté de cœur, c'est faire violence au christianisme & nous réduire à un état pire que celui des Juifs. Choisir la plus mauvaise nourriture, telle que des herbes de mauvais goût, du poisson & de semblables saletés, coucher sur des planches dans un froc de laine malpropre & grossier; aller nu-pieds dans un pays froid, se dénier dans cette vie tout bien-être & la conversation des hommes : c'est hasarder notre santé, renoncer aux plus grands bienfaits de l'existence, & en quelque sorte nous rendre homicides de nous-mêmes. Ces gens-là, je le dis, ne sauroient s'empêcher au bout du compte d'être chagrins; &, de mauvaise humeur comme ils le sont envers le monde, ils doivent à la longue se lasser de cette dévotion servile & sans utilité que n'accompagne point une vie active.

La multitude des pauvres & des misérables est telle dans tous les quartiers de la ville, qu'en voiture, à pied, dans une boutique, vous ne pouvez venir à bout de rien, grâce au nombre & à l'importunité des mendians. C'est lamentable d'entendre le récit de leurs misères; & si vous donnez à l'un d'eux, immédiatement tout l'essaim fondra sur vous. Voilà, si vous voulez, de vrais moines, de la façon de Dieu tout-puissant, qui vous offrent leurs prières pour un liard, qui trouvent qu'à chaque jour suffit sa peine, & qu'il n'y a pas besoin de rechercher les misères de cette vie ou d'en prendre le vain masque. Bien contre leur gré, ils encensent tous les riches, &, pour un morceau de pain, vous feront des saints de tout l'univers.

Mais laissons-les tranquilles avec leur zèle mal entendu. C'est certainement la providence de Dieu qui règle toutes choses dans ce monde; & les mangeurs de viande feront toujours en état de se défendre, si ce n'est de rosser les gens à carême. Une nourriture bonne, salubre & abondante vous donne tout naturellement du courage. De plus, une nation est bien plus sûre d'augmenter sa population en laissant toute sorte d'individus user librement du mariage que par l'apport furtif de quelques moines affamés, en supposant qu'il leur arrive jamais de rompre leurs vœux. Ces restrictions imposées à l'usage du mariage finissent par faire, au détriment de la population dans une contrée catholique, le même effet qu'une guerre continue. C'est diminuer le nombre des adorateurs de Dieu, au lieu de chercher à le multiplier comme les étoiles du firmament & les sables de la plage. Ces hommes détruisent volontairement leur postérité & diminuent pour l'avenir l'église de Dieu.

Les crieurs de marchandises à vendre ne font que peu de bruit dans la ville, & on n'en entend aucun qui annonce des pamphlets ou d'autres écrits. Je m'étonnois de n'ouïr parler de rien de perdu ni faire aucun avertissement, lorsqu'on me montra des imprimés en grandes lettres, affichés au coin des rues, où l'on promettoit des récompenses d'un, deux, cinq, dix & jusqu'à cinquante louis pour des objets perdus dont la description venoit ensuite (1). C'est une façon sûre & tranquille de rattraper sans bruit ce qui vous appartient; car les gens qui l'ont

---

(1) Voici la forme de ces recommandations : « Il a été volé mardy, 3 may 1729, à un repas fait à Saint-Ouen, douze fourchettes, dont deux à filets & dix à coquilles sur les bouts des manches, le tout argent de Paris & armorié aux armes de Monseigneur le prince de Rohan. Ceux qui en donneront des nouvelles auront une pistole. — S'adresser à M. Berrier, marchand orfèvre-joaillier, rue de la Fromagerie, au chef Saint-Denis ou au clerc de l'orfévrerie. Si l'on a acheté avant la recom-

trouvé ne manquent pas, au bout d'un jour ou deux, de le rapporter à l'endroit indiqué. Les gazettes ne paroissent qu'une fois par semaine, & peu de personnes se les procurent.

Il est ici fort difficile & dangereux de vendre des libelles. Pendant que nous y étions, un quidam en remit un paquet à un mendiant aveugle des Quinze-Vingts, en lui disant qu'avec cela il auroit bientôt fait de changer ses liards en pièces de douze sols. L'aveugle s'en alla donc à Notre-Dame, & durant l'office se mit à crier ce qu'on lui avoit donné : *La vie & les miracles de l'archevêque de Reims.* C'étoit un tour joué à cet archevêque &, dit-on, par les jésuites avec qui il avoit eu de grandes querelles sur Molina le jésuite espagnol & sa doctrine. Quoi qu'il en fût, l'aveugle débita sa marchandise, & les lecteurs, passant plus loin que le titre, virent que c'étoit un libelle contre l'archevêque, qui est en même temps duc & premier pair de France.

Les rues sont éclairées tout l'hiver, aussi bien quand il fait clair de lune que pendant le reste du mois; & je le remarque surtout à cause du sot usage où l'on est à Londres d'éteindre les réverbères durant la moitié du mois,

---

mandation, l'on rendra l'argent. — Par pièces ou autrement, suivant l'édit du Roy, retenez les personnes & le tout.

« Fait à Paris, le 5 may 1729. »

Cette recommandation, tirée des archives de la cour des monnaies Z. 3013 1722, 6 septembre (*sic*), est identique à une autre du 16 février 1647 (que je possède), faite au sujet d'un vol commis le 11 février 1647, chez M. G. de Jaucourt, seigneur de Bonnesson (depuis décapité en Grève, en 1659), à une demi-lieue de Sully-sur-Loire. Cette forme, usitée en 1647 & 1729, devoit être la même entre ces deux époques, c'est-à-dire du temps de Lister. — Je crois que le prince de Rohan, dont il est ici question, est Hercule Merladec, grand-père du maréchal prince de Soubise, qui avoit conservé cette maison de Saint-Ouen. (B. J. P.)

comme fi la lune étoit bien fûre de briller affez pour éclairer les rues, & qu'il fût fans exemple de voir en hiver le ciel nébuleux. Les lanternes font fufpendues ici au beau milieu des rues, à vingt pieds en l'air & à une vingtaine de pas de diftance. Elles font garnies de verres d'environ deux pieds en carré, recouvertes d'une large plaque de tôle; & la corde qui les foutient paffe par un tube de fer fermant à clef & noyé dans le mur de la maifon la plus voifine (1). Dans ces lanternes font des chandelles de quatre à la livre, qui durent jufqu'après minuit. Ceux qui les briferoient feroient paffibles des galères: trois jeunes gens de bonne maifon qui par plaifanterie s'étoient amufés à en caffer récemment furent mis en prifon, & ne furent relâchés au bout de plufieurs mois que grâce à la follicitation de bons amis qu'ils avoient à la cour. L'éclairage de Paris, & feulement pour cinq mois de l'année, coûte près de 50000 livres ft. (1250000 fr.) par an. On le pratique auffi de même pour quelques autres villes de France. Le roi s'en eft, dit-on, fait un bon revenu. Le préambule de l'édit porte que, confidérant le grand danger que couroient la nuit dans les rues fes fujets, foit de fe caffer le cou en fe laiffant choir, foit de la part des voleurs, Sa Majefté leur concédoit, pour telle fomme d'argent, le privilége d'y fufpendre des lanternes de la façon que je viens de décrire (2).

---

(1) Cela a duré ainfi jufqu'à l'établiffement du gaz.
(2) Tout ceci eft arrangé & inexact. L'éclairage de Paris, établi en 1667, au moyen d'une taxe levée *ad hoc* par les foins des habitans de chaque quartier, rapportoit trois cent mille livres feulement. Cette taxe fut rachetée en 1704 au denier dix-huit, foit cinq millions quatre cent mille francs. Voir le Traité de la police de Lamarre, chapitre IV, pages 230, 239. (B. J. P.)

J'ai dit que les avenues de la ville & toutes les rues étoient pavées d'un grès très-dur taillé en cubes d'environ huit pouces : on a grand soin de les tenir propres en hiver : par exemple, aux dégels, une forte drague tirée par un cheval a bientôt fait de tout déblayer & de nettoyer les ruisseaux. En un jour de temps toutes les parties de la ville sont propres à faire plaisir, & on y peut passer à pied sec.

Je souhaiterois de tout mon cœur à Paris d'être aussi propre en été : il faut assurément tâcher de désinfecter une ville aussi peuplée ; mais je ne connois pas de machine qui y pût réussir, à moins qu'elle ne balayât le peuple en même temps : toutes les menaces & les affiches posées sur les murs restent sans effet. En été, à Londres, la poussière, quand il fait du vent, est souvent fort incommode, pour ne pas dire intolérable (1); il y en a bien moins à Paris, dont le pavé demande moins de menu sable que notre cailloutis.

Du peuple qui vit & marche dans les rues, passons maintenant aux ornemens immobiles qui les décorent. Il y a une infinité de bustes du grand monarque placés dans tous les coins par les gens du commun; quant à de belles statues, il n'y en a guère, si vous considérez à la fois les talens & l'obséquiosité de la nation.

Celle de la place des Victoires est une statue pédestre de bronze tout doré, accompagnée de la Victoire, c'est-à-dire d'une immense femme ailée qui, placée juste derrière le dos du roi & le pied sur un globe, lui tient une couronne de laurier au-dessus de la tête. Les artistes ne

---

(1) Nous n'avons pas voulu être en reste avec Londres aujourd'hui. (E. de S.)

goûtent guère cette dorure : en effet, fon brillant me femble gâter les traits & y mettre de la confufion. Il eût bien mieux valu que l'or en fût mat, ce qui eût permis aux lumières & aux ombres de fe faire au naturel, & à l'œil de juger des proportions. Mais ce qui me déplaît furtout, c'eft cette grande femme toujours fur les épaules du roi; véritable embarras qui, au lieu de lui apporter la victoire, femble le perfécuter de fa compagnie. Chez les Romains, la Victoire étoit une petite ftatuette que l'empereur tenoit dans fa main, & dont il étoit cenfé pouvoir fe débarraffer à volonté; mais cette grande femme-ci eft capable de donner une indigeftion.

Les autres ftatues font des ftatues équeftres, en bronze, de trois des derniers rois de France.

Celle qui eft fur le Pont-Neuf eft celle de Henri IV, nue tête, & du refte en armure complète, felon l'ufage de fon temps.

La feconde eft celle de Louis XIII, à la place Royale, armé auffi à la mode de fon temps, la tête couverte & fon cafque orné de fon panache.

La troifième eft celle du roi actuellement régnant, Louis XIV. Elle eft deftinée à la place Vendôme. Ce coloffe de bronze eft encore à l'endroit où on l'a fondu; il eft étonnamment grand. Vingt-deux pieds de haut, le pied du roi de vingt-fix pouces de long, & toutes les proportions bien gardées, de même que pour le cheval. On avoit fondu cent mille livres de métal, mais il n'en entra que quatre-vingt mille dans le groupe qui fut fondu d'un feul jet, homme & cheval. M. Girardon m'a dit qu'il avoit travaillé au modèle affidûment huit ans entiers prefque tous les jours, & qu'il avoit fallu deux ans de plus encore pour le moule, pour les fourneaux & pour le couler. Le roi eft en coftume d'empereur romain, sans selle ni étriers, & sur sa tête la grande perruque à la mode. Pourquoi ces grandes libertés que se donne la sculpture, c'est ce qui me reste à apprendre.

Qu'en bâtissant on suive avec précision les règles & la simplicité antiques, il n'est rien de mieux, car ces ordres d'architecture sont tous fondés sur des principes mathématiques; mais le vêtement d'un empereur n'est que le fruit des vaines fantaisies de son peuple. Louis le Grand paroissant à la tête de son armée dans le costume qu'on lui a prêté donneroit fort à rire à présent. Quel besoin de se mettre en quête d'emblèmes quand on peut avoir la vérité? comme si le siècle actuel avoit plus que les autres à rougir de ses modes, ou que les statues équestres d'Henri IV & de Louis XIII en valussent moins pour donner aux souverains qu'elles représentent le costume qu'ils portoient effectivement! C'est, à mon avis, l'effet d'une flatterie mal entendue, & si l'on n'y veut voir que l'art, je le trouve sans grâce & sans goût.

J'étois, je m'en souviens, à un lever du roi Charles II, quand on lui apporta à choisir dans trois modèles celui qui lui conviendroit pour sa statue destinée à la cour de Windsor. Il prit le costume d'empereur romain que l'on donna également à son autre statue, placée au Vieux-Change. On a fait de même pour le roi Jacques à White-Hall & à Chelsea-College, nos Invalides. Maintenant, je le demande à tout le monde, quand il s'agit de représenter un prince encore vivant, ces jambes & ces bras nus sont-ils décens, & cela ne nous reporte-t-il pas vers les siècles de barbarie d'une façon fort déplaisante? Le père de ces deux rois, Charles Ier, étoit le prince de son temps du meilleur goût & du jugement le plus droit, surtout en peinture, en sculpture & dans toutes les branches de l'architecture, témoin les fommes confidérables qu'il donna à Rubens & à fon difciple Van Dyck; témoin encore le grand cas qu'il faifoit de l'incomparable Inigo Jones, le premier Anglois qui dans ce fiècle ait fu ce que c'étoit que de bâtir. J'ai entendu Auzout dire, après avoir vu la falle des banquets à White-Hall, qu'il la mettoit au-deffus de tout ce qu'il avoit vu de ce côté-ci des Alpes; & je pouvois l'en croire, car plus de quarante ans de fuite il avoit étudié Vitruve fur place & à Rome. Parlons encore du vaiffeau *le Souverain*, la plus noble forterefle qui ait jamais flotté fur la mer. Eh bien! ce roi, dans fa ftatue équeftre, qui eft aujourd'hui à Charing-Crofs, voulut avoir le coftume exact de fon temps, & cette ftatue ne craint pas la comparaifon avec la plus belle de ce genre qui foit à Paris.

Je vais bientôt entretenir mon lecteur des palais, des hommes de lettres, des converfations; mais je veux auparavant mentionner les dépenfes confidérables que l'on fait en grilles de fer, comme par exemple à la place Royale (1), dont le jardin en a une de dix pieds de haut. De tous côtés, on en voit de femblables & de plus belles qui, en fermant les cours & les jardins, ne vous dérobent rien de leurs beautés.

---

(1) Cette grille a été fottement détruite vers 1835. (B. J. P.)

CHAPITRE III.

PALAIS ET AUTRES ÉDIFICES PUBLICS. — LES CURIOSITÉS, SOIT DE LA NATURE, SOIT DE L'ART QU'ON Y VOIT.

LE premier palais que je vifitai fut le palais Mazarin, où il y a quantité de bons tableaux; mais la galerie baffe, remplie d'une collection de ftatues antiques grecques & romaines, fut ce qui attira principalement mon attention. C'eft le cardinal qui les avoit pour la plupart fait venir de Rome : celles qui étoient vêtues, font telles qu'il fe les étoit procurées; mais pour celles qui étoient nues, elles ont été miférablement traitées par le duc de Mazarin qui, dans un violent accès de dévotion, les a un beau jour mutilées & fait habiller par je ne fais quel plâtrier de Paris d'un enduit qui en fait quelque chofe de fort ridicule. Cicéron nous dit quelque part que rien n'étoit, de fa nature, obfcène, & qu'il falloit appeler tout par fon nom. Notre confrère Celfe eft d'un autre avis, & s'excufe d'écrire dans fa propre langue fur certaines matières. Il eft fûr, pour en revenir à ce qui nous occupe, que le duc n'auroit pas dû remplir fon cabinet & fa galerie de nudités; mais n'ayant pas toujours été de cet avis-là, il n'auroit pas dû non plus les plâtrer ni les mutiler. Ce n'étoit qu'une vaine oftentation de chafteté & une preuve d'ignorance & de mauvais goût d'aller gâter & cacher le noble art de la sculpture, qui étoit la seule chose qui leur donnât de la valeur. Mais, après tout, pourquoi se tant choquer de la nudité, quand encore une grande partie du monde n'use guère de vêtemens, & que ce que l'on couvre, on le fait seulement par nécessité?

Ces belles statues & beaucoup d'autres que je vis à Versailles, & qui sortoient de ce même palais Mazarin, prouvent avec évidence que le costume des Romains étoit la chose du monde la plus simple, & qu'un Romain avoit aussitôt fait de se déshabiller que moi d'ôter mes gants & mes souliers. Hommes & femmes étoient vêtus à peu près de même. Quant à la forme de ce vêtement des Romains, il résulte de celui que portent ces anciennes statues, sur lesquelles Ferrarius s'est réglé avec raison dans son explication des habits des anciens, il en résulte, dis-je, que la tunique ou chemise n'avoit ni collet ni manches, & tenoit par une ceinture placée assez haut sur la poitrine : que la toge ou robe étoit un vêtement large & long, ouvert aux deux bouts, que l'on passoit par la tête, que la main gauche, sortant de dessous ses pans, relevoit de ce côté, tandis qu'elle reposoit tout entière sur l'épaule gauche. Le bras droit & sa main étoient nus & hors de la robe, qui étoit sans ceinture & toujours flottante. Quand un Romain se déshabilloit pour le bain, ce qu'il faisoit tous les jours immédiatement avant le souper, il n'avoit autre chose à faire que de retirer son bras gauche, & sa toge tomboit à ses pieds, & il en étoit de même de la tunique, dès qu'il en avoit défait la ceinture & retiré ses bras.

Dans les premiers temps de la république, on n'étoit vêtu que de la toge : plus tard, on prit, par-dessous, la tunique, sans y avoir jamais ajouté autre chose, quels que fuſſent d'ailleurs le luxe & la ſplendeur de l'Empire. Toutes les autres inventions dans les vêtemens ſont poſtérieures.

Je me ſuis fort étonné dans le grand nombre de ſtatues antiques que j'ai examinées de n'en avoir jamais vu qu'avec la toge unie, & aucune avec la toge à bulle.

Cette toge & cette tunique étoient de belle laine blanche ou de flanelle : les Romains n'avoient pas ſur eux le plus petit morceau de toile. Cette flanelle, dis-je, étoit très-fine, car les plis en ſont petits, & elle ſe modèle aiſément ſur le corps. Elle étoit légère, car l'attitude de quelques ſtatues ſemble être de ſoulever le vêtement de deux doigts ſeulement, & il eſt ſoutenu tout entier par la ſeule épaule gauche. Pour peu qu'il colle, la forme du ſein & celle des cuiſſes paroiſſent à travers.

Cet uſage excluſif de la laine dans un pays chaud, amena l'uſage des bains fréquents, & les rendit néceſſaires, à moins de tomber dans tous les inconvéniens de la malpropreté. Les bains engagèrent à garder ce vêtement lâche & facile à dépoſer, & leur emploi continuel introduiſit à ſon tour l'uſage de l'huile & des parfums qu'on y mêloit.

Mais pour la propreté de la peau & la ſanté, une bonne chemiſe de toile changée tous les jours vaut, à mon avis, le bain quotidien des Romains. Il eſt certain que ſi, pour rendre du ton à la peau, ils ne s'étoient pas ſervis ſoit d'huile d'olives vertes, ſoit d'huile d'olives mûres & parfumée, tant d'eau chaude auroit fini par l'attendrir & la rider d'une façon intolérable. C'eſt encore aujourd'hui au moyen de l'huile que les Indiens & les noirs, qui vont nus, ſe garantiſſent à la fois des inconvéniens du froid & du chaud.

La meilleure règle, au reſte, pour conſerver ſa ſanté

& arriver à une longue vie, c'est de suivre le régime le plus simple. On n'imagine pas quelles incommodités on s'attire par des habitudes dont, de dire qu'on les a depuis longtemps, n'atténuera pas le mauvais effet, pas plus que le goût qu'on y trouve ne les empêche de ruiner la santé. C'est ce qui a lieu pour plusieurs de nos vêtemens, pour le tabac, les liqueurs fortes, les préparations ferrugineuses, les eaux minérales, les bains (1), le thé, le café, le chocolat, &c.

Il est une petite statue que je remarquai tout particulièrement pour l'élégance de la sculpture & l'esprit qu'annonçoit son costume. Elle étoit posée sur une table & représentoit une sibylle. La figure de la vieille femme étoit fouillée profondément dans le marbre & enfoncée dans sa coiffure qui, telle qu'un capuchon, avançoit beaucoup sur le front : juste emblème d'un oracle qui est équivoque, sombre & caché, comme la vieille elle-même, qui sembloit ne vouloir ni se montrer, ni se faire entendre clairement; honteuse en quelque sorte, toute la première, de sa propre imposture.

A quoi pensoient les hommes des anciens temps d'ériger les vieilles femmes en prophétesses pour prononcer des oracles & expliquer la volonté des Dieux par le plus ou moins d'appétit de certains animaux ? De les prendre pour des sorcières & des empoisonneuses, à la bonne heure; car la vieillesse, surtout chez le beau sexe, rend acariâtre. Les sorts & le poison sont les armes secrètes de la foiblesse.

Les juifs, dans leurs cérémonies religieuses, ne souffroient pas volontiers la présence des femmes qui au-

---

(1) L'abbé de Marolles étoit de l'avis de Lister & nous apprend *qu'il ne s'étoit jamais baigné* par pudeur. (Mem. II, 141.) (B. J. P.)

roient pu fouiller ou gâter toutes leurs dévotions. Les Romains, au contraire, jugeoient que la religion alloit mieux aux femmes qu'aux hommes, parce qu'en outre du culte général, qu'elles partageoient avec ceux-ci, elles avoient certaines dévotions particulières où les hommes n'avoient aucune part. Cicéron recommande à fa femme de prier les Dieux pour lui; car il penfe qu'elle en fera écoutée plus favorablement. C'eft fans doute quelque raifonnement de ce genre qui mettoit leurs prophéteffes en crédit.

J'ai vifité l'appartement de M. *de Viviers* (1) à l'Arfenal : il confifte en fept ou huit pièces au rez-de-chauffée donnant fur le grand jardin. Elles font petites, mais meublées avec la plus grande recherche; elles font ornées de la porcelaine de Chine la plus variée & la mieux choifie que j'aie jamais vue, fans excepter les pagodes & les peintures du même pays. J'y ai auffi remarqué des bureaux & des corps de bibliothèque auffi riches qu'élégans, & quelques tableaux des meilleurs maîtres.

Ce font trois morceaux de Rembrandt, l'incomparable peintre hollandois, à qui je donnai la palme.

Dans le premier, une jeune fille tient à la main une cage dont l'oifeau vient de s'envoler, & voltige au-deffus de fa tête : elle le fuit des yeux, & fon regard exprime à la fois la frayeur, l'étonnement & le chagrin. L'autre eft un garnement appuyé fur une table, & fon œil mali-

---

(1) M. du Vivier, & non pas de Viviers, eft cité parmi les *fameux curieux des ouvrages magnifiques* du Livre commode. G. Brice (édition de 1698, I, 376) le qualifie *un des plus curieux de Paris, & qui fe connoît le mieux en bijoux de conféquence*, & cite, outre fes porcelaines & fes *pagodes ridicules*, fes bronzes & fes tableaux. Les éditions de 1715 & de 1717 parlent de fes pendules *travaillées avec art & placées à propos*. Il n'eft plus queftion de lui dans l'édition de 1725. (B. J. P.)

cieux vous annonce qu'il va faire quelque mauvais tour. Le troisième représente un jeune gentilhomme avec un bonnet fourré & en déshabillé, à la manière habituelle du peintre. Les deux premiers sont imaginés & vêtus avec autant de naturel qu'il est possible; mais rien n'a approché de son coloris pour les chairs & les étoffes. Ce fut là l'étude passionnée de toute sa vie, le sujet pour lui d'expériences continuelles : & de quels succès elles ont été suivies, ces tableaux-ci & tant d'autres nous l'apprennent. Ce n'est que de la jeunesse qui figure dans ces trois tableaux, où le coloris est porté au comble de la perfection, & qui sont soignés comme autant de miniatures. Rembrandt modifioit sa manière selon l'âge & la nature de ses modèles, ce qui prouve le peu d'équité du jugement que porte sur lui Félibien. Je suis retourné bien des fois revoir ces trois tableaux (1).

Le cabinet ou appartement de M. Lenôtre, contrôleur des jardins du roi, où sont ses curiosités, à côté des Tuileries, vaut la peine d'être vu. C'est un vieux monsieur de beaucoup de talent, sur les dessins & les plans duquel la plupart des jardins royaux & des grands jardins de Paris & de ses environs ont été exécutés; il a vécu assez pour les voir arriver à leur perfection. Il a présentement quatre-vingt-neuf ans (2), mais il est toujours vif & alerte. Il me reçut avec beaucoup de civilité. Dans trois appartemens, dont celui du haut est une pièce octogone éclairée par un dôme, je vis une grande collection de tableaux de maîtres, de porcelaines, dont quelques-unes étoient des jarres d'une dimension extraordi-

---

(1) Je ne vois rien, dans l'œuvre de Rembrandt, qui puisse se rapporter à ces tableaux, & je doute fort qu'ils soient de lui. (C. Cl. de R.)

(2) Né en 1613, il avoit par conséquent quatre-vingt-cinq ans. (B. J. P.)

naire ; quelques têtes & quelques buſtes antiques, des ſtatues en pied ; une grande collection d'eſtampes richement reliées en volumes. Mais il y avoit quelque temps qu'il avoit fait un choix de ſes meilleurs tableaux d'une valeur de cinquante mille écus, & les avoit donnés au roi pour Verſailles. Dans tout ſon cabinet je n'ai vu aucun morceau d'hiſtoire naturelle.

Je ſuis allé chez lui à pluſieurs repriſes ; & une fois il me mena dans un autre cabinet, où il avoit quatre armoires remplies d'une grande collection de médailles, modernes pour la plupart. J'y vis quatre grands tiroirs, dont trois étoient garnis des médailles du roi Guillaume, au nombre de près de 300. Le quatrième renfermoit celles de ſes ancêtres & de ſa famille. Il avoit été quarante ans à raſſembler cette collection, & il y en avoit pluſieurs qu'il lui avoit fallu payer bien cher. Ce ſont là certainement les plus beaux matériaux pour une hiſtoire métallique que j'aie vus. Le roi a une affection particulière pour lui, l'a fort enrichi, & il n'eſt perſonne qui lui parle avec plus de liberté que M. Lenôtre. Le roi, qui ſe plaît fort à ſon eſprit, s'amuſe à regarder ſes médailles, & s'il s'en rencontre une qui ſoit faite contre S. M. : « Ah ! Sire, dit M. Lenôtre, en voilà une qui eſt bien contre nous ! » comme ſi elle lui plaiſoit, & qu'il fût bien aiſe de la lui montrer. M. Lenôtre m'a beaucoup entretenu de l'égalité d'humeur de ſon maître. Il m'a affirmé qu'il ne l'avoit jamais vu ſe laiſſer aller à l'impatience, & il me citoit mainte occaſion où il n'eût été preſque perſonne qui ne ſe fût mis en fureur, & où le roi n'avoit pas laiſſé paroître la moindre émotion.

Dans ce même cabinet, je vis quelques vaſes fort rares de vieille porcelaine de Chine : parmi eux, étoit une petite urne romaine de verre. Ce verre étoit épais, lourd

& d'un bleu d'eau de mer. Ses deux anses étoient des pieds d'animaux à quatre griffes. Le fond de ce vase étoit uni & peu rentrant : pour cette raison, je ne saurois dire s'il n'étoit pas fondu plutôt que soufflé.

Le palais du Luxembourg est le plus achevé de tous les édifices royaux. Il est magnifique & bien dessiné, sauf les colonnes qui, formées de sections cylindriques alternativement sortant & rentrant, figurent assez bien la boutique d'un marchand de fromage. Cela sent le colifichet, mais il est difficile de s'en tenir à la simplicité antique sans la gâter par d'impertinens ornemens. A vrai dire, il y a peu de bâtimens à Paris où on l'ait suivie strictement. Parmi ceux où il y a le moins à reprendre, sont la façade orientale du Louvre, le portail de Saint-Gervais & tout le Val-de-Grâce. Ce goût des ornemens superflus est peut-être la raison qui fait donner ici la préférence à l'ordre dorique, dont les métopes admettent une variété qui se prête mieux à la destination des divers édifices.

C'est dans ce palais qu'est la fameuse galerie où Rubens a peint la vie de Marie de Médicis : & cet ouvrage, quoique exécuté il y a soixante-dix ans, est aussi frais qu'au premier jour, tant ce grand maître étoit habile coloriste. Ses chairs sont admirables, comme son écarlate, pour laquelle, s'il n'avoit pas un secret perdu aujourd'hui, il avoit moins d'avarice & plus d'honneur que nos peintres modernes. Il est sûr qu'un des grands soins & des études des anciens maîtres c'étoit le choix de leurs couleurs (1) : & ce qui semble surtout les y avoir en-

---

(1) Que diroit Lister s'il voyoit les couleurs de la plupart des tableaux de la République, de l'Empire & de la Restauration ?

gagés, c'est l'obligation qu'ils s'impofoient d'exécuter de leurs mains leurs tableaux tout entiers, au moins les vêtemens hiftoriques des perfonnages (1). Quoique dans l'œuvre dont il s'agit Rubens fe foit donné trop de liberté, il ne laiffe pas d'y avoir beaucoup de vérité dans le coftume de fes principales figures, telles qu'Henri IV, la reine, leurs fils, leurs trois filles, le cardinal; tandis qu'il faut reconnoître que les perfonnages allégoriques font préfentés dans un coftume plein de grâce & d'imagination. Son élève, Sir Antony Van-Dycke, introduifit en Angleterre ces modifications au coftume réel, & en abufa toutes les fois que fes modèles voulurent s'y prêter. Ce furent principalement les femmes qui parurent dans ce temps fouhaiter d'être peintes en déshabillé: & c'eft ce qui fit abandonner Cornélius Johnfon, le meilleur peintre anglois de fon temps. Le chagrin qu'il en eut abrégea fon exiftence. Avec un peu de patience, de tout coftume on arrive à faire un déshabillé : mais je le demande, ne vaut-il pas mieux retrouver dans leurs portraits un ami, un parent qu'on aura perdu, un homme de diftinction, repréfentés tels qu'ils étoient, que de les affubler d'une robe de chambre de fantaifie ou d'une coiffure bizarre qu'ils n'auront jamais portée?

Ce qui m'a fuggéré ces réflexions, c'eft que dans cette mode nos peintres d'aujourd'hui trouvent une occafion de fe repofer & de faire travailler leurs élèves. Il leur fuffit de deffiner les têtes, le refte fe fait enfuite à la toife; tandis que s'ils fe croyoient obligés d'honneur à peindre

---

(1) Le docteur tombe mal. Dans tout l'œuvre de Rubens il n'eft pas de tableaux où fes élèves aient eu plus de part que dans la *Galerie de Médicis*. Deftinés à la décoration de la galerie du Luxembourg, ces tableaux ont été exécutés rapidement comme toute peinture décorative : de février 1621 à juin 1623. (C. Cl. de R.)

tous les habits, ils y acquerroient, grâce à la variété des objets qui leur passeroient sous les yeux, un coloris bien plus soigné, & leur art y gagneroit d'autant en estime. Quant au temps & à la peine que ces soins demanderoient, un bon artiste auroit bientôt fait de s'en indemniser : celui qui réussira dans ce grand art où le succès est si difficile, sera toujours le maître de la bourse de ceux qui s'adresseront à lui.

Dans l'antichambre de la reine, il y a trois autres tableaux de Rubens, qui représentent les mariages des trois princesses ses filles avec le duc de Savoie & les rois d'Espagne & d'Angleterre. Dans d'autres tableaux historiques, dans la même pièce, il s'est peint dans un coin, au premier plan, regardant tranquillement les princesses. Il a aussi introduit sa femme dans quelques-unes des peintures de la grande galerie : dans la dernière, l'apothéose de la reine, elle s'élève dans les cieux à la suite de cette princesse ; mais soit que sa corpulence lui rende cette opération difficile, soit que d'ailleurs elle n'y prenne point de goût, son attitude est forcée & elle se jette en arrière. Il semble qu'elle & son mari s'aimoient trop pour se séparer gaiement.

Plusieurs chambres de ces appartemens, par exemple le cabinet de toilette & l'oratoire, sont boisés de cèdre sculpté en guirlandes de fleurs, ce qui est rare à Paris. Les parquets sont en marqueterie avec des incrustations d'argent, qui sont d'un merveilleux effet. La solidité, la durée, la conservation de ces parquets, au bout d'un si long temps, causèrent mon admiration, quand chez nous à Londres & ailleurs à Paris ils se déforment & crient tellement quand on marche, qu'au bout de quelques années ils deviennent intolérables.

C'est dommage que le roi ait tant d'aversion pour le

Louvre. S'il étoit fini, ce que l'on feroit aifément dans deux ou trois ans, ce feroit peut-être le palais le plus magnifique qu'il y eût fur la furface de la terre; & auffi jufque-là Paris n'atteindra pas l'apogée de fa beauté.

Il y a au fronton de la colonnade deux pierres que l'on fait remarquer aux étrangers, & qui, fe joignant à la pointe, la couvrent comme feroient deux ardoifes. Elles font énormes, car elles ont cinquante-quatre pieds de long chacune, huit de large & feulement quatorze pouces d'épaiffeur. C'eft un chef-d'œuvre de l'art, égal à tout ce que les anciens ont pu faire en ce genre, d'être parvenu à élever à cette hauteur deux pierres fi grandes & fi fragiles. Elles fortent des carrières de Meudon, la maifon de plaifance de Monfeigneur le Dauphin.

J'ai vu dans les galeries du Louvre quelques-unes des batailles d'Alexandre de Lebrun. Les François les regardent comme les morceaux de peinture les plus achevés qu'on ait faits, difent-ils, de ce côté des Alpes, & n'en font pas peu fiers.

J'ai vu auffi un grand tableau de Paul Véronèfe (1) donné au roi par la feigneurie de Venife.

Je ne pafferai point fous filence une quantité de boëtes où font les jouets du Dauphin quand il étoit enfant. C'eft un camp avec tous fes détails, & cela a coûté cinquante mille écus.

Ce qui m'a le plus étonné au Louvre, c'eft l'atelier de M. Girardon, l'auteur du tombeau du cardinal de Richelieu & de la ftatue équeftre deftinée à la place Vendôme. Il a auffi à fa difpofition deux falles, dans l'une defquelles font les ftatues de marbre antiques; dans l'autre, celles de bronze & les vafes, & une centaine

---

(1) C'eft le tableau de la Chananéenne. (C. Cl. de R.)

d'autres objets d'antiquité : je ne fache rien de plus curieux à Paris.

C'est là que j'ai vu une espèce de Janus égyptien avec un Silène d'un côté & un Bacchus de l'autre; & une quantité d'autres figurines égyptiennes bien modelées, & toutes avec un trou au haut de la tête. J'y ai remarqué un lion d'Egypte de bronze, fort grand, mais d'un mauvais deffin, & ressemblant plutôt à quelque pagode indienne. Il avoit auffi un grand trou carré dans le dos auprès du cou. Les ambaffadeurs fiamois prirent plaifir à voir cette figure : ils dirent qu'elle fe rapprochoit d'une des leurs, & que ce trou fervoit à brûler de l'encens dont la fumée fortoit par le corps & les nafeaux du lion. Je ne doute pas que ce ne fût également la deftination des trous dans les têtes des figures égyptiennes dont je viens de parler, que j'ai remarqués ailleurs comme ici, & que cela ne fervît de vafes à brûler des parfums. C'eft peut-être encore ce que veut figurer la couronne radiée qui orne certaines têtes, & repréfenteroit les flammes qui s'en échappent.

Il y avoit auffi une petite image d'un homme maigre, affis & courbé, tenant fur fes genoux un rouleau de parchemin ouvert, qu'il fembloit lire. Elle étoit de bronze plein, la tête comme le refte. On l'avoit trouvée enfermée dans une momie. Il fembloit que dans le vêtement on eût voulu repréfenter une étoffe de lin; apparemment, celle que portoient les prêtres égyptiens.

Il nous montra encore une momie de femme, entière; l'odeur de fa main, que je fentis, ne me parut pas défagréable, mais je ne fus à quoi la comparer. Je ne doute pas cependant que le naphthe ne foit le principal ingrédient de cet embaumement; & c'eft en effet une odeur fi peu connue, que les eaux minérales de Hogfden, auprès de Londres, qui contiennent du vrai naphthe, dont j'ai chez moi quelques onces qui en proviennent, ont souvent trompé les ignorans en histoire naturelle, qui vouloient expliquer cette odeur par la présence de la térébenthine ou par quelque expérience manquée de chimie. Il nous fit voir encore une grande quantité d'urnes & de vases funèbres de toute forme & de toute matière, & une ancienne plume à écrire formée de deux spirales tordues ensemble, & qui se terminent de même par deux têtes de serpent.

Les têtes & les bustes de bronze antiques qui sont là sont fort nombreux & de valeur. M. Girardon est de la plus grande courtoisie pour les étrangers, surtout pour ceux qui témoignent quelque goût pour les curiosités de cette nature qu'il leur montre avec empressement. Il n'est pas possible qu'un homme élevé dans ce bel art de la sculpture, qui étudie journellement tant d'originaux des meilleurs maîtres, ne laisse loin derrière lui le reste de ses confrères qui travaillent sans bons modèles & d'imagination le plus souvent.

Je suis allé voir M. Baudelot(1), qui m'a fait un accueil fort civil, & dont l'amitié m'est devenue très-précieuse. Connu par son traité : *De l'utilité des voyages*, il possède une collection volumineuse & très-choisie de livres grecs & latins. Je lui ai fait plusieurs visites, & j'ai eu le plaisir

---

(1) Charles-César Baudelot, né à Paris le 29 novembre 1648, mort le 17 juin 1722. On peut voir dans Moreri sa vie & la liste de ses ouvrages, dont le plus connu est le *Traité de l'utilité des voyages*. Ce livre est moins ce que son titre semble annoncer que le récit de la façon dont l'auteur avoit formé son cabinet. Je mentionnerai encore sa Lettre à M. Lister, de la Société royale de Londres, sur une pierre énorme trouvée dans le corps d'un cheval mort à trente ans au service des religieuses d'Argenteuil, dont il va être parlé plus loin (page 58). (E. de S.)

d'examiner en détail fon cabinet de monnaies & de petites images de bronze, dont plufieurs ont de la valeur, telles que celles qu'il a eues d'Egypte, de Phrygie, de Grèce & de Rome.

La plus curieufe de fes figurines égyptiennes étoit un dieu Crepitus d'un travail admirable avec la tête radiée. Ses traits font ceux d'un Ethiopien, & en prouvent la haute antiquité, car l'ufage des artiftes étoit en ce temps de donner à leurs dieux la reffemblance de leurs rois.

Il y avoit auffi un fquelette de femme en cuivre maffif, affis, & trouvé dans le corps d'une momie, dans le genre de la ftatuette dont j'ai parlé à propos du cabinet de M. Girardon; un apis ou une vache en cuivre, un Priape phrygien d'un travail élégant : le bonnet phrygien pointu & retombant par derrière, comme nos bonnets de déshabillé d'aujourd'hui.

Ce favant antiquaire compte publier ces curiofités avec d'autres encore.

Parmi fes médailles, je ne pus en rencontrer une de Palmyre dont je m'enquérois foigneufement, car je défirois connoître ce que la France pouvoit me fournir à ce fujet.

Il a auffi beaucoup de marbres de la Grèce. Ils ont été publiés par M. Spon, fauf le plus ancien & le plus curieux de tous, fur lequel M. Baudelot va faire paroître prochainement une differtation. C'eft la lifte en trois colonnes des noms des principaux perfonnages d'Erechtheis, l'une des premières tribus de l'Attique, qui furent tués en cinq batailles différentes livrées la même année fous deux généraux, en Chypre, en Egypte, en Phénicie, à Egine & à Halies. Il y a cent foixante-dix-fept noms. Le dernier, lequel mourut en Egypte, eft le mantis ou devin, c'eft-à-dire le médecin : magie & médecine marchoient de front dans ces temps. Bien plus, les comédiens eux-mêmes & les poëtes, ces gens voués au culte de l'esprit, se battoient comme les autres; car nul de ceux qui étoient nés dans le royaume où la république d'Athènes n'étoit exempt de porter les armes.

Outre l'histoire & les noms connus, la forme des lettres prouve l'antiquité de ce marbre d'une manière irréfragable. Il n'y a pas de doubles lettres : il n'y a ni η ni ω, mais à leur place des ε & des o. Les lettres L, P, R, S sont romaines : ce qui démontre aussi en passant que c'est de l'ancien alphabet grec que les Romains ont pris le leur.

Ce fut un grand bonheur pour l'humanité que l'invention des lettres. La difficulté dont l'écriture est à la Chine ne vient que du malheur de n'avoir pas d'alphabet; en sorte que les Chinois sont obligés d'exprimer chaque pensée par un caractère distinct, ce qui a fini par leur en donner jusqu'à 120 000. Là pourtant il leur en faudroit moins qu'à nous autres Européens, qui en faisons tout autant avec nos vingt-quatre lettres, desquelles, dit Hippocrate parlant de la grammaire qui repose en entier sur sept figures, il y en a cinq qui à elles seules donnent la vie aux dix-neuf autres. Les Chinois savent beaucoup moins que nous : ils n'ont pas d'autre morale, ils ont moins de philosophie, moins de mathématiques, moins d'arts, une connoissance bien plus restreinte de l'histoire naturelle, car ils n'en peuvent connoître que ce qu'ils trouvent chez eux : à quoi donc employer cette profusion de caractères? C'est leur grand malheur, je le répète, de ne s'être pas avisés d'un alphabet; leur langage ordinaire s'apprend aussi aisément qu'une langue européenne; il pourroit s'écrire de même.

CHAPITRE III.

Mais revenons aux richesses de M. Baudelot. Il a aussi dans son cabinet quelques bas-reliefs. Il en a un de Praxitèle bien dessiné; un autre de Musos le comédien. J'en ai surtout remarqué un qui m'a semblé achevé. C'est un Cupidon endormi, la tête reposant sur son bras gauche, avec deux pavots dans sa main. Il est probable que les pavots sont là pour exprimer leur vertu aphrodisiaque. En effet, la plupart des poisons ont une grande influence en ces matières, & il n'est point de nations qui usent davantage d'opium, qui en aient plus besoin & qui sachent mieux l'employer que celles où règne la polygamie, témoin les mahométans & ce qu'Oléarius nous en raconte.

Il y a un buste antique, en marbre, de Zénobie avec une couronne radiée, dont il eut l'obligeance de me donner un dessin très-exact. Ce buste a été rapporté d'Asie par M. Thévenot.

Il me fit voir une dissertation mise au net pour la presse, sur une pierre gravée représentant Ptolémée Aulètes ou le Joueur de flûte. C'est une chose fort remarquable que le voile mince qui couvre le nez & la bouche. Cette tête est gravée sur une améthyste.

J'ai joui souvent de la compagnie de ce savant, & me suis fort entretenu avec lui de son livre *de l'Utilité des voyages*. Dans une de ces conversations, je pris la liberté de différer d'avis avec lui sur l'explication de cette monnoie, de M. Séguin, qu'il appelle Britannique. M. Baudelot y lit : *Jovi victori Saturnalia io!* ou *Jovi victoria Sat. io!* Pour moi, je préférerois lire ainsi : *Io! Sat. Victoria io!* à l'occasion du retour triomphal de Claude avec ses soldats, à qui il avoit fait remplir leurs casques de coquilles prises sur le rivage; & de l'emploi de sa nouvelle lettre, le *Digamma*, qu'il avoit inventée ou empruntée au dialecte éolique pour exprimer le V confonne (1). Les coquilles étoient un triomphe de même importance que fon addition à l'alphabet, qui dura jufte auffi longtemps que lui ; cela vouloit dire : « C'eft affez de victoire (au moins pour un auffi pauvre prince que Claude). Rentrons chargés des dépouilles de l'Océan, & ornons d'une palme notre nouvelle lettre. » Le revers eft une couronne de laurier : figne de victoire comme la palme.

Quant au *Bouftrophédon*, dont parlent Suidas & Paufanias, ou à cette façon d'écrire en retournant de gauche à droite & de droite à gauche, fans interrompre la ligne, comme font des bœufs qui labourent, ou comme les coureurs autour de la borne dans le cirque, je ne penfe pas que ce foit autre chofe que les lignes d'écriture tracées en ferpentant dont on voit en Suède des exemples dans les infcriptions runiques.

Il me fit voir encore une pierre qu'on avoit tirée récemment du corps d'un cheval, dont elle avoit caufé la mort. Comme cette mort avoit paru étrange, on l'avoit ouvert (c'étoient des ignorans qui avoient fait cette opération); dans la partie inférieure du corps, fans doute la veffie, on avoit trouvé cette pierre. Elle pèfe, à ce que je fuppofe, deux livres; elle eft ronde comme un boulet, & formée de couches concentriques comme un oignon; la première étoit brifée en plufieurs endroits, on pouvoit aifément le vérifier : elle eft brune, tranfparente dans le genre de quelques agates troubles

---

(1) Le digamma emprunté par Claude au dialecte éolien n'exprimoit pas le *v* confonne, comme le dit Lifter, mais bien une afpiration ou plutôt une expiration très-dure repréfentée par notre F, qui a même gardé la forme du διγαμμα grec, c'eft-à-dire de deux Γ (γαμμα) placés l'un fur l'autre. (C. Cl. de R.)

que j'ai vues, & fort lourde. J'ai eu dans le Yorkshire un malade qui rendoit souvent de pareilles pierres. J'ai vu une autre pierre également transparente que l'on tira de la fesse d'un alderman de Doncaster : il fallut le tailler deux fois à la même place, à quelques années de distance. Un de mes malades en rendit une fois une qui étoit aussi, jusqu'à un certain point, transparente. Elle étoit juste de la couleur d'un grain de café brûlé. Au reste, avant mon départ de Paris, M. Baudelot m'a écrit sur cette pierre une lettre que je me propose de publier.

Je suis allé, sur l'invitation de M. Cassini, à l'observatoire royal, qui est bâti sur une éminence, juste hors des murs de Paris. C'est un bel édifice dont les voûtes & les escaliers tournans sont construits avec beaucoup de talent. En dedans, en dehors, les pierres sont assises avec plus de régularité qu'en aucun autre bâtiment moderne que j'aie vu. Il n'y est entré ni bois ni fer, mais tout est en pierre, voûte sur voûte. La plate-forme, au sommet, est fort spacieuse & commande une grande & belle vue de tout Paris & du pays qui l'entoure. Elle est pavée d'un silex noir en petits carrés, qui sont joints probablement avec du ciment ou de la pouzzolane.

Nous visitâmes une salle remplie de modèles de toutes sortes de machines. Il y avoit aussi un grand verre ardent d'environ trois pieds de diamètre, qui, à ce moment de l'année, c'est-à-dire au commencement de février, mit le feu à du bois dans l'instant même où il passa devant son foyer.

J'étois indisposé & je ne pus accepter l'offre obligeante que l'on me fit de me faire examiner la lune dans les télescopes, ni de descendre dans le souterrain qu'on avoit disposé, mais sans succès, pour faire voir les étoiles en plein midi. *M. Roman* (1) m'a dit plus tard qu'il y avoit dans ces souterrains un rocher formé par l'infiltration & la chute successive de gouttes d'eau d'une nature pétrifiante, qui est celle de tous les puits de Paris.

Sur le pavé d'une des tours octogones, on a dessiné à l'encre, & avec beaucoup d'exactitude, une mappemonde universelle tracée dans un vaste cercle. Le pôle nord en fait le centre, &, à l'aide des meilleures & des plus récentes observations, on y a corrigé les erreurs des autres cartes.

M. Maraldi, neveu de M. Cassini, étoit avec lui. Quant à son fils unique, il étoit à Londres à ce moment. Depuis, je l'ai vu chez son père; c'est un jeune homme de grande espérance & bien instruit par son père dans les mathématiques & toutes les autres sciences utiles.

L'arc de triomphe, au delà de la porte Saint-Antoine, vaut la peine d'être vu (2). Les architectes françois prétendent qu'ils y ont non-seulement imité, mais encore surpassé les anciens. On y a effectivement employé les plus grands blocs de pierre qu'on ait pu trouver, & on les a placés sur leur plat & sans mortier, à la façon des anciens; mais

---

(1) Seroit-ce Olaüs Roemer, Danois, qui fit le premier le calcul des tables qui sont dans la *Connoissance des temps?* Mais il avoit quitté l'Observatoire & la France en 1680 ou 1681. Lister peut l'avoir vu ultérieurement en Angleterre ou ailleurs, & en effet Lister dit : « Mr R. m'a dit *plus tard.* » Roemer mourut en 1710. En tout cas, aucun nom des astronomes françois de l'Observatoire cités dans Brice ne ressemble à Roman. (B. J. P.)

(2) C'est ce que l'on appelle la *barrière du Trône*. La première pierre fut posée le 6 août 1670. Les constructions poussées d'abord activement ne tardèrent pas à se ralentir; puis, pour en donner une idée, on termina l'arc de triomphe en plâtre & en bois. Il fut définitivement démoli en 1716. Les deux colonnes bâties sous le Consulat indiquent sa plus grande largeur. L'architecte Perrault en avoit dessiné les plans. (C. Cl. de R.)

ces pierres, je le crains, n'approchent pas de la qualité de celles des Romains, & pour grandes qu'elles soient n'en sont pas moins mal choisies. Au reste, le dessin en est magnifique, & le modèle en plâtre qui en existe donne l'idée de sa beauté & de ses proportions. Il est destiné, je le suppose, à servir de porte ou d'entrée à la ville, car il fait face à la grande rue du faubourg, &, de là, une grande allée d'arbres conduit au bois de Vincennes. Le monument n'est encore hors de terre qu'à la hauteur des piédestaux : les fondations vont à vingt-deux pieds de profondeur.

Dans les énormes blocs de pierre qui sont dans le chantier j'en ai reconnu de plusieurs sortes, qui toutes viennent des carrières des environs de Paris. C'est toute pierre d'un grain grossier & qui n'est point calcaire. On en compte quatre espèces : la pierre d'Arcueil, employée dans les deux ou trois assises au-dessus des fondations : c'est la meilleure & la plus dure. Celle de Saint-Cloud, qui, en qualité, vient immédiatement après. Pour les blocs destinés au corps du monument & les cylindres des colonnes, il m'a paru que les bancs de cette pierre ne dépassoient pas deux pieds d'épaisseur. Celle de Lieusaint ; elle est médiocre, mais pourtant fort supérieure à celle qui sort des carrières de Paris ou de son voisinage immédiat, qui forme la quatrième espèce. Si on l'emploie aussitôt qu'elle est tirée, elle est sujette à geler ; mais si on la laisse exposée à l'air sous un abri pendant deux ans, elle se sèche & devient plus durable(1).

---

(1) Observations très-justes sur les qualités & les densités diverses des pierres à bâtir des environs de Paris. Elles sont confirmées par tous les architectes contemporains, notamment par M. Viollet-le-Duc dans son *Dictionnaire d'Architecture*, aux mots : CONSTRUCTION & PIERRE A BATIR. (C. Cl. de R.)

Je n'ai vu à Paris qu'une feule ruine d'anciennes conftructions romaines; c'eft dans la rue de la Harpe. Les voûtes font larges & fort élevées. Le mode de conftruction eft le même que j'ai fait deffiner à York & que j'ai publié dans les *Tranfactions philofophiques*. Les murs en dedans & en dehors font compofés de fix lits de petites pierres carrées, puis de quatre rangs de briques plates, minces & larges, & ainfi de fuite de haut en bas. Ceci donne une date poftérieure au temps de Sévère, car c'étoit là, dit Vitruve, la méthode africaine; & en conféquence ces ruines peuvent très-bien appartenir, comme la tradition l'affirme, au palais de l'empereur Julien & à fes thermes.

Le cimetière des Saints-Innocents, fépulture commune de la ville de Paris durant l'efpace de mille ans, quand il étoit entier, tel que je l'ai vu autrefois, & entouré de fa double galerie pleine de crânes & d'offemens, offroit un coup d'œil impofant & vénérable. Mais à ce voyage-ci, je l'ai trouvé en ruine, la plus grande des galeries démolie, un rang de maifons bâties à fa place, les offemens tranfportés je ne fais où, & tout le refte du cimetière dans l'état le plus fale & le plus négligé où j'aie jamais vu un lieu confacré. C'eft bientôt fait, même chez les catholiques, quand une fois on se l'eft mis dans la tête ou qu'on y trouve fon intérêt, de profaner les lieux les plus facrés. On s'y prête fans façon, & les tombes des chanceliers & des autres puiffans de la terre fe tirent d'affaire comme elles peuvent. Ce qui ne fait rien gagner à perfonne, perfonne ne fe foucie de l'entretenir; mais il eft étrange qu'au milieu de tant de millions de morts, il ne fe lève point quelque faint miraculeux pour repouffer loin de lui-même & de fes voifins le mépris & la profanation.

Il eft trifte que du centre de tant de terre fainte apportée, dit-on, de fi loin, il ne fe dreffe pas la main vengereffe d'un faint, mais qu'au contraire, cette terre femble rejeter loin d'elle tous fes habitans pour en confondre & difperfer les reftes au hafard.

CHAPITRE IV.

CABINETS DES PARTICULIERS A PARIS; LEURS PROPRIÉTAIRES.

Dans ce nombre de cabinets qu'il y a à Paris, je ne connois rien de mieux que celui de M. Boucot (1), garde-rôles du Parlement. Vous traverfez une longue galerie toute garnie d'un côté de livres bien rangés dans des armoires grillées. De là vous paffez dans deux falles admirablement ornées de tableaux, de vafes, de ftatues, de bronzes, de porcelaines, de ces fameux émaux de Limoges qu'on ne fauroit plus trouver aujourd'hui, & d'un millier d'autres curiofités.

J'ai examiné tout particulièrement fes coquilles, qui rempliffent près de foixante tiroirs. A la vérité, il y en a beaucoup de la même efpèce, & un petit nombre feulement que je n'euffe pas déjà vues & fait deffiner. Il me les prêta fort obligeamment pour que j'en fiffe prendre

---

(1) Nicolas Boucot, depuis 1685, l'un des quatre gardes des rôles des offices de France. Ces officiers, attachés à la grande Chancellerie de France, & non au Parlement, avoient pour principales fonctions de conferver les rôles & regiftres de tous les offices de France qui étoient fcellés, & de recevoir les oppofitions au fcellement de ces offices. Nicolas Boucot paroît être mort en 1699, année où parut le Catalogue de fa bibliothèque & où François Boucot, fans doute fon fils, fuccéda à fes fonctions. (B. J. P.)

CHAPITRE IV.

le deſſin. Il en avoit de parfaitement belles & de grandes, des *Buccins* de terre & d'eau douce; mais il lui en manquiot beaucoup, préciſément des tribus qui ont fait l'objet de mes publications.

Il en avoit deux ou trois fort belles de cette eſpèce de limaçon comprimé qui a la queue du même côté que la tête : & le nom de *Lampes*, que lui donnent ces collecteurs, me paroît bien choiſi.

Il me montra une bivalve qui n'eſt pas rare; c'étoit un grand Spondile, rouge de ſang, dont le feu duc d'Orléans avoit donné 900 livres, qui dépaſſent 50 livres ſt. Il m'aſſura que le même prince avoit offert à un amateur de Paris, 32 coquilles de 11 000 liv. qu'on ne voulut pas accepter; ſur quoi le duc reprit qu'il ne ſavoit pas lequel des deux étoit le plus ſot, de lui, qui avoit offert cette ſomme, ou de l'amateur, qui l'avoit refuſée.

Je vis auſſi dans cette collection un cheval marin (*Hippocampus*) d'environ quatre pouces de long, la queue carrée, le ventre & le devant gros, dans le genre du chabot, avec des ailes comme le poiſſon volant, mais qui étoient gâtées, car on avoit déchiré les membranes : la tête longue & carrée comme la queue, avec une eſpèce de muſeau hériſſé. Au moins j'ai jugé que ce poiſſon étoit de l'eſpèce *hippocampus*. Il lui avoit été donné par lady Portſmouth, & pouvoit bien venir de la collection de Charles II, à qui l'on avoit fait beaucoup de préſens curieux (par exemple une collection de coquilles que lui avoient données les États généraux, & dont j'ai vu nombre en d'autres mains), toutes choſes qu'il laiſſa prendre & diſſiper.

Il y avoit là un guêpier du Canada d'une forme très-élégante & admirablement fait : j'en ai un deſſin. Il eſt fermé de tous les côtés; gros comme un melon de moyenne taille, en forme de poire, avec un rebord tout autour dans la partie la plus grosse; à partir de ce rebord, il diminue brusquement & se termine en pointe. Au bout de la pointe, sur un côté, est un petit trou en entonnoir dont les parois sont lisses. C'est là la seule ouverture : il tient à une petite branche d'arbre, & est doux comme du satin.

J'y ai vu aussi la peau rayée, souple & bien chamoisée, d'un âne d'Afrique, que je n'avois pas encore vu. C'est certainement un fort bel animal; & je m'étonne comment, depuis tant de siècles que les Européens le connoissent, on n'a pas encore pu le dompter & en tirer parti, comme du reste de l'espèce chevaline. Celui-ci n'étoit que de deux couleurs, c'est-à-dire qu'il étoit rayé de larges bandes de blanc & de bai-brun, qui partoient du dos pour couvrir les flancs jusqu'au ventre, qui étoit tout blanc. Elles étoient coupées sur le dos par une ligne étroite de poil court, mais cependant plus long que le reste, & elles entouroient les jambes comme des jarretières. Les bandes de couleur avoient auprès du dos trois ou quatre doigts de largeur, & celle qui suivoit la colonne vertébrale étoit aussi fort large.

Plus tard, chez le docteur Tournefort, j'ai vu une autre peau d'âne du Cap avec des bandes semblables, mais plus larges & plus foncées : cette différence pouvoit tenir à leur âge. Cette rayure semble un caractère spécial de l'âne, car les nôtres ont tous une raie noire sur le dos, & deux autres encore, une sur chaque épaule.

J'ai vu la collection de coquilles de M. de Tournefort. Elles sont bien choisies, sans qu'il y en ait plus d'une ou deux de chaque espèce; toutes sont parfaites, très-belles & rangées en bon ordre; elles occupent une vingtaine de tiroirs. Il y avoit là une fort grande coquille de terre, la même que j'ai fait deſſiner ſur l'exemplaire du muſée d'Oxford, & tournée de droite à gauche. D'excellens ſpécimens des autres limaçons de terre; une moule d'eau douce du Bréſil, que je n'avois pas encore vue, & dont il me donna deux : pluſieurs eſpèces de buccines d'eau douce des îles des Caraïbes; une *Auris marina ſpecie ecchinata*, qui m'étoit inconnue.

Parmi ces coquilles étoit l'huître mince dont l'intérieur eſt brillant comme de la nacre, & dont la valve ſupérieure a un orifice auprès de la charnière. Il l'avoit priſe lui-même & détachée d'un rocher en Eſpagne; & il me diſoit qu'elle étoit d'une ſaveur amère très-déſagréable. Comme il ne manquoit rien à cette huître, j'ai pu voir que cet orifice étoit formé par une troiſième coquille faiſant ſoupape & de la forme d'une pannetière de berger.

Je ne dirai rien de ſa collection de graines de fruits & de plantes deſſéchées, qui à elles ſeules montent bien à huit mille, & égalent, ſi elles ne ſurpaſſent pas, les plus beaux herbiers d'Europe. Il me donna pour l'emporter avec moi en Angleterre ſa Flore des environs de Paris, qu'il venoit d'imprimer, & il me montra les deſſins d'une centaine de plantes d'Europe inconnues, qu'il ſe propoſe de publier inceſſamment.

Il me fit voir dix ou douze feuilles de vélin, ſur chacune deſquelles le meilleur artiſte de Paris en ce genre peint à la gouache, aux frais du Roi, une ſeule plante que l'on prend, autant que poſſible, quand elle eſt en fleur. Quand M. de Tournefort leur a mis leur nom, on les envoie à Verſailles où on les garde. Le Roi a déjà ainſi plus de 2000 plantes rares, & l'on continue ce recueil. Pour chaque feuille, le peintre reçoit deux louis.

Il poſſédoit auſſi un grand guêpier du Canada de douze

pouces de long & d'un diamètre de fix. Il étoit comme celui dont j'ai parlé plus haut, en forme de poire, rattaché par une boucle longue & large à une petite branche d'arbre. Le bout le plus large, ou le bas, fait un peu la pointe & eft renflé dans le milieu. L'extérieur eft doux comme du vélin & gris de perle. Comme le bouton au bout le plus large étoit rompu & l'enveloppe extérieure enlevée, je pus remarquer jufte au centre un paffage d'un demi-pouce environ de diamètre, par où les guêpes vont & viennent. Les cellules font hexagones & très-petites, pas plus grandes qu'une plume de canard ou qu'une très-petite plume d'oie, par conféquent elles paroiffent fort nombreufes & très-ferrées.

Je vis encore là un fort grand *Julus* du Bréfil, d'au moins fix pouces de long & de deux de tour, rond comme une corde, liffe, brillant, de couleur de cuivre ou de bronze, avec des pattes à l'infini qui faifoient de chaque côté une efpèce de frange. Il le tenoit du P. Plumier, qui enfuite m'en donna un deffin en couleur fait fur l'animal vivant.

Le docteur de Tournefort m'a montré un préfent que lui avoit fait fon compatriote de Provence, M. Boyer d'Aiguilles, d'un grand volume in-folio d'eftampes curieufes : c'eft feulement la première partie du cabinet de M. d'Aiguilles, toute gravée à fes frais. On dit que c'eft un autre Peirefc, & il feroit heureux pour l'humanité, en même temps qu'un grand honneur pour fon pays, d'avoir en un feul fiècle donné deux femblables Mécènes.

Comme j'allois un jour faire vifite à M. du Verney (1)

---

(1) Guichard Jofeph du Verney, né à Feurs (Loire) en 1648, mort en 1730, à 82 ans. Ce favant célèbre avoit donné au grand dauphin dans fon enfance des leçons d'anatomie, qu'il répétoit enfuite chez Boffuet, précep-

à son appartement au bout du jardin du Roi, & que je ne le trouvai pas, je montai avec un jeune gentilhomme de la suite de mylord pour voir M. Bennis (1), qui étoit tout seul à l'amphithéâtre à étudier un cadavre, qui étoit là, le ventre & la poitrine déjà ouverts. Il y avoit de singulières choses à voir dans cette salle : c'étoit le matin ; mon compagnon, dont tous les sens étoient bons & bien ouverts, fut surpris d'une façon aussi désagréable qu'étrange, & il eût beaucoup plus tôt fait de descendre les escaliers qu'il ne les avoit montés. Effectivement, pour qui n'est pas accoutumé à ce métier, une salle de dissection est quelque chose de repoussant, pour ne pas dire d'effrayant. Là sera un panier plein d'instrumens de chirurgie, comme des scalpels, des scies, &c. ; sur ce banc, il y aura une cuisse & une jambe écorchées avec les muscles séparés ; un peu plus loin, un bras accommodé de même. Ce baquet sera rempli de morceaux de chair pour servir à un examen plus minutieux des veines & des nerfs : de toute part, rien qui ne soit répugnant. Aussi, si la raison & l'amour de l'humanité ne prescrivoient pas cette étude, on ne sauroit s'y faire, car certainement l'instinct & la nature s'en éloignent avec horreur.

Je suis allé voir chez lui, rue Princesse, M. Méry (2),

---

teur du prince, en présence de Huet, évêque d'Avranches, des ducs de Montausier & de Chevreuse, & d'autres personnes de la cour. Il avoit la poitrine délicate & étoit obligé de se faire aider dans ses démonstrations pour ménager sa voix. Sa réputation étoit européenne, & on compta dans une année jusqu'à cent quarante étrangers parmi ses auditeurs. Il publia en 1683 un traité de l'organe de l'ouïe dont il comptoit donner une nouvelle édition avec Winslow, & on a imprimé en 1751 son ouvrage posthume sur les maladies des os. (B. J. P.)

(1) C'étoit un Anglois. Voir p. 72.
(2) Jean Méri (& non Méry), né en 1645, mort en 1722, âgé de 77 ans ; il étoit premier chirurgien de l'Hôtel-Dieu.

anatomiste laborieux & exact & homme d'un caractère ouvert & communicatif. Son cabinet consistoit en deux chambres. Dans la première étoit une grande variété de squelettes & de préparations complètes du système nerveux. Il s'en servit pour me faire remarquer une méprise de Willis, d'où il concluoit que ce chirurgien disséquoit peu de ses propres mains. La pie-mère ne recouvre les nerfs dorsaux que jusqu'à moitié de la colonne vertébrale, où elle s'arrête; & c'est la dure-mère qui recouvre les vingt paires inférieures : ce que Willis, me dit-il, avoit rapporté autrement.

Mais ce qui charma le plus ma curiosité, ce furent les démonstrations qu'il me fit sur le cœur, soufflé & desséché, d'un fœtus, & sur celui d'une tortue.

Dans le cœur du fœtus, que je vis tout ouvert, il n'admettoit point de soupapes au trou ovale, qui paroissoit également ouvert, du ventricule gauche au droit, comme dans le sens contraire; son diamètre, à son avis, égaloit à peu près celui de l'aorte : les deux artères qui montent dans les deux lobes des poumons, & qui sont des ramifications de l'aorte pulmonaire après qu'elle s'est séparée du canal de communication qui est entre l'artère pulmonaire & la branche inférieure de l'aorte, ces deux artères ensemble excèdent de beaucoup, si elles n'en sont pas le double, le diamètre de l'aorte elle-même.

Il en concluoit, & ce n'étoit pas sans raison, que de tout le sang que la veine cave verse dans le ventricule droit du cœur, & qui de là chez un fœtus remonte dans l'artère pulmonaire, une grande partie est portée par le canal de communication dans la section inférieure de l'aorte, & est mis de la sorte en circulation dans le corps, les poumons ne prenant ainsi point de part à cette fonction : que des deux tiers restant du sang qui est porté aux poumons quand il defcend la veine pulmonaire, ce qui n'en peut pas être reçu par l'aorte (& la totalité ne peut pas y être admife, parce que l'aorte eft beaucoup plus petite que les deux branches de l'artère pulmonaire enfemble) eft reporté en arrière par le trou ovale dans le ventricule droit du cœur, & remonte ainfi avec le refte du fang qui vient de la veine cave. De la forte, une part feulement de fang, des deux qui reftent, eft portée quotidiennement dans le corps comme chez un fœtus adulte, & un tiers circule dans les poumons en paffant par le corps ou le grand fyftème de circulation. Il concluoit auffi qu'il eft certain que tout cela eft ainfi difpofé pour abréger la circulation; & que pour la même fin, la circulation fecondaire du foie eft négligée par le fang qui revient du placenta par un canal de communication entre la veine porte & la veine cave.

La raifon qu'il donne de cette dernière affertion, je ne faurois l'admettre; elle me femble fort mal fondée; je ne prendrai donc pas la peine de la réfuter, ni même de la mentionner.

Quant au cœur de la tortue de terre, il étoit dans l'efprit-de-vin, & fes trois ventricules fendus & ouverts; ce qui étoit moins fatisfaifant. Je vis cependant que le ventricule gauche chez cet animal n'avoit point d'artère qui lui appartînt, mais renvoyoit feulement le fang qui defcendoit des poumons, & le tranfportoit par le trou ovale dans le ventricule droit; que le troifième ventricule (celui du milieu) n'étoit qu'un appendice du droit, & que c'étoit de lui que fortoit l'artère pulmonaire. De forte que chez une tortue le fang circule à peu près comme chez un fœtus, par le corps, tandis que pour cette fonction les poumons font à peu près laiffés de côté.

Cette opinion de M. Méry l'a brouillé avec M. du

Verney, ce qui a fort gêné mes rapports avec eux; cependant il faut espérer qu'il sortira quelque bien de leur émulation.

Deux de mes compatriotes vinrent me voir, M. Bennis & M. Probie. Ils s'étoient logés auprès du jardin du Roi où demeure M. du Verney, & où il travaille à l'anatomie. Il leur fit en trois mois la démonstration de toutes les parties du corps humain. Il employa pour cela au moins vingt cadavres, pris à la potence, dans les hôpitaux & au Châtelet, où l'on expose les inconnus que l'on trouve assassinés dans les rues, ce qui n'est rien moins que rare à Paris.

Ils me dirent que M. du Verney leur avoit montré une soupape qui empêchoit le sang de repasser dans le ventricule droit par le trou ovale. Il comparoit, me dirent ces messieurs, cette soupape aux papilles des reins formées de muscles & de chair. Que si on insuffloit de l'air dans la veine pulmonaire, il ne traversoit pas le trou ovale, mais s'y arrêtoit empêché par cette soupape; & qu'il croyoit, contrairement à l'opinion de M. Méry, que chez un embryon il ne circuloit point de sang dans les poumons.

Plus tard, dans un autre entretien, M. Méry me fit voir le cœur d'un embryon & celui d'une petite fille de sept ans. Je vis clairement que la prétendue soupape du trou ovale étoit en quelque sorte suspendue par deux ligamens; & que dans le cœur de la petite fille les deux côtés du trou ovale revenoient l'un sur l'autre & le fermoient ainsi, mais se séparoient aisément si l'on passoit quelque chose entre deux.

Il me parut que chez un embryon cette membrane pouvoit couvrir le trou ovale, à la façon de celle que les oiseaux ont entre l'œil & la paupière, c'est-à-dire qu'elle s'étend dessus pour empêcher le sang d'y passer de la veine cave, aussi souvent que bat l'oreillette droite, puis, en se dilatant, donne passage au sang qui vient de la veine pulmonaire : &, peut-être, l'embryon vivant à peu près de la vie d'un insecte, peut, par ce mécanisme, être le maître des mouvemens de son cœur.

Je me souviens que dans la conversation de ce même jour, il me dit qu'en présence de l'Académie des sciences M. du Verney avoit mis dans la machine pneumatique un vieux chat & un petit chat qui venoit de naître. Le chat adulte mourut après seize coups de piston, tandis que le jeune chat survécut à cinq cents coups : ce qui favorise, à un certain point, l'opinion de l'empire que les très-jeunes animaux auroient sur leur cœur (1).

A une autre visite, M. Méry eut l'obligeance de se procurer pour moi le cœur d'un embryon humain avec les poumons entiers. Il fit devant moi l'expérience de l'insufflation & de l'injection d'eau dans l'aorte. L'air & l'eau remplirent successivement les oreillettes & les ventricules, & sortirent librement par la veine cave seulement. Il ouvrit ensuite l'oreillette & le ventricule droits, où le trou ovale n'étoit ouvert qu'à un coin, au dixième à peine de son étendue, & sur tout le reste une membrane qui adhéroit aux côtés tout autour : puis il ouvrit de la même façon le ventricule & l'oreillette gauches, & il devint alors évident que cette membrane, qui fermoit le trou, avoit deux attaches aux muscles qui la retenoient aux deux côtés opposés, à la façon de quelques-unes des soupapes du cœur.

Il devoit résulter de là, lui dis-je, que le trou ovale se

---

(1) Buffon parle quelque part d'expériences qui paroîtroient confirmer cette assertion. (E. de S.)

fermoit ou s'ouvroit plus ou moins à la volonté de l'embryon, d'accord avec les nécessités de la nature & la quantité du sang qui avoit à passer : qu'il étoit probable que tous les insectes, & j'en avois de nombreuses preuves, étoient ainsi maîtres des fonctions de leur cœur, au moyen de quelque conduit analogue qu'ils pouvoient fermer à volonté, en tout ou en partie, en hiver, dans un moment de frayeur, dans la privation de nourriture : que la clôture du conduit chez les animaux adultes se faisoit en un instant, en tirant en son entier le rideau qu'on ne pouvoit plus jamais rouvrir ensuite, à cause des torrens de sang qui se précipitoient dans l'oreillette droite, & le fixoient dans cette position, où il perdoit complétement son mouvement de va-&-vient. De même qu'une poule, quand elle s'endort, ramène la membrane clignotante qui, lorsqu'elle meurt, couvre l'œil tout entier.

M. Bennis me procura le cœur d'un fœtus humain qui avoit respiré, mais quelques instans seulement ; & je l'examinai avec M. Littre (1), de Castres en Languedoc, anatomiste aussi adroit qu'intelligent, qui enseigne la pratique de son art à des étudians de toutes les nations. Nous répétâmes les expériences décrites plus haut ; l'air & l'eau passèrent par le trou ovale, tant de la veine pulmonaire que de l'aorte. Ce que je notai plus particulièrement dans ce cœur, c'étoit que la membrane ou soupape du côté gauche du trou ovale étoit plate & s'étendoit sur le trou presque entier, sans avoir aucun rebord, parce qu'elle n'étoit pas autre chose que la substance même de l'oreillette gauche continuée, ou son prolonge-

---

(1) Alexis Littre, né à Cordes, en Albigeois, en 1658, mort en 1725 ; de l'Académie des sciences.

ment; mais du côté droit, la veine cave tenant à l'oreillette, la membrane avoit un rebord un peu enflé; les deux parties s'entr'ouvroient en sens contraire, &, se rabattant en quelque sorte l'une sur l'autre, elles fermoient le trou ovale, mais pas assez solidement pour qu'il ne pût pas demeurer plus ou moins ouvert durant toute la vie d'un homme. De voir ces deux portions de membrane adhérer l'une à l'autre dans un cœur soufflé & desséché, ce n'est pas de grande conséquence, car j'en ai vu sécher avec le trou ouvert; puis la chose peut se gouverner comme il arrive avec du papier non collé, ou comme il a lieu avec les conduits de l'urine qui pénètrent entre les peaux de la vessie, ou pour le conduit biliaire pour son insertion dans les intestins.

La même personne m'a apporté le cœur d'un homme de quarante ans, dans lequel le trou ovale étoit resté aussi ouvert que chez un fœtus qui n'eût fait que de naître, & les ligamens qui rattachent la soupape à l'oreillette & repassent de l'autre côté du rebord étoient très-apparens.

Il n'est point de visite qui m'ait plu davantage que celle que je fis au P. Plumier (1), que je trouvai dans sa cellule, au couvent des Minimes. Il étoit rentré sur l'escadre de M. de Pontis, & avoit rapporté avec lui plusieurs volumes in-folio de dessins & de peintures de plantes, d'oiseaux, de poissons & d'insectes des Indes occidentales : tous exécutés par lui-même avec beaucoup d'exactitude. C'est un homme qui a une grande connoissance

---

(1) Cet habile homme décéda en 1706, près Cadix, partant pour la quatrième fois pour l'Amérique où il alloit examiner l'arbre qui produit le quinquina. Fagon, prétendant que le quinquina avoit moins de vertu qu'à l'origine, l'avoit engagé à faire ce voyage.

de l'histoire naturelle, surtout de la botaniqne. Il avoit déjà fait un voyage en Amérique, & avoit à son retour imprimé, aux frais du Roi, une description en un volume in-folio des plantes de ce pays. Ce volume fut si goûté, que le Roi l'y renvoya. Il en étoit revenu après plusieurs années de voyage dans les isles; mais il fit plusieurs fois naufrage, & eut le malheur de perdre tous les objets qu'il en rapportoit, tout en conservant ses papiers, qui heureusement se trouvoient sur un autre bâtiment; en sorte que ce sont ceux-là seulement que j'ai pu voir. Il avoit dessiné & disséqué un crocodile, une tortue de mer, une vipère, & donné une bonne analyse de ses dissections.

Ses oiseaux étoient bien compris & leurs couleurs bien naturelles. Je remarquai trois sortes de chouettes; l'une d'elles avec des cornes, & toutes les trois sont d'espèces distinctes de celles d'Europe : plusieurs oiseaux de proie & des faucons d'un très-beau plumage; l'un desquels étoit aussi noir qu'un corbeau. Enfin une espèce d'hirondelle, que je souhaitois fort de connoître, très-différente des quatre espèces que nous avons en Europe.

Dans les poissons, il y avoit deux nouvelles espèces de truites d'Amérique, bien connues par leur nageoire charnue près de la queue.

Dans les insectes, il y avoit un scolopendre d'un pied & demi de long, & gros à proportion, &, très-élégamment peint, le *Julus* que j'avois vu précédemment dans le cabinet du docteur Tournefort.

Une grande grenouille des bois avec le bout des doigts palmé.

Un polype rouge de sang avec de fort grandes jambes, deux desquelles, à ce que je pus reconnoître sur le dessin, avoient de profonds acétabules. Ce polype, me dit le P. Plumier, eft fi venimeux que, pour peu qu'il vous touche, vous éprouvez une fenfation de brûlure intolérable qui dure plufieurs heures.

Quelques efpèces de ferpens & de lézards.

Il n'y avoit qu'un petit nombre de coquilles ; mais j'y vis un murex, qui donne la teinture pourpre, avec l'animal tel qu'il fe meut dans la mer. J'y vis auffi cette porcelaine, ou buccine de terre, que j'ai fait deffiner, & qui pond des œufs à coquille dure que, pour la forme, la couleur & le volume, on a peine à diftinguer des œufs de moineau; & comme, tant le murex que la porcelaine étoient repréfentés avec les animaux fe montrant hors des coquilles, je défirai en avoir une copie, qu'il me donna de la façon la plus obligeante. C'eft à Saint-Domingue, où il l'avoit trouvée, que le P. Plumier avoit deffiné la porcelaine.

Dans fa vafte collection de plantes, je remarquai que les lianes & les fougères étoient de beaucoup les plus nombreufes. Il avoit un nombre incroyable d'efpèces de chacun de ces genres. Il y avoit deux ou trois efpèces de grofeilles & quelques-unes de raifins fauvages, qui toutes, me dit le Père, étoient bonnes à manger.

Il avoit, me dit-il, dans fes deffins de quoi faire dix volumes auffi gros que celui qu'il avoit déjà publié ; &, en outre, deux volumes d'animaux. Il étoit allé plufieurs fois à Verfailles pour tâcher d'obtenir que l'imprimerie royale s'en chargeât : il n'avoit pu encore y réuffir, mais il efpéroit être plus heureux bientôt. Vous remarquerez que les libraires de Paris ne fe foucient pas, ou ne font pas capables, d'imprimer de l'hiftoire naturelle : tout ce qui paroît dans ce genre fort de l'imprimerie royale & à fes frais.

Je fuis allé chez M. & Mme Dacier, deux personnes fort obligeantes & d'autant de mérite que de science.

Nous avons, à mon sens, dans notre profession, de grandes obligations à M. Dacier pour son élégante traduction d'Hippocrate en françois (1), & les savantes notes dont il l'a ornée. Je souhaite qu'il vive assez pour finir ce qu'il a si heureusement commencé. C'est avec grand plaisir que j'ai lu les deux volumes qu'il en a déjà imprimés.

Il m'a paru pencher pour l'opinion de ceux qui pensent que la circulation du sang étoit connue d'Hippocrate, ce qui est évidemment une erreur. L'anatomie d'Hippocrate, c'est manifeste, étoit grossière, obscure & de peu d'étendue, mais il n'est pas moins clair qu'il connoissoit fort bien les effets que produit la circulation. Par exemple, II, *de Diæta*, c. 12. Tout le corps, dit-il, est purgé par la respiration & la transpiration ; & ce que l'humeur épaissit, est subtilisé & rejeté au dehors par la peau, & se nomme sueur.

Un peu plus loin, III, *de Diæta*, c. 5, à propos de certains corps impurs & grossiers : le travail, dit-il, en fait sourdre & sortir hors de la chair plus que n'en fait sécréter le mouvement circulatoire (celui du sang). Il y a un grand nombre de passages du même genre. Je le fis, dans la conversation, remarquer à M. Dacier, qui me dit que la portée de ses observations n'alloit pas plus loin. Il avoit, ajouta-t-il, deux volumes de plus, tout prêts à être mis sous presse, mais il ne vouloit plus en rien faire paroître avant que toute sa traduction ne fût terminée. Ces deux volumes comprendroient les traités des Songes,

---

(1) Paris, 1697, 2 volumes in-12.

du régime dans les maladies aiguës, les Pronoſtics, les Prorrhétiques, les Aphoriſmes, les Coaques (1).

Il me parut avoir eu une penſée fort heureuſe ſur cet aphoriſme : « Cocta non, sed cruda purganda ſunt. » Il lui donne le même ſens qu'à celui-ci : « Si quid mo-« vendum eſt, move in principio. »

Je dois dire de Mme Dacier, ſa femme, que ſi, avant de l'avoir vue, je la connoiſſois bien pour la femme la plus ſavante de l'Europe, & la digne fille & élève de Tannegui Lefebvre, j'ai pu voir depuis que ſa profonde érudition n'avoit pas fait tort à ſa politeſſe, & ne paroiſſoit pas le moins du monde dans ſa converſation, qui étoit aiſée, modeſte & ſans la moindre recherche.

Je ſuis allé voir M. Morin (2), de l'Académie des ſciences. C'eſt un amateur de minéraux : il m'en montra qui venoient du royaume de Siam, tels que des jaſpes, des onyx, des agates, des aimans. Il me fit voir d'excellent minerai d'étain d'Alſace, & un grand bloc d'une eſpèce d'améthyſte de deux ou trois cens livres trouvé en France. Quelques portions, car on en avoit ſcié & poli des morceaux, étoient fort belles, avec de grandes taches & des veines d'un violet foncé. On devoit les employer dans un pavé de moſaïque, dont il me montra le carton deſſiné en couleur.

Ceci me rappelle une énorme améthyſte qu'on avoit apportée de la Nouvelle-Eſpagne, & que je vis en vente

---

(1) Ce nom vient ſans doute de l'Ile de Coa ou Cos (aujourd'hui Lago), lieu de la naiſſance d'Hippocrate.

(2) Louis Morin, né au Mans en 1635, mort en 1715. Voir ſur cet homme, auſſi remarquable par ſa piété & ſes auſtérités que par ſa ſcience, l'article intéreſſant du Moreri de 1759.

à Londres. Elle pesoit, je m'en souviens, onze livres & tant d'onces : elle étoit d'une forme très-régulière & taillée à la façon d'un diamant de cristal ou du cristal de roche ordinaire, tandis que le bloc de M. Morin est grossier & informe.

Je n'ai pas grand'chose à dire du résultat des assemblées de ces messieurs de l'Académie des sciences : ils sont peu nombreux, douze ou seize, & tous pensionnés par le Roi à un titre ou à un autre.

Ils essayèrent pendant la guerre de publier des transactions ou mémoires mensuels à la façon des nôtres à Londres ; mais ils ne surent pas pousser cette entreprise au delà de deux volumes formant deux années, car c'est une entreprise qu'il est presque impossible de soutenir sans une correspondance fort étendue. Notre recueil à nous est à coup sûr l'un des meilleurs registres qu'on ait jamais imaginé pour conserver un nombre infini d'observations détachées d'histoire naturelle, qui autrement courroient risque de se perdre, sans parler du compte rendu de l'état de la science, tel que le constatent les ouvrages imprimés.

J'ai ouï dire à M. Oldenburgh, qui a commencé ce noble registre, qu'il étoit en correspondance suivie avec plus de soixante-dix personnes dans toutes les parties du monde, & celles-là sans doute avec d'autres. Je lui demandai comment il s'y prenoit pour répondre sur des sujets si divers à une quantité de lettres telle qu'il en recevoit chaque semaine ; & je sais qu'il n'y manquoit jamais, pour avoir eu dix ou douze ans l'honneur de correspondre avec lui. Il me dit qu'il répondoit à chaque lettre à mesure qu'il la recevoit, & qu'il n'en lisoit jamais une seule sans avoir sous la main plume, encre & papier pour lui répondre immédiatement ; en sorte qu'il étoit toujours au courant, fans que cette multitude de lettres l'embarraffât jamais.

Le préfident de l'Académie eft l'abbé Bignon, neveu de M. de Pontchartrain. Ces meffieurs m'ont informé d'une circonftance bien faite pour les encourager dans leurs études : c'eft que fi l'un d'eux préfente le mémoire des frais de quelque expérience qu'il aura faite, ou s'il veut faire imprimer un livre & s'il fournit la note des frais de gravure, par exemple, fur l'approbation & le vifa du préfident, le tout eft auffitôt payé par le Roi. C'eft ainfi qu'on en a ufé pour les *Élémens de botanique* de M. de Tournefort, dont les planches ont coûté au Roi 12,000 liv.; & celles que l'on grave préfentement pour la defcription des plantes nouvelles qu'il a trouvées dans fes voyages en Efpagne & en Portugal, vont coûter 100 liv. fterl.

De même, fi M. Méry, par exemple, veut avoir des tortues en vie pour fes expériences fur le cœur, on lui en donnera autant qu'il en voudra, aux dépens du Roi.

Ceci & leurs penfions font les principaux avantages dont ils jouiffent ; mais la guerre a pefé lourdement auffi fur les philofophes.

M. Butterfield (1) eft un brave & honnête Anglois établi en France depuis trente-cinq ans, excellent artifte en toutes fortes d'inftrumens de mathématiques, qui travaille pour le Roi & les Princes du fang, & dont les ouvrages font recherchés par toutes les nations cultivées d'Europe & d'Afie.

---

(1) Il demeuroit fur le quai de l'Horloge (voyez le *Livre commode*); on trouve encore aujourd'hui affez fréquemment de jolies bouffoles-cadrans folaires habituellement en argent, portant fon nom. On les appeloit des Butterfield, ce qui indique la quantité qui en fortit de fes mains. (B. J. P.)

Il m'a montré plus d'une fois, & elle fait fon grand plaifir, une magnifique collection d'aimans, de la valeur de plufieurs centaines de livres fterling.

Il en a d'auffi durs que de l'acier, d'autres qui font tendres & friables; & cependant dans ceux-ci il y en a d'autant de vertu que parmi les durs. Parmi ceux d'une égale dureté, il y a une grande différence de forces.

Il y en avoit un qui, tout nu, ne pefoit pas plus d'une dragme, & qui dans cet état foulevoit une dragme & demie, mais qui armé foulevoit cent quarante-quatre dragmes de fer, s'il étoit appliqué convenablement, c'eſt-à-dire s'il touchoit en plein les deux pieds.

Les mieux armés étoient ceux que voici :

Un aimant ardoife (1) que j'ai remarqué, moins pour fa force que pour la fingularité qu'il avoit d'être perméable à la lumière. Il pèfe une once & demie & foulève une livre.

Un aimant uni, du poids d'une dragme, deux fcrupules, quatorze grains, foulève dix-huit onces. C'eſt quatre-vingt-deux fois fon propre poids.

Un autre aimant uni pefant foixante-cinq grains, foulève quatorze onces : cent quarante-quatre fois fon poids.

Un aimant, qui n'étoit pas plus gros qu'une noifette, foulevoit un gros trouffeau de clefs.

Nous avons dans le cabinet de Gresham College un fort grand aimant ardoife d'au moins fix pouces : il eſt foible. Peut-être eſt-ce fa conſtitution lamellaire qui lui ôte de fa force, comme fi c'étoit autant de pierres diſtinctes liées enfemble; & pourtant un aimant qui, par exemple, foulève fix livres, coupé en deux dans le fens

---

(1) Probablement fchiſteux ou lamellaire. (E. de S.)

CHAPITRE IV.

de son axe, & chaque portion armée de nouveau, soulèvera de cette façon un poids de huit livres.

Il est clair que les expériences se font mieux avec un aimant sphérique qu'avec un carré; & sa façon de monter le premier est très-ingénieuse.

Un aimant carré, à qui l'on donne la forme sphérique, quoique cette opération lui fasse perdre de son volume, pourra, grâce à la différence de l'armature, soulever à peu près le même poids qu'auparavant.

Pendant deux bonnes heures, nous fûmes témoins d'intéressantes expériences magnétiques.

Approchez un aimant du ressort d'une montre, le balancier va bien plus vite; un peu plus près encore, & il s'arrêtera net.

Un anneau de fer aimanté, de quatre pouces de diamètre, avoit évidemment deux pôles nord & deux pôles sud. Il l'avoit fait faire à l'imitation d'un aimant naturel chez qui il avoit remarqué cette propriété. On vérifioit aisément cette double polarité par son action sur de la limaille d'acier éparse sur une assiette.

Il me fit voir une aiguille suspendue en l'air, avec une petite boule d'acier retenue par un fil à un poids, pour l'empêcher de monter plus haut qu'à une distance donnée dans la sphère d'activité de l'aimant; l'obéissance de l'aiguille, dans l'eau, à travers du bronze, de l'or, de la pierre, du bois, tout enfin, sauf du fer. Il nous dit qu'il avoit un aimant qui agissoit à travers un mur de pierre de dix-huit pouces. Enfin il nous démontra, par plusieurs expériences, comment les émanations de l'aimant agissent circulairement; c'est-à-dire que ce qui émane du pôle nord se rend en tournant au pôle sud, *& vice versâ*, & chemin faisant disperse dans cet ordre la limaille d'acier qu'il rencontre. Il est intéressant de voir comment la limaille se range dans le sens des lignes circulaires qui suivent ces émanations, & comment elle en indique & en trace la route pour aller d'un pôle à l'autre.

Il nous montra un aimant qu'on avoit scié de cette barre de fer qui lioit les pierres de la pointe du clocher de Chartres. C'étoit une épaisse croûte de rouille, partie de laquelle étoit devenue aimant avec toutes les propriétés du minéral tiré de la mine. M. de la Hire & M. de Valmont ont imprimé à ce sujet, l'un un mémoire & l'autre un traité. L'extérieur de la rouille n'avoit point de vertu magnétique, mais l'intérieur en avoit assez pour soulever, sans être armé, un tiers en sus de son propre poids. Ce fer avoit le grain d'un aimant solide & la friabilité de la pierre.

Ces messieurs qui s'en sont occupés ont, à mon avis, manqué leur but quand ils se sont demandé comment cela étoit arrivé, car il est certain qu'il n'est point de fer qui, avec le temps, ne revienne à sa première nature minérale, quoiqu'il ait passé par la fonte & sous le marteau. J'ai vu de ces canons espagnols de fer forgé, qui avoient passé de longues années enterrés sous le vieux fort de Hull, en Yorkshire, qui étoient complétement convertis en véritable minerai de fer friable, & qui ne répondoit pas plus à l'aimant que tout autre minerai anglois, tant qu'il n'étoit pas calciné & remis de nouveau à l'état de fer. J'ai eu en ma possession un morceau de bois, pris dans le Lough-Neagh, en Irlande, qui étoit devenu non-seulement de bon minerai, mais un aimant aussi. Il est donc évident que la nature, pour ce minéral, va & vient, est successivement engendrée & régénérée : c'est pourquoi M. de la Hire a eu raison d'user en ce cas du terme de végétation, que nombre d'années auparavant j'avois employé dans mon livre *De Fontibus medicatis*

Angliæ. » Le fer fe réfout en minerai, & ce minerai produit à fon tour un aimant, comme dans le bois pétrifié.

Je ne donne point ces obfervations pour des découvertes. Le monde les connoît depuis longtemps, grâce aux études de notre favant compatriote Gilbert de Colchefter, auxquelles on n'a guère ajouté depuis un fiècle, quoique un grand nombre de naturaliftes s'en foient occupés, & aient formé bien des hypothèfes pour arriver à l'explication de ces phénomènes. Un Hollandois, M. Hartfoeker, de l'Académie des fciences, a publié un traité des principes de la philofophie naturelle, & y a rendu compte de ces expériences & de beaucoup d'autres de même nature, que lui avoit fait connoître M. Butterfield, duquel il fait une mention très-honorable.

Mais, après tout, la nature de ces effluences eft peu connue. Ce que Defcartes dit des particules faites en fpirale, des canaux invifibles, des pores, des tubes de l'aimant, font de pures imaginations, fans fondement réel. D'autres parlent d'une certaine matière magnétique: mais quelles font fes propriétés? On ne le fait guère.

Il me femble très-étrange qu'un petit aimant, de cette force prodigieufe, n'ait qu'une fphère d'action auffi bornée, & n'agiffe plus fur le fer au delà d'un pouce ou deux. L'action des plus gros & des plus forts eux-mêmes ne s'étend pas au delà d'un pied ou deux. L'ondoiement circulaire produit dans l'eau par la chute d'un corps, à quelle diftance ne fe prolonge-t-il pas? Combien eft foible la réfiftance que l'air peut oppofer à la tranfmiffion des effluences de l'aimant, qui pénètrent tous les corps, le marbre, le caillou, la terre, le cuivre, l'or, fans diminution fenfible de leur propre force. Nous voyons comment eft courte la flamme d'une lampe, d'une chandelle, d'une bougie, & comment eft longue, au contraire, & effilée celle de l'efprit-de-vin. Si donc la matière magnétique étoit projetée d'une infinité de petits tubes, fi elle étoit de la nature d'une flamme très-subtile & invifible, pourquoi ne continueroit-elle pas fa courfe en ligne directe au lieu de revenir fur fes pas fi foudainement? Nous voyons la tranfpiration de notre peau s'élever dans l'air & continuer à y monter; elle ne peut cependant recevoir du cœur qu'une impulfion très-foible, puifque cette impulfion eft interrompue quand elle quitte la voie du fang pour paffer par les conduits excrétoires. Mais le cercle de la matière magnétique ne reçoit de la pierre aucune impulfion, que nous fachions : elle fe meut dans un double cercle, au moyen d'un courant double & en fens inverfe dans les mêmes tubes, contrairement aux lois de la circulation du fang chez les animaux qui n'ont qu'un feul courant & une feule voie circulaire. Car toute la maffe des vaiffeaux qui forme l'appareil circulatoire du fang n'eft, après tout, dans fes replis, qu'un feul & unique vaiffeau.

Tant que la nature des effluences ne fera pas mieux connue, on ne pourra pas donner d'explication fatisfaifante des phénomènes les plus ordinaires de l'aimant. Par exemple, pourquoi n'agit-il point fur tous les corps également? Pourquoi un grand aimant, quoique foible, prolonge-t-il fon action beaucoup plus loin qu'un petit aimant, quoique celui-ci foit fort? Pourquoi un aimant communique-t-il fa vertu au fer auffitôt qu'il l'a touché, & même à quelque diftance fans le toucher, & lui communique-t-il les propriétés d'un véritable aimant?

Dire que la terre tout entière n'eft qu'un grand aimant, me femble une pure vifion & une fable; & cela, parce que la terre n'eft point du fer. Il eft vrai que le minerai de fer est le plus répandu de tous les minéraux, & se trouve presque partout; mais cependant il n'est en aucune proportion avec le reste des fossiles de la terre. Je conjecture qu'il n'en constitue pas la millionième partie. Ceci paroîtra évident à quiconque considérera la masse des montagnes crayeuses, des rochers, des hautes montagnes granitiques ou calcaires, des carrières, des puits creusés dans la terre pour le service des mines de houille, de plomb, &c. Combien peu de fer y trouve-t-on en comparaison d'autres matières! Ajoutez à cela qu'une très-petite partie de ce minerai de fer que l'on peut rencontrer est magnétique ou capable d'obéir à l'aimant avant d'avoir été calciné. D'où sortiroient donc alors toutes ces effluences magnétiques qui, suppose-t-on, rempliroient la terre de tous côtés? Pourquoi supposeroit-on qu'elles sont errantes partout dans l'air, tandis que selon l'évidence, elles ont hâte de retourner à la pierre qui les a émises, & semblent craindre de la quitter, comme l'enfant qui ne sait pas encore marcher, avant de s'éloigner de sa mère.

Pour arriver à connoître la nature des effluences de l'aimant, les particularités sur lesquelles doivent se fixer l'attention & les recherches sont, à mon avis, les suivantes :

L'aimant est un très-bon, si ce n'est le meilleur minerai de fer. La simple fusion de l'aimant le convertit en fer. Le feu détruit sa puissance, de même que la vitrification détruit le fer. Le feu fait reconnoître, dans le minerai de fer, de l'aimant & révèle ses propriétés magnétiques. La rouille, en laquelle tout fer finit par se transformer, & la réduction de ce métal à l'état primitif de minerai, lui enlève toutes ses propriétés magnétiques. Un aimant ne peut changer ses pôles; mais le fer le peut; & il ne peut être détruit que par le feu. Une barre de fer, grande & longue, placée perpendiculairement, eft un aimant naturel, qui changera fes pôles à la volonté de la perfonne qui tiendra la barre. Un fort aimant perd beaucoup de fa puiffance en touchant du fer; mais il la reprendra au bout de quelques jours. Un aimant petit & foible ne peut pas communiquer par le contact fa puiffance à un gros morceau de fer. Un aimant expofé à l'air fe gâte à la longue. Plus la mine de fer où l'on trouve l'aimant eft profonde, meilleur eft celui-ci; mais il faudroit favoir jufqu'à quel point ceci eft vrai, car je ne doute pas qu'on ne puiffe trouver près de la furface du fol des pierres d'aimant auffi dures qu'à une plus grande profondeur. Une règle ou une plaque allongée d'acier reçoit beaucoup mieux la puiffance magnétique qu'une plaque de fimple fer de la même configuration; mais au contraire, une plaque de fer adhère avec plus de force à l'aimant qu'une plaque d'acier; en forte que fi un aimant foulève une plaque d'acier de trois onces, il foulèvera une plaque de fer de quatre onces, & au delà. Pourquoi du fer fixé aux pôles d'un aimant accroît-il fa puiffance, au point de le rendre cent cinquante fois plus fort qu'avant d'être armé?

Donc, dès que l'aimant n'eft autre chofe qu'un bon minerai de fer, & peut être converti en fer, dès que le fer peut avec facilité, & même fpontanément, fe convertir en aimant, la voie pour trouver la nature des effluences magnétiques devroit être la recherche exacte des propriétés du minerai de fer & du fer lui-même. Il faut éviter de fe lancer étourdiment dans des hypothèfes avant d'être en poffeffion d'une bonne hiftoire naturelle de l'aimant, & d'une plus grande quantité d'expériences & d'obfervations relatives au fer & à fon minerai dans toutes leurs différences & leurs variétés : ce qui, je penfe, a jufqu'à cette heure été affez négligé. La nature veut être elle-même fon propre interprète, en cela comme en toutes les autres matières de la philofophie naturelle.

M. Butterfield me dit, dans une autre converfation, qu'il avoit vu des aimans très-forts fans être armés, auxquels l'armature n'avoit pas donné la fupériorité qu'on en attendoit, tandis qu'au contraire, il y en avoit d'autres dont la puiffance s'augmentoit par l'armature dans une proportion tout à fait inattendue.

Il arrive rarement qu'un aimant ait autant de puiffance à un pôle qu'à l'autre ; & cependant un morceau de fer s'aimante auffi bien en le touchant à un de fes pôles qu'à l'autre.

Il y a des aimans qui ont une grande puiffance d'attraction, & font incapables de la communiquer au fer. En forte qu'une pierre armée, qui foulèvera un poids de fept livres, ne pourra donner à une baguette de fer la force de foulever une petite aiguille.

Un aimant de dix onces, réduit au poids de fix onces ou environ, avoit à peu près la même force qu'auparavant, &c.

J'engageai M. Butterfield à donner la forme fphérique à un aimant d'ardoife qui, tout armé, n'avoit pas grande force, mais je remarquai que fes pôles étoient dans le même fens que les lames dont il étoit formé.

N. B. Un aimant fort doit avoir de gros fers, & un foible de petits ; un aimant peut être trop armé.

Je pris l'abbé Drouin pour aller voir M. de Gaignières (1) au logement qu'il a à l'hôtel de Guife. Ce gentil-

---

(1) M. de Gaignières eft trop connu pour que nous en parlions longuement. Dès fa jeuneffe, il avoit été fignalé par l'abbé de Marolles, qui raconte avec complaifance qu'il lui étoit redevable d'un brillant

homme eſt la politeſſe en perſonne, & l'un des curieux les plus habiles de Paris. Le nombre de ſes mémoires, de ſes manuſcrits, de ſes portraits, de ſes eſtampes eſt infini, & ſa méthode de les claſſer, qui lui eſt propre, eſt des plus commodes. Il nous montra ſes portefeuilles in-folio de cuir d'Eſpagne rouge fort orné. Dans l'un, par exemple, il avoit les cartes générales d'Angleterre, puis les cartes particulières des comtés; puis les plans de Londres avec les vues des environs; puis les eſtampes de toutes les maiſons de quelque importance du voiſinage : & ainſi de ſuite de toutes les grandes villes d'Angleterre, des châteaux & des maiſons de campagne des comtés.

Dans d'autres volumes, ce ſont les portraits gravés des hommes d'État d'Angleterre. La haute nobleſſe des deux ſexes, les militaires, les hommes de loi, les théologiens, les médecins, les hommes connus. Il a ainſi toute l'Europe rangée par catégories.

Ses appartemens ſont remplis d'une infinité de portraits à l'huile de perſonnages célèbres, de miniatures, de gouaches. Il a entre autres celui du roi Jean, que nous avons eu priſonnier en Angleterre, auquel il attache un grand prix (1).

---

anagramme : *Michel de Marolles :* L'OR DE MILLE CHARMES. Remarquons que M. de Gaignières, qui demeuroit dès 1692 (*Livre commode*) à l'hôtel de Guiſe, habitoit en 1706, rue de Sèvres, vis-à-vis des Incurables, une maiſon à lui appartenant. Son cabinet eſt décrit dans le *Brice* de cette année, ſans que le propriétaire ſoit nommé. Plus tard, cette maiſon, où logeoit le comte de Roucy dont a tant parlé Saint-Simon, eſt dite appartenir à l'hôpital des Incurables. Gaignières le lui avoit-il légué? Il donna ſa collection en 1711 au Roi, qui n'en prit poſſeſſion qu'en 1715. Leprince, p. 84. (B. J. P.)

(1) Ce portrait, qui a paſſé après Gaignières à la Bibliothèque du Roi, figure aujourd'hui dans le Muſée des Souverains au Louvre. Il porte, dans le catalogue Barbet de Jouy, le n° 39 (édition de 1866). M. Barbet de

Il nous fit voir, en copies coloriées prises sur les originaux des meilleurs maîtres, les costumes de tous les rois, reines & princes de France depuis plusieurs siècles. Des peintures de tournois & de joutes, & de mille autres monumens de ce genre.

Son zèle pour augmenter ses collections est tel qu'il sort rarement de Paris, me disoit-il, sans un secrétaire & deux artistes habiles (1) dans le dessin & la peinture.

Il nous montra, parmi d'autres manuscrits curieux, des capitulaires de Charles V (2) & l'évangile de saint Matthieu en lettres d'or sur vélin pourpre. Ce manuscrit me parut plus récent que celui de l'abbaye de Saint-Germain des Prés. Les lettres en sont plus petites & plus contournées, quoique, à vrai dire, celles du titre soient complétement carrées.

Il est un objet futile que je ne laissai pas de remarquer : c'est une collection de cartes à jouer depuis trois cens ans. Les plus anciennes étoient trois fois plus grandes que celles dont nous nous servons aujourd'hui, parfaitement bien enluminées, avec des bordures dorées & le carton épais & solide; mais il n'y en avoit pas une série complète (3).

Parmi les personnes de distinction & de célébrité, je

Jouy lui consacre une notice très-intéressante, à laquelle je renvoie le lecteur. (C. C. D. R.)

(1) Habile est peut-être trop dire; mais il est certain que ces dessins de la collection Gaignières, qui sont (sauf une portion transportée, on ne sait quand ni comment, à Oxfort) aujourd'hui à la collection topographique de la Bibliothèque, sont faits avec une naïve simplicité qui donne la meilleure opinion de leur exactitude. (B. J. P.)

(2) Sic dans le texte anglois, c'est sans doute Charlemagne.

(3) Il s'agit sans doute là des cartes attribuées à Gringonneur, reproduites dans notre volume sur les cartes à jouer. Paris, 1844. In-folio. (B. J. P.)

défirois voir Mlle de Scudéri qui a préfentement quatre-vingt-onze ans. Son efprit a encore de la vigueur, quoique fon corps foit en ruine. Cette vifite, je le confeffe, fut quelque chofe de tout à fait mortifiant : ce trifte délabrement de la nature chez une femme autrefois fi fameufe; ces lèvres pendantes autour d'une bouche édentée, & qui femblent incapables de retenir les paroles qui en tombent au hafard, me rappeloient les fibylles quand elles prononçoient leurs oracles. C'étoient de vieilles femmes qui fe chargeoient de ce métier; & le monde en fon enfance n'imaginoit rien de plus fage que la nature en décadence ou en défordre, & préféroit des rêveries aux penfées raifonnables de gens maîtres de leurs fens.

Mlle de Scudéri me fit voir les fquelettes de deux caméléons qu'elle avoit eus en vie pendant près de quatre ans : en hiver, elle les tenoit dans du coton, & dans les temps les plus rigoureux, elle les mettoit fous un réchaud de cuivre plein d'eau chaude.

Elle avoit dans fon cabinet (1) un portrait original de

---

(1) Les Scudéry aimoient les arts. Nous devons à Georges de Scudéry un livre fort intéreffant pour l'hiftoire de l'art, peu confulté & peu connu. Je veux parler du *Cabinet de M. de Scudéry*, Paris, Courbé, 1646, in-4°, avec curieux frontifpice gravé repréfentant le cabinet de l'auteur, première partie (la feule parue) de 8 feuillets prélimin. & de 229 pages chiffrées, plus deux pour le privilége fign. *a e* & A à FF iiij. La fignature M. (pages 97-104) & 2 feuillets de celle O (feuillets 113 à 116) font & doivent être doubles. *Pour moy*, dit Scudéry dans fa préface, *qui fuis frappé à ne guarir jamais de cette belle maladie de l'efprit, qui cherche dans toute la terre de quoi fe fatiffaire, & qui voudroit pouvoir affembler en mefme lieu toutes les raretez de l'art & de la nature.... cet ouvrage m'a remis devant les yeux tant de belles chofes que j'ay vuës* (ainfi ce curieux livre ne peut être confidéré comme le catalogue réel de Scudéry) *& tant d'autres que j'ay poffédées.* Il eft fâcheux qu'il n'en ait pas fait la diftinction.

Dans ce cabinet, il n'eft parlé que de tableaux & de deffins. On y remarque : le portrait de Louis le Jufte fait en crayon par luy-mefme;

Mme de Maintenon, fon ancienne amie & fa connoiffance de vieille date : elle me dit qu'il étoit fort reffemblant, & vraiment, à cette époque, cette dame devoit être très-belle.

Le marquis de l'Hofpital, de l'Académie des fciences, que je n'avois pas trouvé chez lui, me rendit très-obligeamment ma vifite. J'eus avec lui une longue converfation fur la philofophie & la fcience, & je m'aperçus que les guerres avoient rendu les favans de ce pays entièrement étrangers à ce qui fe faifoit en Angleterre.

Rien ne lui fut plus agréable que d'apprendre la promotion de M. Ifaac Newton (1), & l'efpoir de voir pa-

---

Mademoifelle, par *la Segnora* (?); la marquife de Montaufier, peinte fur marbre par Stella; la marquife de Rambouillet, peinte en regardant M. le marquis de Pifani (fon père) mort, par Vanmol; le portrait de Ronfard, par Janet; ceux de Malherbe & de Théophile, par Ferdinand (le même peintre qui dans une nuit fit pour Henri IV, enduifit de beurre frais & roula le portrait de la belle princeffe de Condé); le marquis d'Andelot, par Rembrandt, &c. (B. J. P.)

(1) L'avancement dont il s'agit ici eft la nomination de fir Ifaac Newton à la garde de la monnoie. Ceci eut lieu en 1696, quand Montague, chancelier de l'Échiquier, entreprit la refonte des monnoies. En 1698, il repréfenta au Parlement l'univerfité de Cambridge. L'année fuivante il fut nommé directeur de la Monnoie, emploi de douze à quinze cents livres fterling, qu'il garda le refte de fa vie. En 1705, la reine Anne lui conféra la chevalerie.

Le marquis de l'Hofpital, l'un des premiers mathématiciens de fon fiècle, avoit pour Newton la plus grande vénération. « M. Newton, difoit-il à Lifter, mange-t-il, dort-il & boit-il comme un autre homme? J'ai peine à me le repréfenter autrement que comme un génie célefte entièrement dégagé de la matière. » Ce fut pour Newton que l'Académie des fciences s'écarta de la règle qui lui défendoit d'admettre dans fon fein des étrangers. Il étoit pour fa nourriture fujet à d'étranges diftractions. On lui avoit confervé dans un plat couvert un poulet pour fon dîner. Occupé dans fon cabinet, il ne venoit point; un de fes amis l'attendit longtemps, & fe mit à la fin à manger le poulet, dont il replaça les débris & les os fous la cloche, puis s'en alla. Sir Ifaac parut bientôt après, leva le couvercle de fon plat en difant qu'il étoit las &

roître encore quelque chose de lui. Il m'exprima un grand désir d'avoir toute la suite des *Transactions philosophiques*, & nombre d'autres livres qu'il me nomma, mais qu'il ne connoissoit pas encore. Il me dit qu'il n'avoit pas été possible à l'Académie des sciences de continuer les mémoires mensuels qu'elle avoit donnés pendant deux ans, parce que le nombre de ses membres étoit trop restreint, & qu'ils avoient trop peu de correspondances. Je demandai à plusieurs de ces messieurs pourquoi ils n'en admettoient pas davantage dans leur corps, dès qu'il y avoit encore à Paris nombre de sujets qui en auroient été dignes, comme le P. Plumier, que je citai; on convint qu'il feroit honneur à l'Académie, mais ils évitoient de créer un précédent par l'admission de n'importe quel régulier.

Je rendis au marquis sa visite; il habite une belle maison, bien meublée. Elle a un joli jardin, avec des treillages en arceaux, bien faits, & d'autres ornemens.

Il me montra un grand désir de voir l'Angleterre & de s'entretenir avec nos mathématiciens, dont il désiroit par-dessus tout les ouvrages; il avoit donné ordre qu'on les lui procurât tous.

Mme la marquise sa femme est également versée dans les mathématiques, & est une des femmes instruites de Paris: comme Mme Dacier, la duchesse du Maine, Mlle de Scudéri, Mme de Vieuxbourg (1), Mme d'Épernon, la

---

qu'il avoit faim; mais à la vue des restes, il se prit à dire en riant qu'il croyoit n'avoir point dîné, mais qu'il voyoit bien qu'il se trompoit. (Henning.)

(1) Anne-Françoise de Harlay, femme de Louis marquis de Vieuxbourg, tué au siége de Namur, en 1695.

J'ai vu un Cicéron *Variorum*, portant sur le dos les armes de Mme de Vieuxbourg. Les reliures de ces livres ne sont pas remarquables. (B. J. P.)

CHAPITRE IV.

fille (1), Mme la préfidente Ferrand (2) & d'autres dont le nom m'échappe.

J'ai acheté les œuvres du P. Pezron, bernardin, aujourd'hui abbé de la Charmoie, auprès de Reims. C'eft un auteur favant & défintéreffé, qui par la franchife de fes écrits s'eft fait des ennemis dans le clergé régulier. Ce que j'achetai de lui, c'eft : *l'Antiquité des temps rétablie* ; fa *Défenfe de l'antiquité des temps contre deux religieux* ; *Commentaire hiftorique & littéral fur les prophètes* ; *Hiftoire évangélique*.

Il eft en train de nous donner *l'Origine des nations* (3), où il prétend prouver que le grec & le latin auffi viennent du bas-breton ou celtique. Ce père eft de Baffe-Bretagne : il me dit qu'il avoit huit cens mots grecs qui étoient du pur celtique. J'arrangeai une correfpondance entre lui

---

(1) Je n'ai rien trouvé fur cette dame, qui eft fans aucun doute Élifabeth Regine Goth, fe faifant appeler ducheffe d'Épernon, fille unique de J.-B. Gafton Goth d'Albert, marquis de Rouillac, plus connu fous le nom de duc d'Épernon (il prenoit ce titre irrégulièrement comme fils de la fœur du dernier duc), & de Marie d'Étampes de Valençay. Élifabeth Regine Goth mourut en 1706 au couvent des religieufes du Calvaire. (B. J. P.)

(2) Anne Bellinzani, fille de François B., intendant du commerce de France, & femme de Michel Ferrand, préfident au Parlement de Paris. Ses lettres au baron de Breteuil ont été imprimées plufieurs fois. La préfidente Ferrand étoit une perfonne de grand mérite. Elle a été très-liée avec le comte d'Hoym. M. Debure, de mémoire fi refpectable & regrettée, m'a dit que la maifon où il demeuroit rue Serpente & où j'ai vu fi fouvent fes beaux livres, étoit celle de la préfidente Ferrand. Elle n'y demeuroit plus en 1718. Elle mourut en 1740, à quatre-vingt-deux ans, au couvent du Cherche-Midi. Une dame Ferrand, que je ne crois pas être elle, avoit, en 1735, une maifon à Saulx-les-Chartreux, où un de fes domeftiques fut affaffiné. (B. J. P.)

(3) L'ouvrage a paru en 1703 en un vol. in-12 fous le titre d'*Antiquités de la nation & de la langue des Celtes*. Le P. Pezron mourut en 1706. (B. J. P.)

& M. Ed. Floyd, à quoi il fe prêta très-volontiers, en me difant qu'il le fouhaitoit depuis longtemps.

M. Spanheim, actuellement envoyé extraordinaire du duc de Brandebourg à Paris, me dit que la collection de médailles du Roi de France eft la plus belle d'Europe, ou qui ait jamais été réunie. Comme je donnois des foins à fa femme malade, j'avois de fréquentes occafions de m'entretenir avec lui, & je lui demandai plus particulièrement ce qu'il avoit vu de médailles de Palmyre, de Zénobie, d'Odenat, de Vabalathus. Je voulus avoir la note de ce que je défirois qu'il cherchât pour moi dans le cabinet du Roi, & il me promit de s'en occuper avec tout le foin poffible.

Je lui dis que je n'avois rien trouvé encore à cet égard qu'un beau bufte en marbre blanc de Zénobie, dans le cabinet de M. Baudelot, & provenant de la collection que M. Thévenot avoit recueillie en Orient.

J'allai voir M. Vaillant au logement qu'il poffède à l'Arfenal. Je ne trouvai chez lui que fon fils, qui me reçut très-civilement, & me fit voir un volume in-4° de fon père fur des médailles grecques, prefque achevé d'imprimer, mais fans planches. Son titre étoit : *Nummi Græci imperatorum.* Il ne va pas plus loin que Claude le Gothique. Il y a joint un volumineux appendice avec des renvois à tous les fujets les plus intéreffans pour les villes ou les individus.

Je laiffai une note entre les mains de fon fils ; & à une feconde vifite, je trouvai le père chez lui, fort occupé de fes fleurs, dont je parlerai plus loin. Il me dit, en réponfe à ma note, qu'il n'avoit jamais vu aucune monnoie d'Odenat ; il s'étoit défait tout récemment d'une Zénobie en faveur du duc du Maine. Quant aux Vabalathus, il en avoit vu quelques-uns en bronze ; & il en poffédoit un en argent, dont il eut la générofité de me faire préfent. C'étoit la feule monnoie d'argent qu'il eût jamais rencontrée de lui.

Il la lit ainfi :

Vabalathus V. G. R. IMP. R.

Vices gerens imperii Romani.

Les autres y lifent mal : YCRIMOR.

Il me donna aussi les eftampes de Zénobie & de Vabalathus gravées d'après les médailles du Roi. Ces têtes avoient été deffinées pour une hiftoire abrégée de tous les empereurs & des impératrices écrite par lui en françois, mais qui n'eft pas encore publiée.

Rien de plus civil & de plus franc que ce gentilhomme, que je regarde comme le premier numifmate d'Europe. Il me dit qu'il avoit fait douze voyages dans toute l'Europe & l'Afie Mineure en vue de fes études; qu'il avoit vu & décrit plus de cabinets qu'aucun autre favant avant lui ; & fes ouvrages témoignent du bon emploi qu'il en a fu faire.

Je reçus la vifite de M. Cuningham, gouverneur de mylord Lorne, homme fort inftruit & fort curieux de livres. Je m'informai auprès de lui tout particulièrement des papiers de M. Auzout, car je favois qu'il arrivoit de Rome. Il me dit qu'il l'avoit vu moins de fix mois avant fa mort, & que pendant toute une année il avoit vécu avec lui dans une grande intimité, & l'avoit vu très-fréquemment. M. Auzout lui avoit dit qu'il avoit réuffi à commenter & à expliquer environ quatre-vingts paffages difficiles de Vitruve, & à corriger un grand nombre d'erreurs dans le texte, & que fur Julius Frontinus (1), quoique de moindre importance que Vitruve, il auroit encore beaucoup plus à dire. Ni M. Cunningham ni perfonne à Paris ne furent me dire ce qu'étoient devenus fes papiers.

M. Auzout étoit fort curieux d'architecture & s'y connoiffoit : il avoit pour cela paffé en Italie dix-fept ans à diverfes reprifes. Je me rappelle qu'à fon féjour en Angleterre, il y a quatorze ans, il me montra les deffins de plufieurs de nos bâtimens faits par lui ; il me parla de la falle des Banquets de White-Hall avec des éloges extraordinaires, me difant que c'étoit le monument d'architecture moderne le plus régulier, le plus achevé qu'il eût vu de ce côté-ci des Alpes ; qu'il ne le loueroit jamais affez ; & qu'Inigo Jones, fon architecte, avoit un profond fentiment de ce qu'il y avoit de noble dans l'art qu'il profeffoit.

---

(1) Sans doute fur fon livre de *Aquæductibus Romæ*. (B. J. P.)

CHAPITRE V.

BIBLIOTHÈQUES PUBLIQUES, HOMMES DE LETTRES.

Il est temps de quitter les maisons des particuliers & d'aller visiter les bibliothèques publiques, & avec elles les personnes dont l'histoire de la science a davantage à s'occuper.

M. l'abbé Drouin (1) vint me voir à mon logement, & le lendemain je lui rendis sa visite à son appartement, au collége de Boncourt. Il avoit là quatre ou cinq petites pièces bien garnies de livres. Dans la plus grande, étoit une collection de catalogues de livres, & de tous les écrivains, qui vous mettent au fait des auteurs eux-mêmes; il pouvoit y en avoir trois mille en toutes sortes de langues. Il me dit que pendant dix-huit ans il avoit étudié avec la plus grande application l'histoire des livres; qu'il avoit bien classé ses notices, & qu'il se proposoit d'imprimer, cette année même, son premier volume qui comprendroit les plus anciens écrivains grecs & latins. Il comptoit continuer cette bibliographie de siècle

---

(1) Je vois dans Le Prince qu'en 1732 l'abbé Bignon fit entrer à la Bibliothèque cinquante manuscrits de l'abbé Drouin, docteur de Sorbonne. (B. J. P.)

en siècle, jusqu'à notre temps; & une bonne partie de son travail étoit déjà faite.

Il me montra un catalogue d'auteurs en quatre volumes in-folio. Ils étoient classés dans l'ordre alphabétique par noms de famille, sous ce titre ou à peu près: *Index alphabeticus omnium scriptorum, cujuscumque facultatis, temporis & linguæ*. Il pouvoit y en avoir cent cinquante mille.

Il me fit voir aussi, & également disposées dans l'ordre alphabétique, ses notices des écrivains & de leurs ouvrages: ce travail est fort avancé; enfin, son catalogue chronologique, qui complétera son œuvre.

M. l'abbé Drouin est un homme fort civil, d'une humeur agréable, très-savant, curieux & d'un âge qui lui permet de continuer & de mener à bonne fin une entreprise aussi considérable. Je lui ai une obligation infinie de ses fréquentes visites.

Je suis allé chez M. Garnier, l'un des héritiers de M. Thévenot, voir les restes de la bibliothèque de cet homme célèbre. Il y a un grand nombre de manuscrits orientaux, qui ne sont pas encore vendus.

Il me fit voir le manuscrit d'Abulfeda avec sa version latine, faite par M. Thévenot; & les matrices & poinçons de lettres arabes qu'il avoit fait graver à ses frais pour l'impression de quelques noms propres dans cet ouvrage. Il alloit, ou se proposoit d'aller, en Angleterre & en Hollande, pour l'y faire imprimer, quand il en fut rappelé par M. de Louvois, qui lui promettoit de le faire imprimer aux frais du Roi. La guerre survint, on ne s'en occupa plus, & il n'est pas probable qu'on s'en occupe davantage à présent, car M. Thévenot avoit perdu sa place à la Bibliothèque du Roi, & étoit en disgrâce quand il mourut.

La plupart de cette quantité de livres orientaux lui venoit de son neveu, qu'il avoit envoyé dans ce but à l'étranger, & qui mourut en voyage. On peut le considérer comme le fondateur de l'Académie des sciences. Il étoit d'un caractère fort généreux, & pensionnoit plusieurs savans hommes de lettres.

Je vis là, entre autres choses, un grand dictionnaire & une grammaire de langue algonquine. Le jésuite échappé, qui en étoit l'auteur, avoit passé vingt ans au milieu de cette peuplade des Indes occidentales. Le même écrivain avoit fait des quadrupèdes de cette contrée une histoire & une description exacte & détaillée que je vis dans cette bibliothèque.

Quant aux papiers de Swammerdam, qui étoient la chose que je désirois le plus de voir, je les trouvai fort au-dessous de mon attente & ne répondant guère à l'annonce du catalogue imprimé de Thévenot, page 239. C'étoient quelques corrections pour les planches de son histoire générale des insectes, & quelques additions comme pour une nouvelle édition. En monographies, il y avoit quelques petits traités, ou plutôt quelques figures de Têtards seulement, quelques autres figures pour l'histoire naturelle d'un certain papillon de jour, du Taon, du Scarabée cornu, & un nombre considérable de limaçons, nus ou autrement, de mer ou d'eau douce, disséqués ou au moins dessinés avec leurs corps ouverts, & des dessins particuliers de leurs intestins, qui me semblèrent bien compris & bien exécutés. Il y avoit avec cela deux ou trois cahiers en hollandois, de quatre ou cinq feuillets chacun, qui appartenoient aux planches ou dessins dont je viens de parler. M. Garnier ne voulut jamais se séparer d'aucun, parce que, me dit-il, M. l'abbé Bignon les avoit retenus pour le Roi. Tout cela, au reste, me paroît fort digne d'être imprimé, quand il plaira à l'Académie des fciences de le faire.

Enfin, je vis entre fes mains un beau manufcrit de Michel Servet avec un traité inédit, qui étoit un parallèle de la loi mofaïque & de la loi chrétienne, de leur juftice & de leur charité.

M. l'abbé de Brillac, aumônier de M. le prince de Conti, m'offrit fort obligeamment de me conduire à la Bibliothèque du Roi; mais je le remerciai poliment : l'on m'avoit dit qu'il valoit mieux y aller tout feul, parce qu'il n'y avoit pas d'étranger qui n'y fût bien reçu, à quelque moment que ce fût, & non pas feulement aux jours où elle eft ouverte au public, qui font les mardis & les vendredis.

M. Clément, fous-bibliothécaire, nous accueillit fort bien, & nous engagea à revenir & à paffer une journée entière avec lui. Pour moi en particulier, il me complimenta comme l'un des grands bienfaiteurs de cet établiffement, en me montrant la plupart des livres que j'avois publiés en latin, & parut très-content d'avoir pu fe procurer la *Synopfis conchyliorum*, qu'il avoit fait relier élégamment. Je lui dis que j'étois bien fâché de la voir là, & m'étonnai comment il avoit pu l'avoir; car ce n'étoit, l'affurai-je, qu'un effai très-imparfait des planches dont je n'avois fait part qu'à quelques amis, en attendant que je fuffe en état de remplir entièrement mon plan: ce que j'avois fait à préfent felon mes moyens. Je m'engageai à mon retour en Angleterre à racheter cet exemplaire par un de ceux qui étoient achevés, & je renouvelai cette promeffe à M. l'abbé de Louvois, bibliothécaire en chef, fur fes propres inftances, un jour que j'eus l'honneur de dîner avec lui (1). Ce jeune feigneur eft le frère de

---

(1) Il demeuroit rue Vivienne, & fon appartement étoit fans doute

M. de Barbezieux, fecrétaire d'État de la guerre : il s'applique foigneufement à fes études, & dans ce deffein, il a toujours auprès de lui deux docteurs de Sorbonne. Il a un grand état de maifon, & fon hôtel touche à celui de la Bibliothèque. Nous fûmes reçus par lui avec toute la civilité imaginable ; il laiffa toute liberté à la converfation.

On a retiré cette bibliothèque du Louvre pour la mettre dans une maifon particulière : mais on a le projet de la tranfporter place Vendôme, où tout un côté de cette magnifique place eft deftiné à la recevoir. En attendant, elle eft rangée très-commodément dans vingt-deux falles : quatorze au premier & huit tant au rez-de-chauffée qu'au-deffus. Les pièces d'en bas comprennent la philofophie & la phyfique ; pour plus de fûreté, les armoires font grillées ; dans les pièces du haut font encore de la philofophie & les fciences. C'eft dans ces pièces feulement que le public mêlé eft admis deux fois par femaine. Dans les falles du premier, qui forment le grand corps de la bibliothèque, font des catalogues & diverfes féries de livres. D'un côté, les hiftoriens d'Angleterre & de Hollande ; de l'autre, ceux de France & d'Allemagne ; plus loin, les hiftoires d'Italie, d'Efpagne, &c. Des bibles de toute forte avec leurs interprètes, les manufcrits grecs, les latins. Ailleurs les lois municipales & civiles de toutes les nations ; les papiers d'État. Dans d'autres falles, les eftampes, parmi lefquelles, pour le dire en paffant, fe trouve la collection de M. l'abbé de Marolles, que le Roi, pour fe diftraire dans une de fes maladies, avoit

---

fitué dans une des deux maifons de cette rue où Colbert qui les avoit achetées de Bautru avoit placé en 1666 la Bibliothèque du Roi alors rue de la Harpe & non au Louvre ; elle y refta jufqu'en 1731. (B. J. P.)

achetée pour une groſſe ſomme. Le ſeul catalogue de ces eſtampes, pas plus gros que deux petits almanachs (1), me coûta quatorze livres; tant les étrangers ſont les dupes des ruſés libraires de la rue Saint-Jacques. Mais ce n'eſt pas en France ſeulement qu'on ſait faire payer aux gens leurs fantaiſies.

On a deux catalogues de cette bibliothèque; le premier, des livres qu'on poſſède, rangés par ordre de matières; l'autre, eſt une table des auteurs avec l'indication non-ſeulement de tout ce qu'on en poſſède, mais encore les titres de tous les livres qu'on a pu connoître & qui manquent, ceux-ci avec un aſtériſque à la marge, pour pouvoir connoître du premier coup d'œil ce qu'il faut acheter. C'eſt véritablement une grande collection, & digne du puiſſant prince qui la poſſède. Il y a au moins cinquante mille volumes imprimés & quinze mille manuſcrits en toutes ſortes de langues.

On travaille aſſidûment à ce catalogue, que l'on compte imprimer. J'en ai vu dix gros in-folio mis au net. Il eſt diſpoſé par ordre de matières tels que les bibles, leurs interprètes, l'hiſtoire, la philoſophie, &c. On compte en commencer l'impreſſion cette année, & n'en employer qu'une ſeule pour l'achever.

A cette bibliothèque du Roi, on me montra un vieux manuſcrit grec de Dioſcoride écrit en une eſpèce de lettres capitales minces & ſerrées, avec les plantes peintes à la gouache. Le premier livre manquoit tout entier, par conſéquent les animaux, qui étoient juſtement ce que

---

(1) Il ſemble par cette expreſſion que Liſter avoit les deux catalogues, celui de 1666, & celui plus rare encore de 1672. Ils valent aujourd'hui ſoixante à quatre-vingts francs les deux. Ils ſont rares & curieux : c'eſt là ce qui faiſoit & fait encore leur prix. (B. J. P.)

j'aurois le plus fouhaité de voir, car il y a, à leur fujet, bien des chofes fur lefquelles on eft encore dans une grande incertitude, & j'aurois eu du plaifir à voir par les figures ce que le moyen âge, au moins, en avoit penfé.

On nous fit voir dans la même falle un manufcrit des Épîtres : c'eft une portion de celui que nous avons à Cambridge qui ne renferme que les Évangiles, & qui vient de Théodore de Bèze. Il eft écrit en majufcules carrées, à lignes très-courtes, & eft tout ufé en divers endroits. C'eft pour la beauté & l'ancienneté quelque chofe de fort inférieur au beau manufcrit alexandrin de Saint-James.

Nous vîmes encore un autre manufcrit de faint Matthieu, découvert depuis peu : c'eft un beau volume grand in-folio. On l'avoit dépecé par le dos, les feuillets en avoient été brouillés, puis reliés à neuf, & on s'en étoit fervi pour écrire deffus, il y a environ cent cinquante ans, un autre livre. La première écriture étoit devenue fi pâle que lorfqu'on écrivit par-deffus ce fecond ouvrage d'une petite écriture grecque moderne, on ne prit pas la peine de gratter la première. Un des gardes de la Bibliothèque s'en aperçut. Il remit les feuillets dans leur ordre; & avec un peu d'attention, on peut venir à bout de le lire. Le caractère en eft d'une auffi belle majufcule carrée que j'aie jamais vue. Il y a quelques interpolations flagrantes, par exemple à propos du malade & de la pifcine de Bethefda, au fujet defquelles je penfe que nous aurons les explications du favant & induftrieux collateur.

J'ai remarqué les livres chinois que le P. Beauvais a rapportés cette année en préfent au Roi. Ce font environ quarante-quatre fragmens de minces volumes, in-4° allongé, dans des couvertures volantes de fatin violet collé fur du carton. C'eſt de l'hiſtoire naturelle, des dictionnaires pour l'explication des caractères chinois, &c. Le Roi avoit antérieurement une collection à peu près ſemblable, couverte en ſatin blanc, avec les titres ſur les ouvrages (1).

J'ai auſſi vu là la troiſième décade de Tite-Live écrite ſans ſéparation entre les mots, & en grandes & belles majuſcules, en un volume de vélin grand in-4°. M. Baluze penſe qu'il a onze cents ans de date. Cependant le manuſcrit des Hymnes de Prudence, que l'on nous a également montré, eſt écrit d'un bien meilleur caractère, & par conſéquent plus ancien au moins d'un ſiècle.

On m'a encore montré un fameux volume, ou rouleau, latin, ſur papyrus, de la trente-huitième année de Juſtinien, intitulé *Charta plenariæ ſecuritatis*: il a été gravé en *fac-ſimile* & expliqué lettre par lettre par M. Thévenot. Il eſt écrit dans le ſens de la longueur du papyrus, & non dans la largeur, ſur trois colonnes, dont celle du milieu eſt le triple des deux autres. Ce rouleau n'a pas plus d'un pied de hauteur.

On nous montra dans l'hôtel de la Bibliothèque la demeure de M. Huyghens (2). C'eſt un bel appartement, en bon air & donnant ſur le jardin; mais il ne laiſſa pas d'y contracter la mélancolie dont il mourut en Hollande. Les premiers ſymptômes apparens de cette maladie furent

---

(1) Lorſque le P. Foucquet, depuis évêque d'Éleuthéropolis, revint de Chine, il rapportoit avec lui quatre ou cinq mille volumes, dont le cardinal Dubois ſe fit donner le catalogue, dans l'intention de les acheter pour la Bibliothèque du Roi; mais il mourut peu après, & les livres partirent avec le prélat pour Rome, d'où ils ne ſont pas revenus. (E. de S.)

(2) Malgré la prétention contraire de l'abbé d'Hautefeuille, c'eſt Huyghens qui inventa le pendule (balancier), & le reſſort ſpiral des montres; Iſaac Thuret, horloger aux galeries du Louvre, fit ſous la direction de cet homme célèbre la première montre ainſi conſtruite (vers 1674).

de le voir jouer avec un moineau apprivoifé, & négliger fes recherches mathématiques. La vie & la fanté, tant du corps que de l'efprit, ne peuvent, il eft fûr, fe foutenir qu'au moyen de divertiffemens innocens qui donnent quelque relâche à la tenfion de l'efprit. En effet, je ne fache pas que le fommeil foit autre chofe que l'acte d'abandonner les rênes, de laiffer la nature agir feule & de la mettre en pleine poffeffion de notre corps. En voici une preuve convaincante: il n'eft perfonne qui puiffe fe tenir immobile dans fon lit trois minutes de fuite fans dormir, & fi le fommeil ne vient pas, nous continuons à nous retourner & à nous fatiguer au point que le lit nous devient une intolérable torture. Sommes-nous endormis, au contraire? Nous pafferons des fept heures de fuite dans la même pofture, après quoi nous nous éveillerons frais & fans fatigue, avec la preuve que dans le fommeil le corps ne pèfe plus fur lui-même. Il eft certain que dans cet état, les nerfs & les mufcles n'éprouvent que peu ou point de tenfion, tandis que durant la veille ils font toujours tendus ou comprimés, d'où réfulte la fatigue. Si nous fommes affis ou debout, nous nous en appercevons moins, parce qu'il eft tout naturel de changer de place, & que nous pouvons le faire aifément dès que nous le voulons; mais couchés, le malaife a bientôt fait de nous gagner, fi nous ne changeons de pofition.

Mais ce n'eft pas là tout ce qu'il y a de curieux dans la Bibliothèque du Roi : vous y verrez un nombre confidérable d'antiquités romaines & égyptiennes; des lampes, des patères & d'autres vafes à l'ufage des facrifices; un fiftre ou crécelle égyptienne avec trois cordes métalliques.

Parmi une grande variété d'idoles égyptiennes, il y en avoit une de deux à trois pieds de long, en pierre de touche noire avec des hiéroglyphes gravés fur la partie antérieure. Je notai particulièrement le grain de cette pierre; & à mon retour, ayant eu l'honneur de recevoir de M. Molyneux de Dublin la defcription de ces immenfes piliers naturels que l'on voit en Irlande, & qui font de pierres de touche ou de bafalte, après en avoir vu des fragmens à Gresham-Collége, je fus aifément de fon avis; mais je m'étonne fort de voir affecter cette figure régulière à une pierre qui eft des plus dures que l'on trouve en Europe, & telle que nos outils ne fauroient la tailler.

Ceci eft un exemple, & les obélifques en font un autre, de la trempe & de la bonté des outils égyptiens, fur lefquels, comme fur le moyen de retrouver cette trempe de l'acier, j'ai publié il y a quelques années un difcours dans les *Tranfactions Philofophiques*.

J'aurois eu à cet égard plus de fatisfaction fi j'avois pu trouver ce que je cherchois avec empreffement, c'eft-à-dire les tombeaux égyptiens qui furent longtemps à Paris dans le jardin de M. de *Valentiné* (1); mais par malheur il les avoit envoyés à fa maifon de Tours peu de temps avant mon arrivée (2). On dit qu'un de ces tombeaux eft de pierre de touche noire, qu'il vient de la haute Égypte & qu'il eft rempli d'hiéroglyphes. Le P. Kircher en fait une mention fpéciale.

Il y a dans cette collection un gros morceau de mine d'étain d'Angleterre, qui eft fort curieux. Il y a d'un côté un grand nombre de grands & beaux criftaux opa-

---

(1) Louis Bernin de Valentiné d'Uffé avoit époufé la feconde fille de Vauban. Voir fur cette dame les *Mélanges de la Société des Bibliophiles*, Paris, 1867, t. II. (B. J. P.)

(2) Ces tombeaux font encore au château d'Uffé (Indre-&-Loire), où j'ai pu les voir en juin 1868 (C. C. de R.)

ques d'étain, qui ont l'éclat de l'acier poli. Je n'ai pas pu compter aifément les facettes de ces criftaux, mais je fuis fûr, après avoir examiné avec foin tous les criftaux que j'ai pu rencontrer, précieux ou non, de même que ceux des fels fofliles, que je n'ai jamais vu chez aucun la configuration de ceux dont je parle, & je fuis perfuadé que c'eft une forme particulière & propre à la mine d'étain. Je leur donne le nom de criftaux, nonobftant leur opacité, à caufe de leur forme prifmatique & conftamment la même.

Je fuis allé voir au collége de Clermont (1) le P. Hardouin; il m'en montra la bibliothèque avec beaucoup de civilité. Elle confifte en deux longues galeries, bien garnies de livres, éclairées d'un feul côté par des fenêtres qui ne font pas trop grandes, avec des tables devant chacune d'elles, difpofées fort commodément pour y lire & y écrire. Il y a en outre quelques cabinets pour les manufcrits & les livres défendus. Il m'y fit voir une ample collection de lettres de Janfénius. Dans un autre, un manufcrit grec des Prophètes de la propre main d'Eufèbe. Il étoit en majufcules, mais d'un caractère différent de ceux que j'avois déjà vus. Les lettres étoient droites, mais un peu plus grêles, & moins carrées.

Une Vulgate latine en majufcules, fort ancienne.

Je lui fis connoître combien j'appréciois fon Pline *ad ufum Delphini;* & lui dis que les travaux de la nation françoife fur cet auteur lui faifoient honneur : en premier lieu, Dalefchamps; en fecond, les *Exercitationes Plinianæ*

---

(1) Ce collége fut fondé le 2 juillet 1563 par Guillaume Duprat, évêque de Clermont. Acheté par les jéfuites, le 30 juin 1660, il prit alors le nom de collége Louis-le-Grand, qu'il porte encore. Son hiftoire a été écrite par M. Edmond. 1 volume, Paris, 1845. (C. C. de R.)

de Saumaife, & enfin l'excellente édition qu'il nous en avoit donnée lui-même.

Les livres font bien rangés au-deffous d'infcriptions en lettres d'or, comme par exemple : les médecins in-folio, & vis-à-vis, autant que les fenêtres le permettent, feront les médecins in-4°. Dans la grande galerie règne tout autour une tribune (1) dans laquelle font placés les in-8° & les in-12. Au bout de la première galerie, eft un grand tableau de Nicolo (2) : c'eft le meurtre d'Agamemnon, & c'eft quelque chofe de fort louable qu'au milieu de la furie qui y règne & du maffacre de mainte figure deminue il n'y ait pas une feule attitude indécente.

Le P. Hardouin fembloit douter du texte de l'infcription de Palmyre tel qu'il eft donné par M. Spon; il trouvoit le grec incorrect & n'étoit pas difpofé davantage à admettre le fyriaque. Je lui répondis que nous nous étions procuré à Rome le même texte qu'on nous avoit copié avec beaucoup de foin & d'exactitude, ce qui leva les objections qu'il fondoit fur la multiplicité des lettres. M. Vaillant & lui convinrent qu'ils n'avoient jamais vu aucune médaille d'Odénat. Il eut l'obligeance de répondre à mes queftions fur Palmyre, Zénobie & Vabalathus par le mémoire fuivant, qui comprend une note de toutes les monnoies qu'il en avoit vues ou poffédées.

---

(1) Sorte de balcon permettant d'arriver commodément aux rayons fupérieurs. (B. J. P.)

(2) Il s'agit ici de Niccolo dell' Abbate, né à Modène en 1512, mort en France en 1571 ; le bras droit du Primatice dans la décoration de Fontainebleau. Tirabofchi, d'après le *Dictionnaire d'architecture* de Virloys, cite ce même tableau de la *Mort d'Agamemnon*. En 1786, il étoit encore à la place indiquée par Lifter. On perd complètement fa trace depuis cette dernière époque. (C. C. de R.)

CHAPITRE V.

Nummi Zenobiæ.

CEΠTIMIA ZHNOBIA CEB. ℟. SPES. Seguin, p. 62.

Je n'en ai point vu d'Odénat, fi ce n'eft dans Occo : point de Palmyre.

De Vabalathus chez M. Foucault, intendant de Baffe-Normandie.

A. K. Λ. AOM. AYPHΛIANOC. CEB. Tête couronnée de laurier ; fous le menton d'Aurélien, la lettre L fans date.

℟. AYT. EPMIAC OYABAΛΛΘOC AΘHNOY. Tête radiée.

℟. AΓΓ. K. Λ. Δ. AYPHΛIANOC. CEB. Tête couronnée de lauriers. L. A.

AVΓ. EPMIAC. OYABAΛΛΘOC. AΘH. Tête à diadème. L. Δ.

AΓΓ. K. Λ. Δ. AYPHΛIANOC CEB. Tête couronnée de lauriers. L. B.

℟. AVΓ. EPMIAC OYABAΛΛΘOC. AΘHNOY. Tête à diadème. L. E.

IMP. C. AURELIANVS AvG. Tête radiée.

℟. VABALATHVS VCRIMPR. D'autres ont mal lu VCRIMOR. Je l'explique ainfi : *Vice Cæfaris rector imperii Romani.*

IMP. C. VHABALATHVS AVG. Tête radiée.

℟. VICTORIA AVG. La Victoire tient une palme & une couronne.

La bibliothèque des Grands Jéfuites, auprès de la porte Saint-Antoine, eft une grande & large galerie bien remplie de livres, & tout au haut de leur maifon. Les livres, difent-ils, fe confervent mieux dans cette fituation qu'à des étages inférieurs, fans compter l'avantage d'avoir une plus belle lumière.

Le P. Daniel en est le bibliothécaire; je le trouvai très-civil, & il me montra une lettre toute récente de M. Huet, le savant évêque d'Avranches, qui lui disoit que, venant de recevoir le catalogue des livres imprimés durant la guerre en Hollande & en Angleterre, il y voyoit que la science étoit restée stationnaire à peu près au même point en France & en Hollande; mais qu'en Angleterre elle avoit de la vie & de la vigueur & qu'il s'en réjouissoit. C'étoit bien aussi là ce que pensoient de la France plusieurs des François que j'avois vus. Les jésuites eux-mêmes perdront bientôt leur considération, si le savoir cesse d'être honoré. L'éloquence se perdit à Rome avec la république; & il en sera de même de toutes les branches du savoir, si vous lui retirez les récompenses & l'émulation. Il me fit voir la collection de médailles du P. de La Chaise;

Une vestale de bronze trouvée à Die en Forez;

Un poids romain de dix livres en cuivre rouge, sur lequel étoit inscrit *Deæ. sec.* P. X.;

Une urne en pierre, carrée, ou petite tombe bien sculptée, avec cette inscription :

D. M.

SVLPICIO

NOTO. ADESTE

SVPERI.

J'ai visité le chœur de l'abbaye de Saint-Germain-des-Prés, avec l'autel au bas : j'avois déjà vu la même disposition à Saint-Jean de Lyon; ces deux autels font des tables tout unies. J'étois accompagné par M. l'abbé de Villiers, homme fort savant, qui a un appartement dans l'abbaye. Il me conduisit aussi à la bibliothèque : ce sont deux grandes galeries bien remplies. Au bout de l'une d'elles il y a un grand cabinet pour les manuscrits. Ceux-ci occupent en outre une grande armoire dans la bibliothèque où les plus anciens sont serrés avec plus de soin encore. C'est là que je vis le psautier que l'on croit être celui de saint Germain, qui vivoit dans le sixième siècle. Il est certainement fort ancien; c'est un grand in-4 de beau vélin pourpre écrit en grandes majuscules avec des points. Les lettres semblent avoir été d'argent & les grandes initiales sont en or.

Les religieux me montrèrent encore un psautier en notes tyroniennes; ce manuscrit est précédé d'un discours sur l'usage de cette sténographie; il est écrit en rouge, & d'une belle main, sur du vélin.

J'y vis aussi des codiciles ou tablettes cirées dont usoient les anciens. Ce sont de minces planchettes de cèdre de quatorze pouces de haut sur cinq ou six de large: il y en a six ou huit tenues ensemble en forme de cahier par des bandes de parchemin. Les bords ont une légère saillie aplatie pour conserver la couche de cire noire dont elles sont enduites. J'en ai vu d'autres ensuite à la Bibliothèque du Roi, & l'écriture qu'elles portent démontre que l'usage s'en est prolongé beaucoup plus tard que je n'aurois imaginé. Celles de l'abbaye étoient écrites en latin, dont je pouvois saisir quelques mots çà & là, car le fond étoit fort gâté, par exemple: *Pro duobus falconibus*, &c. Le style ou plume d'acier avoit percé en plusieurs endroits, en sorte qu'avec une loupe on pouvoit distinguer le bois à nu. Je pense que cet enduit n'est pas autre que celui dont se servent les graveurs pour empêcher l'eau-forte de mordre sur leurs planches, qui est un mélange de bitume & de cire.

C'est encore là que je vis un manuscrit de trois ou

quatre feuillets fur de vrai papier d'Égypte, dans lequel, avec une loupe, on voyoit comment les bandes de papyrus étoient appliquées en croix les unes fur les autres. Les lettres qui avoient pu fe conferver, & il n'y en avoit guère, étoient de grandes & belles majufcules carrées; c'eft là, je penfe, le fragment d'écriture le plus ancien que poffède cette collection.

Étant à l'abbaye, j'allai voir à fa cellule le P. Mabillon, qui a fi bien mérité de la république des lettres par fes écrits & furtout par fon excellent Traité de diplomatique. Il me parut homme du meilleur caractère & de la plus grande franchife, & il apprit avec plaifir que notre catalogue de manufcrits anglois marchoit vite fous les preffes d'Oxford. Il me parla avec reconnoiffance des facilités qu'on lui avoit données pour vifiter la bibliothèque Cottonienne : ce fut avec beaucoup de peine qu'il apprit la mort du docteur Barnard, dont il m'entretint avec affection; mais il me parut faire une eftime merveilleufe du docteur Gale, doyen d'York.

Dans une autre converfation avec le P. Mabillon, car il étoit mon voifin & j'allois fouvent le voir, comme je lui parlois de ce que nous avions découvert de Palmyre, des écrits auxquels cela avoit donné lieu & de ceux qu'on fe propofoit encore d'imprimer à ce fujet, il me parut regretter que tous ces traités, qui étoient de pure matière d'érudition, fuffent tous en anglois. Il craignoit, me dit-il, qu'il n'en arrivât pour nous comme pour la France où, depuis qu'on en avoit tant cultivé la langue, on avoit commencé à négliger l'étude du grec & du latin.

Il me montra quelques deffins au crayon rouge affez bien faits par des religieux de fes confrères, l'un defquels étoit préfent, d'anciens monumens qui fe voient fur la montagne de Framond, auprès de Salm, au milieu des Vosges, entre l'Alsace & la Lorraine. Il y a là les ruines d'une ancienne ville. Ces dessins que me montrèrent les Pères pouvoient être au nombre de douze: cinq ou six représentoient des Mercures. Il étoit figuré avec un coq à ses pieds; une chlamyde nouée sur l'épaule droite & retombant par derrière, les cheveux frisés autour du visage & rattachés par un ruban dont les deux bouts paroissoient au sommet de la tête comme deux cornes, & le caducée à la main. Ce caducée, dans ces divers dessins, étoit représenté différemment, la pointe en l'air, ou appuyée à ses pieds: tantôt entouré de serpens, tantôt sans qu'il y en eût, ou bien le dessinateur les avoit négligés. Pour plusieurs, les queues des serpens étoient écartées & d'autres fois tortillées ensemble. Le dieu avoit une ceinture qui lui descendoit au bas du ventre, au milieu de laquelle étoient suspendus deux anneaux entrelacés, qui tomboient entre ses jambes. Ce nombre de statues de Mercure, trouvées dans un pays gaulois, confirme ce que César, dans son sixième livre, dit de la religion de ces contrées: " *Deum maxime Mercurium colunt : cujus sunt plurima simulacra*, &c. " Sur quelques-uns de ces Mercures il y avoit des lettres romaines, mais si frustes que je n'en pus rien tirer.

La bibliothèque de Sainte-Geneviève est une fort grande & belle galerie, tout au haut de la maison, entièrement garnie de livres des deux côtés. Les armoires sont fermées de grillages en fil de laiton, ce qui protége suffisamment les livres, sans empêcher de les voir. Cette galerie est ornée de bustes d'hommes de lettres des temps passés.

Le musée est un petit cabinet qui y communique. On a récemment publié la description des curiosités qu'il contient. En histoire naturelle, je n'y ai vu que peu de chofes remarquables. Il y a là une demi-douzaine d'anneaux d'une grande corne d'Ammon, que l'on montre comme une grande rareté. Mais il y a bon nombre d'anciennes idoles, de vaisseaux employés dans les sacrifices, de lacrymatoires, de patères, de strigiles : des poids & des mesures antiques; des monnoies & en particulier l'as avec ses divisions, tant les premières que les plus récentes.

Nous y vîmes un ancien as, d'une espèce de cuivre rouge avec quelques lettres étrusques, qui ressemblent aux vieux caractères grecs. Elles sont disposées en rond autour de cette monnoie, & en suivent le contour.

As quasi æs : & ceci me semble juste; car avant que les Grecs n'eussent inventé les doubles lettres, les Romains connoissoient leur alphabet. C'est ainsi que Vitruve (*De Archit.*, l. VII, c. 11. Ed. Barbari) nous dit qu'*ærugo* se disoit en étrusque *eruca*, d'où vient sans doute le nom de la chenille commune à cause de sa couleur bleuâtre. Ceci prouve également qu'on usoit dans l'écriture toscane du vieux caractère grec.

Mais rien ne me fit plus de plaisir que d'avoir vu les restes du cabinet de ce noble Peiresc, incomparablement, dans la mesure de ses forces, le plus grand & le meilleur des Mécènes que les savans aient eu dans ce siècle.

Parmi les plus vieilles monnoies romaines, il y avoit un sextans avec le caducée de Mercure d'un côté & de l'autre une escalope, probablement parce que les Romains avoient dans le principe usé de ce coquillage en guise de monnoie comme certaines peuplades des Indes & de l'Afrique le font encore de nos jours, jusqu'à ce que Mercure, dont ce bâton est l'emblème, leur eût enseigné l'usage de la monnoie de métal.

Nous vîmes aussi dans ce cabinet des mesures de liquides, telles que l'ancien *Congius;* il y en a un antique, & de plus une copie exacte de celui du Capitole; un *Sextarius* & un *Quartarius*. Maintenant, comme le conge tenoit cent vingt onces, le setier vingt onces, l'hémine dix onces, le quartier cinq onces, je ne doute pas que le *Cyathus,* en raison des divisions ci-dessus, ne tînt deux onces & demie : c'est la mesure que l'on rencontre si fréquemment dans les anciens auteurs de médecine & leurs prescriptions.

Sur cet as étrusque dont je viens de parler, la double tête de Janus est coiffée ou couverte d'un seul bonnet. J'ai vu dans le jardin de la Bibliothèque du Roi, à Paris, une statue antique de Mercure qui a sur la tête une longue coiffure pliée ou mise en double, comme s'il y avoit quelque affinité entre ces deux inventeurs du commerce, des arts & des sciences.

Nous remarquâmes encore dans ce cabinet les matrices d'acier des frères de Padoue, avec quoi ils frappoient & contrefaisoient si bien les meilleures médailles antiques, qu'il n'y avoit d'autre moyen de les distinguer que de les présenter à ces moules; ceci leur donne beaucoup de prix, car il y en a cent & plus, & on les estime 10,000 écus. Pour aider d'autant mieux à leur supercherie, c'étoit de vieilles médailles qu'ils employoient: de la sorte leurs contrefaçons étoient de l'ancien métal, avoient la teinte verte & les mêmes bords irréguliers.

Je vis là un petit tableau d'environ six pouces, en mosaïque, dont les pièces de rapport ne faisoient pas plus d'effet à l'œil que les touches les plus délicates d'une bonne gravure, tandis qu'avec une loupe je distinguois les petits carrés de pierres de toutes couleurs comme dans les autres mosaïques. Cette sorte de peinture est d'un effet admirable, sans parler de sa durée.

Il y avoit là une jambe de momie bien conservée; il n'y avoit à découvert que les doigts des pieds, qui étoient noirs & brillans comme de la poix. Les bandelettes qui la recouvroient étoient disposées en cercles obliques avec quelques vides, mais fort étroits. Je dis au Père qui nous accompagnoit que c'étoit encore là de la chair, & qu'en conséquence ceux qui en carême prenoient de la thériaque de Venise en rompoient l'abstinence à cause de la momie qui y entroit. Il me répondit qu'il ne croyoit pas que la momie fût de la chair. Je repris qu'il lui seroit bien aisé de s'en convaincre; il n'avoit qu'à mettre assez longtemps cette jambe dans une cave humide, & elle finiroit, malgré ses trois mille ans au moins de date, par puer comme toute autre charogne. A Londres, l'épreuve en avoit été faite.

Une chose qui me parut fort curieuse, fut un ancien instrument à écrire en fil d'argent gros & épais, roulé en forme de tire-bouchon, & les deux bouts dirigés du même côté & à quelque distance. On pouvoit mettre l'index entre les deux pointes, & le corps de l'instrument remplissoit la main. L'un des bouts étoit en forme d'aiguille; c'étoit pour écrire sur des tablettes cirées. L'autre bout présentoit une espèce de bec de coq, dont la pointe étoit fendue en deux, tout juste comme nos plumes d'acier : & c'est de là, sans doute, que les modernes ont pris les leurs. Nous les faisons aujourd'hui d'argent, d'or ou de vermeil; mais tout cela manque de ressort & ne vaut ni l'acier (1), ni la plume d'oie : celle-ci, à la vérité, est bientôt usée; l'acier est indubitablement ce qu'il y a de mieux, & si vous usez d'encre de la Chine, la meilleure de toutes les encres, jamais elle ne rouille la

---

(1) On voit que Lister avoit deviné le succès de la plume d'acier.

plume, mais au contraire la conferve fous une efpèce de vernis, qui fe fèche deffus & y adhère, quand même vous l'effuyeriez fans aucun foin.

J'ai vifité la bibliothèque de feu M. Colbert, ce grand patron des lettres. La galerie où font les livres imprimés eft au rez-de-chauffée, avec des fenêtres d'un feul côté donnant fur un beau jardin. C'eft la plus jolie bibliothèque de Paris; elle eft grande & fupérieurement meublée. Au bout fe trouve une belle falle, où font des papiers d'État; particulièrement ceux du temps du cardinal Mazarin & ceux de fon propre miniftère : ils forment plufieurs centaines de volumes in-folio richement reliés en maroquin rouge, & dorés.

Les manufcrits font au premier, où ils occupent trois pièces. C'eft la plus belle collection de ce genre qu'il y ait à Paris : ils forment 6610 volumes. M. Baluze m'en montra le catalogue que, me dit-il, on fe propofoit d'imprimer bientôt. Il me fit voir auffi maint livre rare : la Bible de Charles le Chauve, un énorme in-folio en vélin, & fes Heures, écrites l'une & l'autre en lettres d'or (1); la Meffe de B. Rhenanus, dont tous les exemplaires, fauf quatre, ont été brûlés; l'original de l'accord des Églifes latine & grecque conclu à Florence; le traité de la Régale paffé à Lyon, & bien d'autres que j'ai oubliés.

Je n'ai pas vu un feul manufcrit grec ou latin fans qu'il y eût les marques des Goths, c'eft-à-dire les lettres défigurées, ce qui prouve qu'il n'y en avoit point de bien ancien.

Il nous fit voir le livre de Servet pour lequel il fut

---

(1) Ces deux magnifiques manufcrits font dépofés aujourd'hui au Mufée des Souverains (n°s 24 & 25 du Catalogue de M. Barbet de Jouy). On connoît le nom du calligraphe qui a écrit les *Heures :* il fe nommoit Lithuard. (C. C. de R.)

brûlé à Genève. Il avoit coûté à M. Colbert vingt-cinq écus à un encan en Angleterre. En voici le titre : *De Trinitatis erroribus, libri 7. Per Michaelem Serveto alias Reves ab Aragonia Hispanum*, 1531.—J'avois oublié le passage précis où est mentionnée la circulation du sang dans les poumons, mais M. Baluze me dit fort civilement que je pourrois le faire copier quand je voudrois.

Nous lui dîmes que c'étoit lui autant que la bibliothèque que nous étions venus voir. Le hasard avoit voulu, nous répondit-il, qu'il eût plus de réputation que de mérite. C'étoit un petit homme vieux, mais de bonne humeur & l'esprit fort vif. Il se plaignoit beaucoup du refus que lui avoient fait les employés de l'Empereur de lui communiquer les manuscrits de Vienne pour sa publication des Capitulaires : Les lettres, disoit-il, ne doivent jamais être en guerre : pour lui, il avoit le plus volontiers du monde laissé dans le même temps collationner au moins vingt-quatre manuscrits pour le Nouveau Testament du docteur Mill.

La bibliothèque de la Sorbonne est une grande & longue galerie, raisonnablement fournie de livres : il n'y en a pas de catalogue imprimé.

Parmi les manuscrits, on montre une traduction françoise de Tite-Live, sur vélin : c'est un très-grand in-folio relié en deux tomes : le premier est d'un bout à l'autre rempli de miniatures très-bien exécutées. Ce livre est dédié au roi Jean, par P. Berchorius (1). Le frontispice, qui est fort curieux, représente le traducteur offrant son ouvrage à ce prince.

Au milieu des enluminures & des autres ornemens de

---

(1) Ce nom est celui latinisé de Pierre de Bressuire. Plus tard on a francisé ce nom latin & on en a fait Bercheure. (B. J. P.)

la marge, je remarquai un canon de bronze que l'on tire : il eſt bien fait & a deux grandes anſes de chaque côté de la lumière; ce qui prouve que dès ce temps-là ces armes étoient en uſage. Ce manuſcrit confirme auſſi la perte de Tite-Live, & prouve que le moyen âge n'en poſſédoit pas plus que nous. Il a été donné à cette bibliothèque par le cardinal de Richelieu, qui a, en quelque ſorte, rebâti tout le collége & l'a embelli tel qu'il eſt. Sa tombe, de marbre blanc, eſt au milieu du chœur, devant le grand autel, & c'eſt, pour la perfection de l'œuvre & ſa ſimplicité, la plus belle choſe de ce genre que j'aie jamais vue (1).

J'ai vu la bibliothèque de Saint-Victor. Cette très-ancienne abbaye eſt la mieux ſituée de tout Paris, avec de très-grands jardins & des allées d'arbres, bien tenues. La bibliothèque eſt une grande & belle galerie : trois fois par ſemaine elle eſt ouverte au public, qui y trouve, ſur une longue table à double pupitre, tout ce qu'il faut pour écrire commodément pour quarante ou cinquante perſonnes. Le catalogue n'en étoit pas terminé, & on ne comptoit pas l'imprimer : c'eſt cependant ce que l'on devroit faire dans tous ces établiſſemens pour empêcher les livres de ſe perdre, pour la plus grande commodité des étrangers, & pour y faire mention des bienfaiteurs.

Au bout de cette galerie, ſont ſerrés les manuſcrits : on dit qu'il y en a trois mille, &, ſans être fort anciens, ils ont bien ſervi à donner des éditions correctes de pluſieurs auteurs. C'eſt l'un des lieux les plus agréables que

---

(1) Ce tombeau, exécuté par François Girardon & terminé en 1694, ſe voit encore dans l'égliſe de la Sorbonne. C'eſt un des monumens qui font le plus d'honneur à la ſtatuaire françoiſe du dix-ſeptième ſiècle. (C. C. de R.)

l'on puisse voir par la beauté de la vue, le calme & l'absence du bruit au milieu d'une si grande ville.

Dans une cour extérieure de cette abbaye, habite M. Morin, un autre savant médecin de ce nom. Dans son joli appartement, il a une excellente & volumineuse collection de livres de physique & d'histoire naturelle. Il me reçut à bras ouverts, & me demanda tout d'abord si, des œuvres de Sir Francis Willoughby, il y avoit autre chose d'imprimé que ses poissons & ses oiseaux, qu'il possédoit tous deux. Dans une autre pièce, il avoit un riche cabinet de toute sorte d'objets d'histoire naturelle & d'anatomie comparée : une collection de coquilles, une autre de graines, dont il y en avoit de la Chine, divers squelettes, &c.

J'ai visité les Célestins. La bibliothèque, d'un aspect agréable, est dans une galerie haute & abondamment fournie de livres. C'est un beau couvent avec un superbe dortoir donnant sur des cloîtres. Il a d'immenses jardins, des allées d'arbres, des bosquets, des potagers bien cultivés & une vigne de raisins blancs bien tenue, la seule chose de ce genre que l'on voie à l'intérieur de Paris.

J'y ai vu le cabinet ou la cellule du P. Hochereau, qui a une collection très-choisie de tableaux originaux de plusieurs des meilleurs maîtres. Je remarquai surtout trois excellens Rembrandt : Saint Pierre au chant du coq, une Nativité de Notre-Seigneur & le Massacre des Innocens. Son coloris est au-dessus de toute imitation, son invention grande & naturelle, & son dessin des plus corrects (1).

---

(1) Il est bien difficile, à cause des changemens de titre, de retrouver les tableaux de Rembrandt indiqués par Lister. En suivant l'excel-

Je suis allé visiter le P. Malebranche, l'un des Pères de l'Oratoire. Ces messieurs vivent fort convenablement en communauté, mais sans être astreints à une règle particulière. Il y étoit très-joliment logé dans un appartement fort bien meublé. C'est un homme fort grand, fort maigre & d'une conversation agréable & spirituelle.

Après une conversation d'une heure, le P. Malebranche me mena à la bibliothèque publique de la maison. C'est une galerie bien éclairée & remplie de livres, avec un cabinet séparé au bout pour les manuscrits, dont il y en a bon nombre de grecs & d'hébreux.

Le bibliothécaire nous montra le Pentateuque dont Morin s'étoit servi. Il m'a paru beaucoup plus moderne que celui que nous avons dans la bibliothèque de Sir John Cotton, parce que le caractère en est beaucoup plus petit & plus tourmenté : c'étoit là tout ce dont je pouvois juger.

On étoit fort occupé à introduire un nouvel arrangement dans cette bibliothèque & à en faire un bon catalogue, selon la méthode adoptée pour celle du feu archevêque de Rheims : & ce qui me plut beaucoup, c'est qu'on avoit exposé sur une grande table & mis en vente plusieurs centaines de volumes de doubles. Le produit devoit en être employé à se procurer leurs désidérata.

Les auteurs protestans étoient, à ce que je vis, en-

---

lente monographie de Rembrandt publiée par M. Vosmaer (La Haye, 1867), on trouve *le Repentir de saint Pierre*, peint en 1634, & gravé la même année par Van Vliet.

Quant à la *Nativité*, Rembrandt a fait deux *Adoration des Bergers* & trois *Adoration des Mages*. Lequel de ces tableaux étoit chez le P. Hochereau ?

Enfin, M. Vosmaer n'indique aucun *Massacre des Innocens* comme peint par Rembrandt. (C. C. de R.)

fermés dans des armoires grillées, que l'on n'ouvroit point sans permission.

La liberté dont on jouit dans cet ordre & son caractère me rappelèrent ce que j'ai ouï conter d'un riche & savant homme de loi, M. Pinet. Il entra en religion, comme on dit, chez ces Pères; mais au préalable, il persuada à son cuisinier d'en faire autant, car son goût pour la retraite & la pénitence n'alloit pas, quel qu'il fût, jusqu'à le faire renoncer aux bonnes soupes & aux bons plats que ce digne homme lui faisoit. Ce fut une politesse semblable que l'élégant & docte M. Lepeletier, successeur de M. Colbert au contrôle général des finances, fit à ses hôtes à sa maison de campagne de Choisy (1), après avoir volontairement quitté la cour & ses emplois : Quoiqu'il eût, leur dit-il, congédié toute sa maison, il avoit voulu leur garder son cuisinier, pour qu'ils pussent au moins compter chez lui sur un petit dîner digne de philosophes comme eux.

C'est admirable de voir comme les autres ordres religieux prennent plaisir à se tourmenter pour l'amour de Dieu, à ce qu'ils disent. La faim & une méchante nourriture ne se bornent pas à détruire la santé d'un homme, mais, en dépit de toute sa dévotion, elles le mettent de mauvaise humeur; il se tourmentera & enviera le reste de l'humanité, bien heureux si dans son cœur il n'en vient pas à maudire son créateur : ce n'est pas à tout le monde qu'il appartient de jouer le rôle de Job. Dès son origine & dans ses progrès, ce fut celui de la philosophie naturelle & de la physique d'inventer une nourriture meilleure & plus salubre que celle que se procurent les bêtes, de substituer le pain & la viande aux herbes &

---

(1) C'étoit à Villeneuve-le-Roi, près Choisy. (B. J. P.)

aux grains de bled, & le vin à l'eau claire. Voilà, avec mille autres chofes, les bénédictions que nous devons à la phyfique & aux médecins qui la pratiquent, au bon gouvernement defquels nous les remettons tant en fanté qu'en maladie. Et maintenant qu'une troupe de gens mélancoliques & fantafques rejettent ces confolations & détruifent leur fanté, le tout en vertu de prétendus principes de religion & de dévotion, cela me femble, je le confeffe, une grande ingratitude envers Dieu, l'auteur de ces bienfaits.

Certes, j'avois de tout mon cœur compaffion du pauvre P. Plumier, un brave & habile homme, à qui à fon retour des Indes il ne reftoit que la peau & les os, fans pouvoir, grâce à fa règle, rien manger de fain & de convenable à fon état; pas autre chofe que de vilains petits poiffons bourbeux & de mauvaifes herbes. Il avoit pourtant pris, me dit-il, & fans réfultat, cinq fois de l'ipécacuanha. Il eft bien vrai que jamais je ne l'ai entendu fe plaindre; mais que ne peuvent d'aveugles préjugés contre la raifon générale!

Je fais que plufieurs de ces religieux ont été, par leurs études, utiles à l'humanité; mais ils l'euffent été bien davantage, s'ils ne s'étoient pas éloignés de leur prochain & qu'ils euffent enfeigné le monde par leur converfation & leur exemple. La fageffe, la juftice, l'innocence, la tempérance, vertus auxquelles ils prétendent fpécialement, ne font pas pour être cachées à l'écart, mais bien pour être produites au dehors pour l'inftruction & l'ornement du fiècle où nous vivons. Abandonner le monde & tous les bienfaits de la vie & de la fanté, ce fera toujours, qu'ils en difent ce qu'ils voudront, le réfultat de l'humeur noire à fon comble & non pas de la religion.

Il y a encore quelques autres bibliothèques publiques que j'ai vues, telles que celles des Grands-Auguſtins, du collége Mazarin, du collége de Navarre, & un beaucoup plus grand nombre que je n'ai pas viſitées faute d'occaſion; mais je ne me rappelle pas qu'il y ait rien de particulier à en dire.

On a ici une telle paſſion pour ſe faire des bibliothèques, que les livres ſont aujourd'hui aux prix les plus déraiſonnables. J'ai payé un Nizolius trente-ſix livres à Aniſſon; vingt livres les deux petits in-4° des Mémoires de l'Académie des ſciences, c'eſt-à-dire quelque choſe comme deux années des *Tranſactions philoſophiques;* car c'eſt à leur imitation que l'Académie avoit publié ces extraits de ſes regiſtres; mais elle s'interrompit au bout de deux ans.

En eſtampes, j'avois envie d'avoir l'œuvre complète de Mellan, ce maître incomparable; mais on m'en demandoit deux cens livres, & encore manquoit-il douze pièces, qui valoient autant que le reſte. Pour quelques-unes de ſes gravures in-8° exécutées à Rome, on vouloit une piſtole de chacune, & un louis de ſon Juſtinien, qui, à la vérité, eſt ſon chef-d'œuvre (1).

Je ſuis allé rue Saint-Jacques à une vente de livres, où il y avoit quarante ou cinquante perſonnes, abbés ou moines pour la plupart. On traînoit & on lanternoit la vente autant que chez nous, & c'étoit fort cher. L'*Hiſpania illuſtrata,* d'André Schott, édition de Francfort, de vingt livres, ſa miſe à prix, monta petit à petit à trente-ſix, prix auquel elle fut adjugée. Le livre qu'on mit ſur

---

(1) Claude Mellan, né à Abbeville le 13 mai 1598, mort à Paris le 9 ſeptembre 1688. Mariette lui a conſacré une notice biographique très-étendue. M. de Montaiglon, qui l'a publiée, l'a fait ſuivre du catalogue de ſon œuvre. (C. C. de R.)

la table immédiatement après, fut un catalogue de livres françois par Lacroix du Maine, un petit in-folio couvert de vieux parchemin, huit livres ! Quand je vis cela, je les laissai s'arranger entre eux comme il leur plut.

Après en avoir dit si long sur les bibliothèques publiques, je ne puis m'empêcher de féliciter les Parisiens du bonheur qu'ils ont de les posséder si bien à l'abri du feu. C'est un des grands mérites de Paris d'être bâti & meublé de façon à n'avoir pas eu à souffrir de ce fléau depuis des siècles : & en effet, je ne vois pas comment la malignité elle-même parviendroit à les détruire, car ici les maisons sont construites en pierre, murs, planchers, escaliers, & tout, à quelques chambres près; point de boiseries; des tapisseries de laine ou de soie qui ne prendront point feu sans vous en avertir incontinent par une atroce puanteur, & ne brûleront, d'ailleurs, qu'à grand renfort de combustible. Il est heureux pour nous, à Londres, d'avoir si peu de bibliothèques publiques, & encore fort exiguës & sans importance, & que la masse des livres soit répartie entre des milliers de mains (il n'y a pas de pays en Europe qui pour les bibliothèques particulières puisse se comparer au nôtre), car s'ils étoient rassemblés en quantités telles qu'on en voit à Paris, ce seroit tous les jours que les lettres seroient exposées aux plus tristes calamités. Chez nous, ce me semble, tout homme qui se met au lit & s'y endort est tel que le Romain déposé après sa mort sur le bûcher funèbre, n'attendant plus que les préliminaires de l'apothéose; car tout est combustible autour de lui, & la peinture des boiseries tiendroit fort bien lieu de l'encens destiné à hâter le moment qui le verroit réduit en cendres.

Dans le chapitre suivant, je parlerai de ce qui m'aura

paru neuf ou singulier dans les arts & des améliorations qu'ils pourroient fournir à ceux de notre pays.

Je suis dans l'admiration de la poterie de Saint-Cloud(1), car je confesse que je n'ai pas pu faire de différence entre ce qui s'y fabrique & la plus belle porcelaine de Chine. On m'accordera facilement, je le sais, que la peinture est peut-être mieux dessinée, comme elle l'étoit en effet, parce que les artistes européens s'y entendent mieux que les Chinois, mais le vernis égaloit celui de la Chine pour la blancheur & pour l'absence de toute boursouflure. Quant à la substance intérieure & à la matière de cette porcelaine, elle étoit à mes yeux toute semblable : dure & solide comme du marbre, la même transparence qu'à la Chine, & absolument le même grain s'arrêtant juste en dehors des limites de la vitrification.

Ce que j'ai vu dans le moule, avant d'être séché, peint & verni, étoit blanc comme de la craie & s'attachoit à la langue comme de la terre de pipe avant sa cuisson. Sous les dents, la pâte me sembloit analogue; on n'y sentoit point de gravelles; en sorte que je ne doute pas que cette terre n'en soit la base.

Pour sa préparation, l'ouvrier convint avec moi qu'on la pétrissoit & la battoit dans l'eau à trois ou quatre reprises avant de la mettre sur la roue. Mais je suppose qu'au préalable, on l'avoit délayée dans l'eau pour en précipiter les parties les plus grossières : méthode qui conviendroit aussi pour des ouvrages moins délicats.

Elle doit passer deux, trois & quatre fois au feu pour

---

(1) Consulter, pour tout ce qui regarde la fabrique de porcelaine de Saint-Cloud, l'*Histoire des poteries, faïences & porcelaines*, par J. Marryat, traduction de MM. le comte d'Armaillé & Salvetat, tome II, p. 212. (C. C. de R.)

être cuite au point où nous l'avons vue dans les pièces les plus achevées : il y en a même qui y ont paſſé onze fois.

Je ne m'attendois pas à trouver une pareille perfection, & je penſois que cela égaleroit tout au plus la terre de Gomroon (1), où le réſultat qu'on obtient n'eſt guère, à vrai dire, qu'une vitrification complète. Mais j'ai vu qu'il en étoit tout autrement. C'eſt un ſuccès ſurprenant; & ce n'eſt pas la moindre part du bonheur de notre ſiècle d'égaler, ſinon de ſurpaſſer, la Chine dans le plus précieux de ſes arts.

Quant à la terre rouge de Chine, on l'a fabriquée, & on la fabrique encore en Angleterre, beaucoup mieux qu'en Chine, grâce à nos matériaux, qui ſont auſſi bons, c'eſt-à-dire à l'hématite douce & à nos artiſtes, qui valent beaucoup mieux. Mais pour cela nous avons de grandes obligations à deux frères hollandois, qui, m'a-t-on dit, ont travaillé en Staffordshire, & étoient il n'y a pas longtemps à Hammerſmith.

Cette porcelaine de Saint-Cloud ſe vend des prix exceſſifs : une taſſe ordinaire à chocolat coûte pluſieurs écus, & on a vendu des ſervices de thé juſqu'à quatre cens livres. On eſt arrivé à cuire l'or & à en former des deſſins quadrillés très-nets.

Il n'eſt point de modèle de la Chine qu'on n'ait exécuté avec ſuccès, & les ouvriers en ont imaginé beaucoup d'autres d'un bon effet, & qui m'ont paru fort jolis (2).

---

(1) La porcelaine s'appeloit autrefois, en Angleterre, *terre de Gomroon*. Le commerce de la Compagnie des Indes ne ſe faiſoit pas directement avec l'Inde & la Chine, mais dans un établiſſement formé au port de Gombron, en face d'Ormuz, dans le golfe de Perſe. (*Houſehold words*, IV, 36.)

(2) J. Marryat, dans ſon *Hiſtory of Potery* (ouvrage traduit par

M. Morin me dit dans la conversation que l'on faisoit un secret du sable qu'on employoit; mais il ne peut servir que dans l'application des couleurs. Il me dit aussi qu'on usoit de sel de soude dans la composition, & qu'on mêloit à l'argile blanche quelque chose de semblable à la fritte (1) pour le verre : mais je n'en crois rien, car je ne l'ai pas senti dans la terre avant la cuisson.

Cet habile chimiste me dit que ses expériences lui avoient pris vingt-cinq ans, & qu'il n'y en avoit pas plus de trois qu'il avoit complétement réussi.

La manufacture de glaces à la porte Saint-Antoine mérite bien d'être vue; mais je regrettai que pour économiser sur le prix du bois on eût transporté la fonderie à Cherbourg, en Normandie. C'est un grand progrès que l'on a fait faire à l'art du verrier. J'y ai vu, tout achevée & étamée, une glace de quatre-vingt-huit pouces sur quarante-huit & d'un quart de pouce seulement d'épaisseur. Je ne pense pas que l'on puisse en soufflant obtenir de pareilles dimensions ; & je suppose qu'on la coule sur du sable comme on fait pour le plomb; quoique à vrai dire la ténacité de la pâte du verre soit une grave objection à ce système.

C'est à cette manufacture de la porte Saint-Antoine

MM. d'Armaillé & Salvetat. Paris, 1866), dit qu'en 1695 on fabriquoit de la porcelaine tendre à Saint-Cloud. A l'appui de son assertion, il cite ce même passage du voyage de Martin Lister. Selon M. Salvetat, les dates des commencemens de la fabrique de Saint-Cloud sont encore très-obscures. Ce passage si curieux de Lister, renfermant à peu près tout ce qu'on sait sur la fabrique de Saint-Cloud à cette époque, n'a été donné qu'imparfaitement & peu exactement dans l'histoire de la porcelaine de M. Jacquemart. (C. C. de R.)

(1) Le Dictionnaire de l'Académie (édit. de 1835) définit ainsi le mot *fritte :* « Mélanges de substances salines auxquelles on fait éprouver « un commencement de fusion pour en former le verre. » (C. C. de R.)

qu'on les polit (1). On y emploie journellement fix cens hommes, & on efpère bientôt avoir de l'ouvrage pour mille. A l'étage inférieur, on paffe les glaces brutes au grès pulvérifé : c'eft le même dont eft fait le pavé de Paris, mais pulvérifé & tamifé très-fin. Dans les étages fupérieurs, où on donne le poli & la dernière main, les ouvriers font difpofés fur trois rangs, deux hommes pour chaque glace qu'ils paffent à la fanguine détrempée dans de l'eau. On les met enfuite dans de la potée blanche fur des tables de pierre : le bruit du poliffage dans cette dernière opération eft tout ce qu'il y a de plus infupportable, mais l'habitude qu'en ont les ouvriers eft telle qu'il ne les empêche pas de converfer entre eux comme fi de rien n'étoit. Ceci, au refte, fe fait en bas & loin des autres travailleurs.

Il eft intéreffant de voir le réfultat du travail fucceffif de tant de monde après un même objet. On y a gagné d'avoir les glaces à fi bas prix, qu'il n'eft pas jufqu'à toutes les voitures de remife & à la plupart des fiacres qui par devant ne foient fermés d'une grande glace.

La bijouterie de Paris fait un grand commerce de perles fauffes. On en fabrique de plufieurs façons; mais les meilleures fe font avec l'écaille de l'ablette. On en pêche beaucoup dans la Seine, à Paris, que l'on vend pour cela aux fabricans de perles.

M. Favy, *à la Perle d'Angleterre*, me difoit que rien que pour ce qu'on lui en pêchoit à Villeneuve-Saint-Georges, à quatre lieues de Paris, dans la petite rivière

---

(1) Piganiol de la Force, dans fa *Defcription de Paris* (édit. de 1765), indique encore la manufacture des glaces comme étant au même endroit : « Au coin de la rue de Reuilli. » De fon temps, la fonte fe faifoit toujours à Tourlaville, près de Cherbourg ; le poliffage feul s'exécutoit à Paris. (C. C. de R.)

d'Yères, il lui en coûtoit cent dix piftoles par an : quelquefois, en hiver, il en recevoit jufqu'à trente paniers. C'eft l'écaille feulement qu'on emploie. Ces perles font jolies & folides; il les vend une piftole le filet, & on les a dans le temps vendues beaucoup plus cher. Elles font fort propres & durables.

Un orfévre, qui fait un grand commerce de perles, m'a dit que pour celles-ci on peloit l'écaille de l'ablette, qu'on en faifoit une pâte avec de la colle de poiffon, que l'on couloit enfuite dans des globules de verre creux, à qui elle donnoit ainfi, à la façon de l'étamage des glaces, la teinte que l'on fouhaitoit.

Je lui demandai s'il avoit des perles de moules d'eau douce, & il m'en montra une de vingt-trois grains, rofe pâle ou couleur de chair & parfaitement ronde. Il l'eftimoit quatre cens livres; car, me dit-il, elle appareilleroit la perle marine d'Orient bien mieux que celles d'une teinte bleuâtre. Il ajouta qu'il avoit vu de ces perles de moules d'eau douce de foixante & tant de grains; quelques-unes font en forme de poire. L'on en pêche fouvent dans les rivières de Lorraine & à Sedan.

La manufacture des Gobelins, autrefois fi fameufe, eft tombée dans une décadence miférable; peut-être parce que le Roi, ayant meublé tous fes palais, n'a plus à s'y intéreffer.

On y travailloit à ces tables de marbre que l'on incrufte de pierres de toutes fortes de couleurs. J'y vis auffi les ateliers du fculpteur Tuby (1), où je remarquai une admirable copie en marbre blanc du Laocoon. Là eft

---

(1) Jean-Baptifte Tuby, né à Rome en 1630, membre de l'Académie le 24 février 1688, mort en 1700. Le palais & les jardins de Verfailles font encore peuplés de fes ftatues. Tuby avoit fait les bas-reliefs de la porte Saint-Bernard. (C. C. de R.)

CHAPITRE V.

aussi l'atelier de Coysevox (1) : entre autres belles choses, il y avoit un fort grand & magnifique groupe de Castor & Pollux, exécuté en marbre blanc d'après l'antique.

Chez Hubins, le fabricant d'yeux de verre, j'en vis de pleins tiroirs de toutes couleurs, de façon à appareiller n'importe quels yeux : & il faut qu'il en soit ainsi, car la moindre différence seroit intolérable. Il avoit autrefois travaillé lui-même en perles fausses, & il m'a assuré que la pâte dont on les étame à l'intérieur se faisoit uniquement d'écaille d'ablettes, sans autre mélange. Cette écaille, me dit-il, étoit un bon commerce pour les pêcheurs, qui la vendoient à l'once. Autrefois, un collier de ces perles revenoit à deux ou trois pistoles.

J'ai vu les plâtrières ou carrières de plâtre auprès de Montmartre, & la façon dont on le cuit : c'est à ciel ouvert, & pour le plus dur, il suffit de deux heures de feu.

Le lit supérieur est dur comme de la pierre de taille : les ouvriers donnent des noms particuliers aux diverses couches, comme le mouton, la laine, le gros banc, le pilier noir, &c.

Celui qu'ils appellent laine ressemble à du talc, & se lève par feuilles ; mais il y en a fort peu, & la couche en est mince ; je le prendrois volontiers pour une exsudation des grands bancs. Ces carrières sont couvertes à une assez grande profondeur d'une espèce de sable gris, qui n'est point de la nature du plâtre.

---

(1) Charles-Antoine Coyzevox, né à Lyon en 1740, membre de l'Académie le 11 avril 1676, mort à Paris le 10 avril 1720; un des plus habiles sculpteurs du dix-septième siècle; l'auteur du monument de Mazarin. Ses plus belles œuvres décorent aujourd'hui le jardin des Tuileries. (C. C. de R.)

Quoiqu'on n'ufe jamais, que je fache, de ce plâtre cuit pour fertilifer les terres arables ou les pâturages, comme nous le faifons de notre chaux, je ne vois pas de raifon pour ne pas l'utilifer ainfi, car il fe remplit de nitre s'il féjourne longtemps dans des caves humides.

Ce n'eft pas, au refte, à Paris feulement qu'il fe trouve : j'en ai vu des carrières en Yorkshire, auprès de Clifferd-Moor, où le nom qu'on lui donne indique fon utilité pour bâtir.

Je ne veux pas manquer de parler des meules qui fervent à moudre le grain, tant à Paris que fur la rivière des Gobelins, au delà de la porte Saint-Bernard, à l'endroit où elle tombe dans la Seine, & dans toute la Picardie jufqu'à Calais, où j'en ai vu un grand nombre.

Ces meules font du meilleur ufage, & fi douces qu'on ne trouve jamais dans le pain la moindre gravelle. Elles font ordinairement de plufieurs morceaux, deux, trois au plus, cimentés enfemble & tenus par des cercles de fer. Je penfe que cette pierre eft un dépôt calcaire de la nature des ftalactites. J'en ai vu des rochers tout entiers qui encaiffent la rivière à Knaresborough & au Dropping-Well en Yorkshire. J'engage donc mes compatriotes à utilifer cette excellente pierre : il n'eft point de pays qui en ait plus befoin, car dans tout le nord de l'Angleterre le pain eft horriblement graveleux, grâce aux meules de grès dont on fe fert. Celles dont je parle fe vendent cinq cens livres la paire : j'ai négligé de m'informer d'où on les tire.

Nous allons maintenant nous occuper de l'alimentation des Parifiens & de leurs divertiffemens.

CHAPITRE VI.

NOURRITURE HABITUELLE DES PARISIENS.

Le régime des Parisiens consiste principalement en légumes & en pain, dont il y a comme chez nous de deux qualités. Mais le pain ordinaire, ou pain de Gonesse, qu'on apporte deux fois par semaine d'un village ainsi nommé, est entièrement blanc, ferme, léger & fait avec du levain. Il est ordinairement en pains de trois livres à trois deniers st. la livre (1). Celui qu'on fait à Paris est plus grossier & beaucoup plus mauvais.

Quant au pain de choix (*fine manchet*), ou au pain françois, comme nous l'appelons, je n'en saurois dire grand bien. Depuis que l'on fait tant de bierre à Paris, il est souvent si amer, qu'il n'y a pas moyen de le manger : & nous le savons faire beaucoup mieux à Londres.

Le sel gris de France, dont on se sert toujours pour la table & pour la cuisine, est incomparablement meilleur & plus sain que notre sel blanc. Je suis bien aise d'en parler, parce qu'il me semble que mes compatriotes, qui se montrent à cet égard d'une délicatesse exagérée, se rendent très-peu compte de ce qui en est. Mais je prendrai la liberté de leur dire que notre sel gâte tout ce qu'il

---

(1) Environ trente & un centimes.

touche, & ce qu'on a la prétention de conferver avec, que ce foit chair ou poiffon. Qu'il vienne des falines intérieures ou de la mer, c'eft toujours quelque chofe comme de la chaux vive qui brûle tout ce qu'elle touche : auffi c'eft grand dommage de voir tant de bon poiffon, comme on en pêche fur nos côtes du nord, furtout la morue, la merluche, le hareng, qui autrefois étoient une grande reffource du pays, réduit à n'avoir prefque plus de valeur. Il eft fûr que vous ne ferez jamais de bon fel en le faifant bouillir violemment à grand feu, comme on en a l'habitude; mais il faut y arriver par l'évaporation à la chaleur du foleil, comme on fait en France, ou par l'introduction de l'eau de mer dans les marais falans, comme cela a lieu à Milthrope & dans les marais du Lancashire, les feuls endroits d'Angleterre où je l'aie vu faire comme il faut : & là même, cependant, ils ne s'y prennent pas très-bien, puifqu'ils ne laiffent pas de bouillir l'eau de mer que l'on amèneroit bien à donner fon fel fans cela.

En carême, le petit peuple confomme beaucoup de haricots blancs & de lentilles blanches, dont il y a foifon fur tous les marchés où on en trouve même de tout cuits. Cette lentille, qui eft une efpèce de pois que nous n'avons pas en Angleterre, m'a plu beaucoup. On en vend ici de deux fortes : l'une, plus petite, arrive de Bourgogne par le canal de Briare, & l'autre, plus groffe, vient de Chartres. Enfin, on en apporte quelquefois de Languedoc d'une troifième efpèce plus groffe que les deux autres. A part cela, nos jardins & nos boutiques font bien mieux fournis d'efpèces variées de pois & de haricots.

Les racines de ce pays diffèrent beaucoup des nôtres. Ici il n'y a point de turneps ronds, mais ils font tous longs & minces, d'excellent goût d'ailleurs & propres à affai-

CHAPITRE VI.

fonner les potages ou les ragoûts, pour lefquels les nôtres font trop forts. On a récemment introduit cette efpèce en Angleterre, mais nos jardiniers ne favent pas la gouverner. Ici on en fème au commencement d'août: & à la Saint-Martin, ou même plus tôt, avant la gelée, on les arrache, on coupe les feuilles & on les met dans du fable dans des celliers, où ils fe gardent jufqu'après Pâques, & même jufqu'à la Pentecôte. Si au contraire vous les laiffez prendre par la gelée, ils perdent leur goût, deviennent pâteux, & c'eft cette négligence qui les fait méprifer en Angleterre. Les plaines fablonneufes de Vaugirard, auprès de Paris, font fameufes par cet excellent légume. C'eft auffi de la même manière que l'on traite les carottes.

Après nous être avancés en France l'efpace de deux ou trois journées, nous ne trouvâmes plus d'autres turneps que les navets; & ils étoient meilleurs à mefure que nous approchions de Paris. Ils ne font pas plus gros qu'un manche de couteau & excellens, comme je viens de le dire, foit dans le potage, foit avec du mouton. Il eft fingulier que leur graine, femée en Angleterre, donne des racines de fix à dix fois plus groffes; car je ne doute pas que ce ne foit de là que vienne le turneps long, qui a paru fur nos marchés feulement depuis peu de temps.

On a peine à trouver au marché des pommes de terre, ces racines faines & nourriffantes qui font d'une fi grande reffource pour le peuple d'Angleterre; mais il y a abondance d'artichauts.

On apprécie moins les choux que je ne l'aurois cru, au moins durant la faifon où nous étions à Paris, c'eft-à-dire de décembre au mois d'août. Je n'ai jamais vu à aucun marché de petits choux, pas plus que je n'en ai vu de gros, en réferve dans les jardins. Ceux qu'on eftime le plus à Paris font le choux rouge & celui de Savoye. Mais en revanche on a des quantités d'oignon rouge & d'ail : on trouve aussi l'oignon blanc, doux, de Languedoc. Les poireaux, la rocambole & l'échalote font en grand usage.

On a remarqué que ce sont les peuples du nord de l'Europe qui aiment les choux, comme les Russes, les Polonois, les Allemands. C'est en effet dans les pays froids que ce légume prospère; c'est une plante du nord, & le chou marin, qui croît naturellement sur les rochers du bord de la mer, comme je l'ai vu à Whitby, mûrit au froid, qui l'adoucit & le rend mangeable.

C'est une raison du même genre qui fait aimer aux gens du midi toutes les plantes du genre oignon que la grande chaleur améliore, tandis qu'elle donne de l'âcreté aux choux. Les poireaux de Paris sont beaucoup plus petits que les nôtres, mais, par compensation, on sait mieux les faire blanchir. Ils ont trois fois plus de blanc : ce qu'on obtient en les buttant de bonne heure avec de la terre bien meuble. Il n'y a pas d'espèce du genre oignon qui soit aussi rustique que celle-là, & qui convienne mieux aux pays froids des montagnes : témoin l'usage que les Gallois en ont fait de tout temps; &, en effet, ce légume est excellent pour le crachement de sang & pour toutes les maladies de la gorge & des poumons.

Quoique la laitue soit la salade la plus générale, je ne pense pas qu'elle vaille la nôtre pour la grosseur & la dureté des têtes : cependant, une semaine avant notre départ de Paris, la grande laitue romaine (1) remplissoit les

---

(1) Voir, sur cette laitue rapportée d'Avignon à Paris, par Bureau de la Rivière, probablement en 1389, le *Ménagier de Paris*, tome II, p. 46. Il y a apparence qu'elle avoit été apportée de Rome à Avignon par les papes. De là son nom de Romaine. (B. J. P.)

marchés; elle étoit d'une beauté incomparable, & alloit même au delà de notre laitue de Siléfie.

En avril & mai, on trouve une quantité de bette blanche, légume dont nous n'ufons guère, & jamais, que je fache, pour en faire des ragoûts. Les feuilles en font longues & larges, & on les lie, comme nous faifons à nos laitues, pour les blanchir, après quoi on les coupe fur le pied. Les côtes en font larges & tendres, & c'eft de cela feulement que l'on fe fert après en avoir jeté les feuilles vertes, & on les accommode de diverfes façons.

On a ici beaucoup d'afperges; mais, durant le premier mois, elles font fort amères & défagréables. D'où cela vient-il? Je ne faurois le dire; après ce temps, je ne m'en fuis plus aperçu.

On a un tel goût pour l'ofeille, que j'en ai vu des arpens tout entiers. Rien au refte n'eft plus fain, & cela peut très-bien remplacer le citron dans le fcorbut ou les affections qui s'y rattachent.

Mais, après tout, il n'y a rien que les François aiment autant que les champignons. On en a tous les jours &, tant que dure l'hiver, en abondance & de tout frais. J'en fus furpris, & je ne me figurois pas d'où ils venoient, jufqu'à ce que je fçuffe qu'on les faifoit venir fur couche dans les jardins.

De ces champignons forcés, on en a nombre de récoltes dans l'année; mais pour les mois d'août, de feptembre & d'octobre, où ils pouffent naturellement en pleine terre, on n'en fait pas fur couches.

En dehors de la barrière de Vaugirard, & je l'ai vu, on creufe dans les champs & les jardins des tranchées que l'on remplit de fumier de cheval, à deux ou trois pieds de profondeur; on rejette deffus la terre qu'on en a tirée, qu'on difpofe en talus élevé, & l'on recouvre le tout de fumier pailleux de cheval. Les champignons pouffent là-deffus après la pluie, & fi la pluie ne tombe pas, on arrofe ces couches tous les jours, même en hiver (1).

Six jours après qu'ils ont commencé à fe montrer, on les récolte pour le marché. Il y a des couches qui en donnent beaucoup & d'autres qui n'en donnent guère, ce qui prouve qu'ils proviennent de femences dans le terrain, car toutes ces couches font faites de même.

Un jardinier me difoit que l'année précédente un arpent de terrain ainfi cultivé lui avoit fait perdre cent écus ; mais ordinairement cette culture eft auffi profitable qu'aucune autre.

A l'été, on défait les vieilles couches & on les étend comme engrais. Les nouvelles fe font à la fin d'août, &

---

(1) On raconte, dit lord Bacon, que de l'écorce de peuplier coupée par petits morceaux & femée dans des fillons bien fumés donnera, dans toutes les faifons de l'année, naiffance à des champignons bons à manger. D'autres y ajoutent du levain de pain délayé dans de l'eau. On dit encore que fi, fur un champ en pente, on met, après la moiffon, le feu à ce qui refte de paille, il viendra à la faifon des pluies une grande quantité de champignons.

Les champignons, dit Evelyn à ce fujet, que Cicéron nomme les fils de la terre, & Porphyre, ceux des dieux, naiffent fans femence, mis au monde par les tonnerres d'automne, préfages des maux qu'ils doivent caufer. On dit qu'ils ont quelque chofe de nuifible, & ce n'eft pas fans caufe. Élevés jufqu'à la table des Céfars, ils y portoient le nom de Mets des Dieux, ce qui ne les empêcha pas d'envoyer l'empereur Claude, comme ils en ont envoyé bien d'autres, dans l'autre monde. Sénèque, déplorant la mort de fon ami Annæus Severus, & de nombre d'autres honnêtes gens qui périrent avec lui dans le même repas, fe demande quel plaifir on peut avoir à manger d'un mets fi hafardeux ; car véritablement ce que dit le poëte de ces mangeurs de champignons : « *Nil amplius edit*, » ne fe réalife que trop fouvent ; & je renvoie leurs amateurs à ce qu'en dit le favant Lifter dans fon *Voyage à Paris*. Ceux de meilleur donnent en abondance à partir de Noël jufqu'au mois d'avril.

J'ai vu dans les marchés, au commencement d'avril, des morilles fraîches; les premières de cette efpèce de champignon que je me fouvienne d'avoir vues, quoique ce foit une plante dont je me fois beaucoup occupé, au point d'en avoir diftingué & décrit trente efpèces en Angleterre; cependant, je ne me fouviens pas d'avoir jamais rencontré celle-là chez nous. Ce champignon eft noirâtre, & le devient encore plus par la cuiffon, ce qui, fans doute, lui donne fon nom; pourtant il y en a quelques-uns de jaunes. Leur forme conftante eft ronde & pyramidale. Le pied eft court & liffe, mais l'extérieur du champignon eft profondément pliffé & ridé, comme l'intérieur de la gueule de certains animaux. La morille, fendue en deux de haut en bas, eft creufe & liffe

---

goût & les moins dangereux, croiffent dans de bons prés; ils font rofes en deffous; & il faut rejeter tous ceux qui font noirs, jaunes ou orangés. A Naples, on les fait venir dans des caves & dans de la terre que l'on laiffe moifir fur de vieux champignons, & qu'on arrofe avec de l'eau chaude où on en a fait infufer. En France, on arrofe des couches chaudes avec de l'eau où on a mis infufer de leurs épluchures, & on en obtient ainfi: ces couches durent de deux à trois ans. Une autre méthode eft d'avoir des morceaux de peuplier trempés dans de l'eau chaude mêlée de levain; on s'en procure de la forte au bout de peu de jours. (*Acetaria*, p. 157-8.)

C'eft d'une autre façon que fir Alexandre Dick parle de la naiffance & de la falubrité des champignons: " Je m'attends, dit-il, après les premiers éclairs, à un déluge de champignons fur mes terres & mes pâturages. Cet admirable végétal naît dans une nuit, de la puiffance de l'éclair qui pénètre la furface fèche & chaude des pâturages, qui n'attendent plus enfuite qu'une petite pluie pour me donner tous les matins un plat de véritable ambroifie. Rien ne me va mieux que ce mets avant le thé, & cuits avec un peu de beurre, de fel & de poivre. Ils donnent du ton aux nerfs, pris immédiatement à jeun avant le thé, & préviennent le tremblement & les palpitations que quelques perfonnes font difpofées à attribuer à cette excellente boiffon. " (Henning.)

en dedans, pied, tige & tout. Dans tout ce vide font quelquefois des insectes dangereux. Crues, le goût n'en est pas désagréable & a quelque chose de délicat. Je pense que ce champignon est du genre de ceux qui croissent sur les arbres. On le ramasse principalement dans les bois, au pied des chênes. Il y en a d'aussi gros que des œufs de dinde : & on le trouve en grande quantité dans les bois de la Champagne, aux environs de Rheims & de Notre-Dame-de-Liesse. On l'enfile en chapelets pour le faire sécher, &, pour moi, il me semble bien supérieur aux autres champignons.

En France, où on l'estime beaucoup, on dit qu'il ne fait jamais de mal, tandis que beaucoup de champignons ne valent rien. Au commencement, je craignois d'en manger; mais petit à petit, & comme il y en avoit dans presque tous les ragoûts, je m'y habituai & les trouvai très-innocens. Je suis convaincu que le mal qu'ils peuvent faire vient des insectes nuisibles & de la vermine qui se nourrissent sur eux & les pénètrent : souvent je les ai trouvés remplis de ces animaux (1). Peut-être les

---

(1) M. Goedart a fait les expériences suivantes, pour découvrir à quels insectes la putréfaction du champignon donneroit naissance. Il en plaça un bien à fruit dans un vase de verre, qu'il mit en terre dans un endroit fort exposé au soleil. C'étoit le 30 août. Le lendemain, le champignon étoit plein de vers noirs. Le 11 septembre, tout le champignon, sauf la peau & la racine, s'étoit converti en eau noire comme de l'encre, dans laquelle il y avoit soixante-trois vers vivans. Sept jours après, ces vers s'étoient métamorphosés en mouches à corps noirs & à têtes rouges. Elles mangeoient des choses sucrées, & vécurent plusieurs mois. Après cette métamorphose, il exposa au soleil l'eau d'où les vers étoient sortis. Elle parut bientôt pleine de petits insectes, qui, au microscope, sembloient de petits serpens. Il en garda pendant deux ans quelques-uns, qui grandirent considérablement. Le plus gros avoit seize lignes de long & une de large : il étoit vif & tacheté de noir. Outre ces mouches & ces serpens, il en sortit encore d'autres substances analogues, chez qui la vie se manifesta successivement. D'abord ce n'étoit qu'un

champignons de jardin, croissant en hiver & au printemps, sont-ils à l'abri de cet inconvénient (car alors il n'y a guère d'insectes) plutôt que ceux qu'on recueille au mois d'août.

Paris est bien approvisionné de carpes, dont on consomme en carême une quantité prodigieuse : elles ne sont pas grosses, & n'en valent que mieux, à ce que je crois (1). Elles ont bon goût & ne sentent pas la vase.

On a une manière d'apporter les huîtres fraîches à Paris dont nous n'usons jamais, que je sache. C'est de les tirer de l'écaille, d'en jeter l'eau & de les mettre dans des paniers de paille : elles arrivent ainsi bonnes à être mises en étuvée & à être employées à d'autres ragoûts (2).

Tout le temps du carême, les marchés sont remplis d'une telle quantité de macreuses, espèce de canard de mer, que je m'étonne d'où tout cela peut sortir. Comme il est permis d'en manger à l'égal du poisson, on tâche d'en prendre tant qu'on peut. Elles ont un assez mauvais goût de vieux poisson, mais, faute d'autre viande, on est disposé à les trouver bonnes. Je me rappelle qu'au repas que le Roi nous fit donner à Versailles il y avoit, car c'étoit en carême, un pâté de macreuses de plus de

---

insecte informe, puis cela devint une araignée à longues pattes, qui mit trois ans pour atteindre son entier développement. (Henning.)

(J. Goedart, *Hist. des Insectes*, 3 vol. in-12, la Haye, 1701.)

(1) Le docteur n'en avoit pas mangé de grosses. (E. de S.)

(2) Cette particularité, que je ne trouve mentionnée que dans Lister, explique la dénomination d'*huître à l'écaille* qui se trouve fréquemment employée dans les ouvrages du temps de Louis XIV (Mme d'Aulnoy, la princesse printanière, &c.) : « On conçoit que les huîtres avec l'*écaille* étoient très-supérieures à celles apportées écaillées sur la paille ; on ne manquoit donc pas de spécifier cette qualité. » (B. J. P.)

deux pieds de diamètre : il étoit fort épicé & arrosé de fameux vin de Bourgogne : il savoit bien trouver son chemin. Pour établir que les oiseaux, quoiqu'ils aient le sang chaud, participent quelque peu de la nature du poisson, il y a dans Leewenhoeke un argument qui vaut mieux que ce que n'importe quel Père du concile de Trente auroit pu trouver, c'est que les globules du sang des oiseaux sont ovales comme chez les poissons. Ceci, à la vérité, est applicable à tout ce qu'il y a d'oiseaux, mais peut-être aussi qu'avec le temps ces messieurs jugeront à propos de leur communiquer à tous le même privilége.

Le mouton & le bœuf sont bons, & valent à peu près les nôtres, sans les surpasser toutefois. Quant au veau, il n'en faut pas parler : il est rouge & grossier; & je ne pense pas qu'il y ait de pays en Europe où l'on sache les élever comme en Angleterre. C'étoit autrefois particulier au comté d'Essex, mais on en sait maintenant partout la méthode. Il ne s'agit que de les saigner souvent & de leur donner beaucoup de farine & de lait, sans compter celui de la mère. Ces saignées répétées épuisent la portion rouge du sang, qui se convertit tout entier en sérum blanc ou en chyle. D'embecquer par force les volailles produit sur leur sang un effet analogue : & c'est par un pareil système qu'on obtient chez les oies de ces foies si grands, si blancs & si délicieux.

Je ne puis m'empêcher de noter ici un préjugé qu'on a en France contre notre viande. On dit qu'il s'en faut d'un tiers qu'elle ne fasse d'aussi bon bouillon que celle de Paris. Si l'on veut dire qu'il n'est ni si salé, ni si savoureux, ni d'un goût aussi fort, j'en conviens; & pour tout cela cette viande n'en vaut pas mieux. Elle est plus maigre, plus sèche &, ce qui fait tout en pareille matière, on ne l'emploie que lorsqu'elle est avancée, ce qui lui donne un goût plus piquant & plus salé, car à mesure que la viande se décompose elle devient plus salée & plus ammoniacale. Nous autres, nous voulons la viande la plus fraîche possible, & nous ne pouvons souffrir la moindre tendance à la décomposition. Nous avons de bonnes raisons pour en user ainsi dans notre air, deux fois aussi humide que celui de France, qui donne souvent à la viande trop gardée un goût intolérable; tandis que celui de France, beaucoup plus sec, non-seulement la laisse s'attendrir, mais en améliore la saveur. Si nous pouvions nous préserver de l'humidité & de ses fâcheuses conséquences, notre viande, qui a bien plus de jus, seroit fort supérieure à celle de Paris.

Je ne me souviens pas d'en avoir mangé de plus de deux sortes que nous n'ayons pas aussi bonnes ou meilleures en Angleterre; c'est du sanglier & de la perdrix rouge. De ces perdrix, j'en mangeai à Saint-Cloud, & elles venoient des environs. Elles sont bien moins grosses que celles de Languedoc, mais sont beaucoup meilleures que les perdrix grises.

Pour les fruits, notre voyage eut lieu dans le plus mauvais temps de l'année, de décembre au mois d'août; nous n'eûmes donc que des fruits d'hiver. Nous mangeâmes quelques bons-chrétiens qui ne valoient guère mieux que les nôtres, mais qui étoient moins pierreux. Les poires de virgouleuse étoient admirables, mais, à notre grande douleur, elles finirent bientôt après notre arrivée.

La pomme de Kent, comme nous l'appelons, est excellente à Paris; mais ce sont deux autres espèces qui encombrent les marchés. Le calville d'hiver ou la reinette qui, quoique tendre & douce, se conserve jusqu'après Pâques. Puis, la pomme d'api, que l'on sert plutôt pour l'ornement que pour l'ufage. C'eft une petite pomme aplatie, très-jolie, fort rouge d'un côté & pâle ou blanche de l'autre, & qui pourroit fervir de modèle aux dames pour fe peindre à leur toilette. Cependant cette petite pomme n'eft pas à dédaigner quand on l'a après la Pentecôte; & une de fes qualités, c'eft de ne jamais fentir mauvais, quand même vous la porteriez fur vous, comme les dames le font quelquefois (1).

En entremets, je n'ai rien remarqué de particulier, fauf une marmelade de fleurs d'oranger qui étoit admirable. Cela fe fait avec ces fleurs, du jus de citron & du fucre fin.

---

(1) Cet ufage de porter des pommes fur foi pour répandre une bonne odeur, remonte affez loin dans le moyen âge. Nos plus vieux fabliaux y font fouvent allufion. (C. de R.)

CHAPITRE VII.

VINS ET LIQUEURS.

Les vins de Paris font de fort petits vins, quoique bons dans leur genre; ceux de Surefnes font excellens pendant quelques années : mais dans toutes les tavernes on les travaille pour les faire paffer pour du vin de Champagne ou de Bourgogne.

L'impôt fur les vins eft tel aujourd'hui que le quart, que l'on avoit au détail avant la guerre à 5 den. fterling (1), en coûte à préfent 15 (2) & plus, ce qui a élevé le prix de toutes les denrées, les journées des ouvriers, & décidé des milliers de familles, qui ne le faifoient pas auparavant, à avoir dans leurs caves leur provifion de vin, qu'elles fe procurent au meilleur marché poffible.

Les vins de Bourgogne & de Champagne font ceux qu'on eftime le plus, & ce n'eft pas fans raifon. Ils font légers, ne pèfent pas fur l'eftomac & ne portent point à la tête, qu'on en tire au tonneau ou qu'on les ait en bouteilles à bouchon volant.

Le plus eftimé eft le vin de Beaune en Bourgogne; c'eft

---

(1) Environ cinquante-deux centimes.
(2) Un franc cinquante-cinq centimes.

un vin rouge, doux & piquant, qui m'a femblé le meilleur que j'aie rencontré.

Le vin de Volnay (1) eft un vin de Champagne pâle, mais très-vif. On dit qu'il croît fur les limites de la Bourgogne & participe des qualités des deux contrées.

Il y a une autre forte de vin qu'on appelle vin de Rheims : c'eft auffi un vin pâle ou gris, & qui eft roide comme tous les vins de Champagne.

Les vins blancs de valeur font ceux de Mâcon, en Bourgogne.

Le vin de Meurfault, en Champagne, eft un petit vin blanc qui n'eft pas défagréable (2).

Celui de Chablis eft un vin blanc vif & piquant, fuffifamment eftimé.

Dans le mois de mars, je goûtai des vins blancs de Condrieu & d'Arbois : ils étoient, fur la lie, épais & blancs comme nos vins quand ils arrivent des Canaries. Ils étoient très-doux & n'étoient pas dépourvus de bouquet. A l'été ils s'éclairciffent & perdent beaucoup, tant de ce bouquet que de leur douceur. Ces vins, quand ils ne font point encore faits, font portés fur les notes imprimées des marchands comme vins de liqueurs.

Il y a une préparation ou plutôt une manière d'arrêter la fermentation du vin blanc en Bourgogne & ailleurs, pour avoir ce qu'on appelle du vin bourru. Cela lui donne de la douceur, mais il eft fort laid à voir : on les claffe également dans les vins de liqueurs. On n'en boit

---

(1) Courtepée écrit : *Vollenai*. L'*État*, imprimé par ordre des États de Bourgogne, écrit : *Volnay*. Difons, quoique ce foit affez inutile, que Volnay n'eft ni en Champagne, ni même voifin de cette province. (E. de S.)

(2) Même obfervation que plus haut; fans parler de celles qu'on pourroit faire fur le goût du docteur. Meurfault eft en Bourgogne & fon vin eft excellent. (B. J. P.)

guère qu'un petit verre le matin en guiſe d'eau-de-vie (1).

Le vin de Touraine, & celui d'Anjou, de deux ans, ſont des meilleurs vins que j'aie bus à Paris.

Le Gannetin, du Dauphiné, eſt un vin blanc, très-clair, très-mince, dans le genre du *Verde* de Florence. Il eſt doux & d'un goût très-agréable, ſurtout tant qu'il eſt à l'état de vin de liqueur.

Les vins rouges de Bourgogne, de quatre feuilles, comme on dit, ou de quatre ans, ſont rares, mais on les regarde comme beaucoup plus ſains, & en certains cas on les permet aux malades. Ils ſont fins, ont un goût franc, quoique rude, mais point piquant, comme je m'y attendois. Ce terme de quatre feuilles s'applique auſſi au vin de Volnay, ou à tout autre vin qui aura déjà quelques années.

Il y a auſſi des vins plus forts que l'on eſtime à Paris: par exemple le Canteperdrix (2) & la Côte-Rôtie, deux vins rouges du Dauphiné, de fort bon goût & chauds à l'eſtomac; & encore celui de l'Ermitage, ſur le Rhône.

Mais les meilleurs de tous, pour la force & le bouquet, ſont les vins rouges & blancs de Saint-Laurent, un

---

(1) Les choſes ont bien changé depuis le docteur, ou tout cela n'a guère de ſens. Que cette remarque ſerve pour ce qu'on va lire auſſi bien que pour ce qui précède. (S.)

(2) J'ai pluſieurs lettres de la ducheſſe de Mazarin (Hortenſe Mancini) demandant de ce vin à l'abbé d'Hautefeuille. J'avois inutilement cherché l'origine du vin de Canteperdrix, M. le Comte Clément de Ris m'a appris que c'étoit un terroir de la commune de Montalzat (Tarn-&-Garonne). J'ai appris du reſpectable curé de cette paroiſſe qu'on avoit à peine conſervé dans le pays la mémoire de ce vin autrefois célèbre. Il étoit, je crois, blanc non rouge. Au reſte, tout ce paſſage de Liſter eſt fort erroné. Voyez ſur les vins à la mode à cette époque, *l'Art de bien traiter*. Paris, 1674, in-12, p. 29. Nous avons reproduit le paſſage p. 89 du *Mémoire ſur le vin de Champagne*, 1865, in-8º. (B. J. P.)

village entre Toulon & Nice en Provence. C'est un muscat délicieux; c'est là ce que les Romains appeloient *vinum passum*, qui se faisoit avec du raisin à moitié séché au soleil. Les raisins, surtout le muscat blanc, étant plus tôt mûrs que le plant ordinaire du pays, qu'on nomme Espéran (c'est-à-dire à la fin d'août, comme je l'ai vu à Vic, Mirabel & Frontignan, trois villes sur le bord de la mer, en Languedoc, où se font ces vins), on tord la queue des grappes pour qu'elles ne tirent plus de nourriture de la vigne : on les laisse pendre ainsi sous un soleil brûlant, & au bout de peu de jours ce sont presque des raisins secs. Cette insolation du raisin donne au vin qu'on en tire bien plus de corps, de goût, de force & de sucré : & je trouve que le vin rouge de Saint-Laurent est le vin le plus parfait que j'aie goûté de ma vie.

On trouve encore à Paris les vins blancs d'Orléans, le clairet de Bordeaux & ces excellens vins de Cahors : le Cabreton, rouge & blanc, des environs de Bayonne, qui sont des vins aussi forts que bons; & toute sorte de vins d'Espagne, Canaries, Palma, Malaga de montagne, rouge & blanc, Xérès : &, s'il faut le dire, depuis quelque temps les François ont pris beaucoup de goût pour ces vins forts. Il n'y a pas de repas où, en outre des vins, on ne boive au dessert de toutes sortes de liqueurs fortes, particulièrement du ratafia (1), espèce de kirsch fait avec des noyaux de pêches & d'abricots, très-fort & d'un goût très-agréable.

---

(1) Le ratafia resta fort à la mode pendant tout le dix-huitième siècle. Il y a une cantatille dont le refrain est :

<blockquote>
Belles défiez-vous toujours
Du ratafia de fleurs d'orange,
Et de la douceur des amours.
(B. J. P.)
</blockquote>

La qualité âcre & piquante de ces noyaux, & d'autres semblables, n'étoit pas inconnue aux anciens non plus que leur action mortelle sur certains animaux. Dioscoride nous dit qu'une pâte faite d'amandes amères donne des convulsions aux poules & les tue tout net. Les oiseaux n'ont pas grand cervelle, & n'en sont que plus vite affectés par ce venin subtil. Il seroit fort possible que sur des constitutions délicates, des cerveaux foibles, le ratafia agît dans le même sens & fût une des causes de tant de morts subites que nous voyons arriver depuis quelque temps.

Le Vaté est une liqueur forte & parfumée, de Provence, que l'on fait, dit-on, en distillant du vin muscat avec du zeste de citron & des fleurs d'oranger.

On estime beaucoup la fenouillette de l'île de Ré : elle ressemble à notre anisette, & cela doit être identiquement la même chose.

On a coutume à la fin du dessert de tous les grands repas d'apporter de ces liqueurs & de bien d'autres encore, & des vins également forts, tant de France que d'Italie & d'Espagne, & on en boit hardiment. Cette habitude est toute nouvelle, au moins je ne me rappelle rien de semblable lors de mes premiers voyages en France. C'est aux guerres si longues qu'on le doit. Les seigneurs & les gentilshommes qui souffroient beaucoup dans ces interminables campagnes, avoient recours à ces liqueurs pour soutenir les fatigues du temps & des veilles, & rentrés à Paris les introduisirent sur leurs tables. Ce dont je suis sûr, c'est que l'air & la constitution des Parisiens, hommes & femmes, sont étrangement modifiés. De minces & maigres, ils sont devenus gras & corpulens, les femmes surtout, & on ne doit, à mon avis, l'attribuer à rien autant qu'à l'usage habituel des liqueurs fortes.

Ajoutez à ces boiffons l'emploi journalier du café, du thé, du chocolat, qui font auffi répandus dans les maifons particulières de Paris qu'à Londres : toutes ces liqueurs fucrées engraiffent beaucoup.

Il ne faut pas oublier, parmi les boiffons dont on ufe à Paris, le cidre de Normandie. Le meilleur que j'aie bu étoit de couleur de clairet, rougeâtre ou brun ; la pomme dont on le tire s'appelle Fréquin, eft ronde & jaune, mais fi amère qu'elle n'eft pas mangeable : & cependant le cidre qui en venoit étoit auffi doux que le vin pris fous le preffoir. Il fe garde plufieurs années, & en vieilliffant gagne en goût & en couleur. J'en ai bu fouvent chez un gentilhomme de Normandie du cru duquel il provenoit ; autrement, & fi je n'avois pas été affuré du contraire, je n'aurois pu m'empêcher de croire qu'on y avoit mêlé du fucre.

Il y a auffi un grand nombre de cafés publics (1) où l'on peut fe procurer également du thé, du chocolat & toutes les liqueurs & les vins dont je viens de parler : & un nombre infini de cabarets. Je m'étonne d'un pareil changement dans les mœurs d'une nation autrefois fi fobre ; mais le luxe eft comme un tourbillon qui attire à foi toutes les extravagances des autres peuples.

C'eft la néceffité & le manque de vin (du fait de la na-

---

(1) Voici ce que dit Conftant d'Orville, dans les *Mélanges tirés d'une grande bibliothèque* : « En 1672, quelques Arméniens établirent un café public à la foire Saint-Germain.... Quelque temps après, deux garçons de ces Arméniens, Grégoire & Procope, paffèrent dans la rue des Foffés-Saint-Germain, vis-à-vis de la Comédie-Françoife. Cinquante ans après on voyoit les boutiques des enfans de ceux-ci très-fréquentées. » Le café Procope exifte encore à la même place où il étoit en 1700, rue de l'Ancienne-Comédie, autrefois rue des Foffés-Saint-Germain. (C. de R.) — Il y a dans la *Maifon réglée* (1692) des détails très-curieux fur l'établiffement des cafés. (B. J. P.)

ture, comme dans une grande partie de la Perse & des Indes, ou de la religion, comme en Turquie) qui ont suggéré aux hommes ces inventions de thé & de café. Le chocolat, il est vrai, a été imaginé par de pauvres Indiens affamés, comme l'ale le fut par nous. Quelle autre raison qu'un luxe déréglé a pu porter ces peuples riches en vins excellens, la plus saine & la plus généreuse des boissons, à recourir aux misérables expédiens de la pauvreté?

On conte, il est vrai, de bien belles choses de ces préparations, selon le goût & l'imagination de ceux qui les boivent. Je croirois plutôt que la providence divine les a permises pour diminuer ainsi le nombre des hommes en abrégeant leur vie, comme par une espèce de peste secrète. Les avocats du chocolat vous disent qu'il leur donne de l'appétit s'ils en prennent deux heures avant dîner. Fort bien! Qui en doute? Vous dites que vous avez beaucoup plus faim après votre chocolat que si vous n'aviez rien pris; c'est-à-dire que votre estomac est foible, a besoin, se fait creux & vide, & vous ne pouvez pas attendre votre dîner. Je soupçonne que des choses qui passent si vite dans l'estomac y sont mal venues, & que la nature a hâte de s'en débarrasser. Bien des choses de ce genre nous en imposent en nous donnant une fausse faim. Les pauvres Indiens, quelques personnes parmi nous, le digéreront sans doute; mais nos corps délicats n'en sauroient rien faire. Pour les constitutions foibles, c'est une véritable médecine, au moins pour l'estomac dont elle chasse les alimens dans les intestins; mais cette opération vous use & hâte votre décadence.

Ce qu'il y a de remarquable, c'est l'avidité dont en font les Espagnols : ils en prennent, dit Gage, au moins cinq fois par jour. Les femmes en boivent jufqu'à l'églife, & c'eft un défordre auquel on ne fauroit plus remédier.

Les anciens Romains s'y prenoient mieux : c'étoit après leur repas trop copieux qu'ils s'adminiftroient leur thé & leur chocolat, & chacun en étoit pour foi-même le préparateur. Céfar, réfolu de prendre avec Cicéron un air aifé & de bien fouper avec lui, c'eft-à-dire de le faire avec excès, prit au préalable un émétique, écrit celui-ci à fon ami Atticus. C'étoit fon chocolat & fon thé, c'eft-à-dire quelque drogue pour fe débarraffer, fommairement & de façon ou d'autre, de ce qu'il avoit bu ou mangé.

L'eau que l'on boit à Paris eft de deux provenances : celle de la Seine qui traverfe la ville, & celle qu'y amène l'aqueduc d'Arcueil, qui, pour le dire en paffant, eft l'une des conftructions les plus magnifiques qu'il y ait à Paris ou dans fon voifinage, & des plus dignes d'être vifitées. C'eft de quinze milles de diftance que l'eau arrive par ce noble canal de pierre de taille.

L'eau de Seine eft pernicieufe pour quiconque vient de quelque diftance : elle caufe des relâchemens & quelquefois la dyfenterie; mais elle ne produit pas cet effet fur les Parifiens. Je fuis porté à croire que le grand nombre d'étangs qui s'y déchargent pour alimenter les éclufes du canal de Briare en font en partie la caufe. Les gens qui fe foignent la filtrent dans du fable, d'où elle fort claire, fraîche & fort bonne à boire.

L'eau qui fort du Château-d'Eau n'a pas cet inconvénient; mais elle eft fort fujette à donner la pierre, maladie très-commune chez les habitans de cette ville. Un jour que je revenois de vifiter l'aqueduc d'Arcueil, fur la route qui en longe les murs, je vis une quantité de tuyaux de terre qui avoient fervi à conduire l'eau dans quelque maifon, & qu'on avoit jetés là pour caffer fur le chemin : je remarquai que leur diamètre en creux, de quatre pouces, étoit réduit à moins d'un pouce ; tout le refte étoit rempli d'un dépôt pétrifié, & il avoit fallu brifer ces tubes qui ne pouvoient plus fervir. Or, ce qui fe pétrifie ainfi dans ces tuyaux peut fort bien, chez des gens de conftitution maladive, fe pétrifier de même dans les reins & la veffie.

Nous verrons dans le chapitre fuivant les divertiffemens des Parifiens. C'eft principalement le théâtre, le jeu & la promenade à pied ou en voiture.

CHAPITRE VIII.

DIVERTISSEMENS DES PARISIENS, COMÉDIES,
SERMONS, PROMENADES.

Il y a deux théâtres pour les spectacles dramatiques : l'un pour les opéras & l'autre pour les comédies.

Je n'ai pas vu beaucoup d'opéras : ma connoiffance du françois n'allant pas jufqu'à le bien comprendre quand on le chante. Je fuis cependant allé plufieurs fois à *l'Europe Galante*, qu'on regarde comme l'un des meilleurs. Il eft fort beau; la mufique & le chant admirables, le théâtre grand, magnifique & bien garni d'acteurs, les décors bien appropriés au fujet & les changemens à vue auffi prompts que la penfée : les danfes accomplies, car elles font exécutées par les meilleurs maîtres de cet art; les coftumes enfin, riches, convenables & d'une grande variété.

Il eft étonnant de voir comme ces opéras font fuivis. Nombre de feigneurs y affiftent tous les jours, & il y en a qui y chantent d'un bout à l'autre. Je dirai même que c'étoit une chofe fort ennuyeufe pour nous autres étrangers que ces chants d'amateurs qui nous troubloient dans notre loge : & l'on peut dire qu'ici les fpectateurs fe chargent d'un rôle dans la pièce tout auſſi bien que les acteurs qui l'exécutent ſur la ſcène (1).

Les comédies ſe repréſentent ſur un autre théâtre, dans un autre quartier de la ville : l'Opéra eſt dans la maiſon même de Monſieur, & fait partie du Palais-Royal (2). La diſpoſition de ce ſecond théâtre eſt à peu près la même; il eſt un peu plus petit cependant. On y loue des places juſque ſur la ſcène, & les étrangers s'y placent fort commodément pour voir & pour entendre.

J'ai entendu beaucoup de tragédies, mais ſans y prendre de goût, faute de ſavoir aſſez la langue (3). Quant aux petites pièces qui ſuivoient, elles me divertiſſoient fort, particulièrement les pièces de Molière, *les Vendanges de Sureſne* (4), *Pourceaugnac, Criſpin médecin, le Médecin malgré lui, le Malade imaginaire, &c.*

Un premier point ſur lequel tout le monde eſt d'accord, c'eſt que, quoique les pièces de Molière aient peu

---

(1) Prior étoit un jour à l'Opéra, & dans ſa loge un monſieur chantoit de ſi bon cœur que l'on n'entendoit plus l'acteur. Prior ſe mit à ſiffler. L'amateur, ſuppoſant que le chanteur ſur la ſcène étoit l'objet de ſa déſapprobation, lui fit obſerver que c'étoit pourtant là le meilleur chanteur de l'Opéra. « Je le ſais, répondit le poëte & négociateur anglois, mais il fait tant de bruit, que je ne ſaurois vous entendre. » (Henning.)

(2) L'Opéra reſta dans les bâtimens du Palais-Royal juſqu'au 6 avril 1763, date de l'incendie à la ſuite duquel il fut tranſporté dans la ſalle des machines aux Tuileries. (C. de R.)

(3) A partir de 1680, les comédiens de la rue Guénégaud, réunis aux comédiens de l'hôtel de Bourgogne, s'inſtallèrent dans le jeu de Paume de l'Étoile, rue des Foſſés-Saint-Germain-des-Prés, & prirent le titre de *Comédiens ordinaires du Roi.* Ils y reſtèrent juſqu'à Pâques 1770. Sous la Reſtauration, la ſalle des machines de ce théâtre ſervoit d'atelier au peintre Gros. Plus tard, elle fut occupée par le peintre Court. (C. de R.)

(4) Il eſt ſuperflu de dire que *les Vendanges de Sureſnes* ne ſont pas de Molière, mais de Florent Carton-Dancourt, mort en 1726. Diſons également que Dancourt étoit le père de la fameuſe Mme de la Popelinière, ſi connue au ſiècle dernier par l'aventure de la plaque de cheminée. (C. de R.)

d'intrigue, ſes caractères ſont incomparables, ſi vrais & ſi juſtes qu'on ne ſauroit aller au delà. C'eſt pour cela que tant de ſes pièces ne ſont qu'en un, deux ou trois actes, car ſans une intrigue bien ſoutenue, ſes caractères, qui étoient ſon triomphe, n'auroient pu le porter plus loin. Maintenant, c'eſt une habitude établie ſur le théâtre françois de donner toujours une de ces petites pièces après la tragédie, en ſorte que tous les goûts trouvent à s'y ſatisfaire.

Molière, dit-on, mourut ſubitement en jouant le *Malade imaginaire* : c'eſt un exemple du ſuccès avec lequel il ſavoit s'approprier le rôle du perſonnage qu'il jouoit & entrer dans toutes les paſſions qu'il vouloit repréſenter (1); c'en eſt un auſſi des ravages que peuvent exercer ſur des conſtitutions débilitées, des paſſions énergiques & violentes, telles que la joie & la crainte qui, l'hiſtoire nous l'apprend, ont tué ſoudain mainte perſonne. On rapporte qu'en quittant la ſcène Molière dit : « Meſſieurs, j'ai joué le malade imaginaire; mais je ſuis véritablement fort malade, » & qu'il mourut dans les deux heures. Ce récit ne ſe trouve point dans ſa vie par Perrault, mais n'en eſt pas moins vrai, & cet écrivain n'a pas laiſſé de le blâmer de ſon inſiſtance puérile dans diverſes pièces à attaquer l'art de la médecine, & non les hommes qui le pratiquoient.

Molière fit un jour appeler le docteur M...., médecin de grande ſcience & de grand renom, aujourd'hui ré-

---

(1) Liſter ſemble croire ici que la mort de Molière vint de ce qu'il étoit trop bien entré dans l'eſprit de ſon rôle : c'eſt là une imagination en l'air. L'on ſait qu'il étoit d'avance malade, au point qu'amis & médecins vouloient qu'il renonçât à la ſcène ; & la fatigue qu'il y prit le jour fatal ne hâta, ſans doute que de très-peu de temps, le moment de ſa mort. (Henning.)

fugié à Londres. Celui-ci répondit qu'il iroit le voir à deux conditions: la première, que Molière se borneroit, sans autre discours, à répondre aux questions qu'il lui feroit; la seconde, qu'il s'engageroit à prendre les remèdes qu'il lui prescriroit. Molière, voyant que le docteur n'avoit pas envie de se laisser prendre pour dupe, refusa d'y acquiescer. Son envie, ce semble, étoit de se procurer les élémens d'une scène burlesque où il auroit joué les plus savans hommes de cette profession aussi bien que les charlatans. Si c'est vrai, comme il y a grande apparence, il avoit autant de malignité que d'esprit; or, on ne devroit employer l'esprit qu'à corriger la sottise des gens qui ont des prétentions mal fondées à la science, & non pas à tourner en ridicule la science elle-même.

Ce que je dois dire, c'est que l'obscénité & l'immoralité sont bannies de la scène françoise autant que de la conversation des honnêtes gens (1).

Une après-midi de carême, j'allai à la Charité ouïr un sermon prêché par un abbé, homme encore fort jeune. Son texte étoit pris de la descente de l'ange dans la pis-

---

(1) Cet éloge du théâtre françois implique un juste blâme de celui d'Angleterre, que salissoient à cette époque l'impiété & l'immoralité. Tous les grands auteurs dramatiques, sauf Roscommon, étoient alors d'une obscénité révoltante. A la fin, dit Johnson, Collier, un terrible & implacable ecclésiastique insermenté (*non juror*, c'est-à-dire ayant refusé le serment d'allégeance au successeur illégitime de Jacques II), s'arma pour le combat, & assaillit tout d'un coup la plupart de ces écrivains dans sa « Vue sommaire de l'immoralité & de l'impiété du théâtre anglois. » L'attaque fut violente. Des passages qui, isolés, avoient passé à peu près inaperçus, rapprochés & réunis firent horreur. Les gens sages & pieux prirent l'alarme, & la nation s'étonna d'avoir si longtemps souffert qu'on enseignât ouvertement, aux frais du public, l'irréligion & la licence. La querelle dura dix ans; mais à la fin la comédie devint plus modeste; & Collier vécut assez pour voir dans la réforme du théâtre la récompense de ses travaux. (Henning.)

cine pour en troubler les eaux. Je ne sais pas assez de françois pour avoir compris tout ce qu'il disoit; mais je remarquai maint bon argument sur la nécessité de la grâce & les moyens de l'obtenir. Je fus étrangement surpris de la véhémence de son action, qui me sembla comique & telle que celle des acteurs que j'avois vus sur la scène peu de jours auparavant. En outre, ses expressions me paroissoient trop familières; j'ai toujours cru qu'un sermon adressé aux fidèles exigeoit, non pas la simplicité de notre langage habituel, mais une éloquence grave & ornée, accompagnée d'une certaine dignité d'action. Peut-être la manière que je blâme convient-elle mieux aux mœurs & aux usages de ces gens-ci, qui sont tout mouvement, même pour dire les choses les plus simples & les plus intelligibles.

Le jeu est ici un divertissement perpétuel, si ce n'est même une des débauches de la ville : mais les jeux de pur hasard sont strictement défendus, sous peine d'amendes sévères imposées au maître de la maison, que ce soit un lieu public ou non. Ce règlement a été porté en vue des officiers de l'armée, qui durant l'hiver ne craignoient pas de jouer & de perdre l'argent destiné à faire leurs recrues & à renouveler leurs équipages pour leur entrée en campagne. Et, en effet, ces jeux rapides, tels que la bassette, &c., où le hasard est tout, sont de grandes tentations de ruine par les passions soudaines qu'ils soulèvent chez les joueurs. D'autres jeux, au contraire, où le savoir, l'adresse, la réflexion se combinent avec le sort, donnent à un homme le temps de se refroidir & de reprendre ses esprits, si quelque grande perte les avoit troublés, car il faut qu'il revienne à lui promptement, sous peine de perdre sa réputation de talent au jeu, aussi bien que son argent.

CHAPITRE VIII.

Nous nous sommes trouvés à Paris au temps de la foire Saint-Germain : elle dure au moins six semaines. Le lieu où on la tient annonce bien son antiquité, car c'est un vrai trou au milieu du faubourg, & il appartient à la grande abbaye de ce nom (1). Vous y descendez de tous côtés, &, en certains endroits, il y a jusqu'à douze marches, en sorte que le sol est de six ou huit pieds plus bas que celui de la ville. Le bâtiment est une vraie grange ou un hangar de bois couvert en tuiles. Ce sont de longues allées qui se croisent, sans autre pavé que la terre, qui est aussi inégale que possible : on auroit peine à y marcher, si on n'étoit porté par la foule. Mais tout y parle de son ancienneté, de la grossièreté des premiers temps de Paris, & n'en fait que mieux ressortir la politesse présente.

Cette foire consiste en boutiques de jouets & d'autres menues denrées : de la fayence, des tableaux, des ouvrages de menuiserie, des produits des manufactures de toile & de laine. Une partie des grandes boutiques de rubans quittent pour ce moment le Palais pour venir s'y établir. Il n'y a point de livres, mais beaucoup de boutiques de confiseurs où les dames se font bien traiter.

Le moment d'y venir, c'est le soir après la comédie & l'Opéra, & le grand divertissement est de tirer à la loterie tout ce qui est en vente, car il n'y a pas de boutique où il n'y en ait deux ou trois. Monsieur, M. le Dauphin & les autres princes du sang viennent toujours à cette foire, au moins une fois, pour lui faire honneur.

Il y a aussi des cafés où l'on vend toute sorte de liqueurs.

---

(1) Cette foire étoit située sur la plus grande partie de l'emplacement actuel du marché Saint-Germain. Établie par lettres patentes de mars 1482, elle fut supprimée en 1736. La première pierre du marché Saint-Germain fut posée le 15 août 1813. (C. de R.)

L'ivrognerie eſt auſſi floriſſante ici que chez nous : les filous & les coupeurs de bourſe y ſont d'une grande dextérité. Un filou vint un ſoir à la foire parfaitement bien mis & ſuivi de quatre grands laquais en belles livrées. On le prit la main dans le ſac, & il y eut plus d'épées tirées pour ſa défenſe que contre lui. On ne laiſſa pas de l'arrêter & de le remettre entre les mains de la juſtice, qui va vite & ne plaiſante pas.

J'admirai l'impudence d'un montreur de curioſités qui avoit expoſé à la porte de ſa baraque les figures de quelques bêtes de l'Inde avec de terribles noms; mais de quatre qu'il annonçoit, je n'en trouvai que deux, & des plus ordinaires, un léopard & un racon. Je demandai à ce drôle pourquoi il trompoit les gens, & s'il ne voyoit pas venir au bout de cela quelque volée de coups de bâton : il me répondit bravement que c'étoit la faute de ſon peintre; qu'il avoit donné ſon racon à peindre à deux maîtres différens, mais que tous les deux l'avoient manqué; qu'au ſurplus, ſi cela ne reſſembloit pas, ces deux figures ne laiſſoient pas d'orner la baraque & de lui attirer pratique.

Il y avoit là un éléphant femelle de huit à neuf pieds de haut, bien maigre & mal tenu. Rien ne peut être plus docile que cette pauvre créature. Je remarquai qu'il fléchiſſoit fort habilement les genoux en faiſant ſes révérences à la compagnie. Les ongles des doigts de ſes pieds de devant étoient larges & de près de cinq pouces de long. Cet éléphant devoit venir du continent, car il avoit les oreilles entières. J'en vis un à Londres il y a treize ans, beaucoup plus petit, qui étoit d'une autre eſpèce & venoit de Ceylan : il avoit les oreilles rognées, & à ſa queue deux rangs de crins noirs, longs & roides.

Les viſites en carroſſe ſont la grande affaire & l'occupation quotidienne des perfonnes de qualité; mais le foir le Cours-la-Reine eft très-fréquenté, & eft le rendez-vous des gens à la mode (1). C'eft en effet un lieu fort agréable & difpofé commodément : ce font trois allées de grands arbres, fort longues, fur le bord de la Seine, fermées aux deux bouts par de belles portes avec un très-grand efpace circulaire, au milieu, pour y tourner. La principale allée tient au moins quatre voitures de front, & chacune des contre-allées en tient deux : à quatre-vingts carroffes par file, vous avez un enfemble de fix ou fept cents. Les terrains qui touchent aux allées deftinées aux voitures font de plufieurs arpens de gazon plantés en quinconce d'arbres d'une belle venue, & deftinés à s'y promener fur l'herbe, fi l'on veut defcendre de voiture. Ceci doit être fort agréable dans les chaleurs de l'été; mais nous ne demeurâmes pas affez pour en profiter.

Sous un rapport, ce cours eft fort inférieur à celui que nous avons à Hyde-Park; s'il eft plein, vous ne réuffiffez pas deux fois dans une heure à voir la compagnie que vous cherchez, car vous êtes obligé de vous tenir à la file : & fouvent les princes du fang, qui y viennent & paffent où il leur plaît, arrêtent tout & caufent d'étranges embarras. En outre, s'il a plu, il n'eft pas poffible d'y aller, tant il eft boueux & mal fablé.

Si l'on veut aller chercher le grand air hors de la ville, on a deux bois fort agréables, l'un à l'oueft, l'autre à l'eft. Je veux parler du bois de Boulogne & de celui de Vincennes. Celui-ci a de très-beaux ombrages. On

---

(1) Le Cours-la-Reine fut tracé & planté en 1616, par ordre de Marie de Médicis. Les arbres furent renouvelés en 1724, par ordre du duc d'Antin. (C. de Ris.)

voit quelques statues romaines dans la première cour du château.

Quant à celui du bois de Boulogne, qu'on nomme Madrid, c'est François Iᵉʳ qui l'a bâti à la moresque à l'imitation d'un autre château qu'il avoit vu en Espagne (1). Il y a au moins deux étages de galeries couvertes, à l'extérieur de chacune de ses quatre faces, ce qui, dans un pays fort chaud, doit donner une fraîcheur délicieuse. Aussi ce style d'architecture avoit-il été adapté à un pays beaucoup moins tempéré, & que sans doute le roi François n'avoit pas grande envie de visiter une seconde fois.

Mais revenons à Paris. D'ordinaire, sur les huit ou neuf heures du soir, dans le mois de juin, on sort du cours, & l'on va descendre à la porte du jardin des Tuileries, pour s'y promener à pied par la fraîcheur de la soirée. Ce jardin est de la plus belle ordonnance, & est actuellement dans toute sa beauté : en sorte que M. Le Nôtre, qui l'a vu dans son enfance, car c'est lui qui l'a dessiné, peut jouir pleinement aujourd'hui du fruit de ses travaux. A coup sûr, son ameublement mouvant, à l'heure dont je parle, est l'un des plus nobles spectacles que l'on puisse voir. Le soir d'avant mon départ de Paris, une dame de qualité, Mme de M..., me demanda, comme je prenois congé d'elle, ce qui m'avoit plu davantage à Paris : je lui répondis civilement comme je le devois; mais elle ne voulut pas se contenter de mon compliment, & elle insista pour avoir une réponse précise. Je lui dis alors, dès qu'elle l'exigeoit, que je venois

---

(1) Notre regretté collègue, M. le comte Léon de Laborde, a consacré un volume à la description & à l'histoire du château de Madrid, au bois de Boulogne. On y admiroit entre autres des faïences de Girolamo della Robbia & des émaux de Courteys, dont quelques-uns ont été recueillis au Musée de Cluny. (C. de R.)

précisément de voir ce que j'en aimois le mieux, que c'étoit la grande allée des Tuileries, entre huit & neuf heures; & que je ne pensois pas qu'il y eût dans le monde rien au-dessus de cette allée, à cette heure-là, par une belle soirée d'été.

Dès que nous sommes entrés dans les jardins de Paris, je vais tâcher de vous donner une idée abrégée de ceux qui le méritent, au moins parmi ceux que j'ai vus.

CHAPITRE IX.

JARDINS A PARIS ET DANS LES ENVIRONS.

Le jardin des Tuileries eſt immenſe, avec deux terraſſes plantées d'arbres aux deux côtés de ſa longueur, l'une deſquelles domine la Seine. Il eſt planté d'une façon très-agréable avec de grands parterres dans le milieu & des fontaines abondantes qui jouent inceſſamment; il eſt clos à un bout par la façade de ce magnifique palais du Louvre (Tuileries), l'autre eſt découvert & donne ſur la campagne dont il a la vue. Le reſte eſt diſtribué en allées, en gazons, en maſſifs de bois, avec un grand nombre de ſiéges de tous côtés pour le ſoulagement des promeneurs.

Il y a dans ce jardin une choſe que j'aime beaucoup : c'eſt un amphithéâtre avec ſa ſcène, ſon parterre, ſes ſiéges, ſes couliſſes, & tout autour, des allées paliſſadées qui y conduiſent.

Rien ne ſauroit être plus agréable que ce jardin & ſes boſquets où, à partir de la fin de mars, les merles, les grives, les roſſignols chantent de leur mieux dès le matin : c'eſt, on peut le dire, au milieu de la ville, aux environs de laquelle on ne tolère point la chaſſe aux petits oiſeaux : auſſi la campagne qui l'environne eſt de toutes parts remplie de perdrix, de lièvres & d'autre gibier.

CHAPITRE IX.

Le jardin du palais du Luxembourg eſt également fort grand, & a quelque choſe de champêtre, dans le goût du parc de Saint-James. Vous y rencontrez encore beaucoup de gens de condition ; mais comme la rigueur des hivers a détruit pluſieurs de ſes charmilles, on y va moins qu'autrefois. Il a cependant toujours ſes fontaines, ſes parterres & quelques allées bien ombragées : pour l'air, je le préférerois aux Tuileries, parce qu'il eſt planté ſur des terrains élevés & voiſins des champs, dans le faubourg Saint-Germain.

Quant au jardin botanique du Roi, il eſt d'une vaſte étendue, bien garni de plantes &, en fait de gens honnêtes, s'y promène qui veut. Son aſpect eſt fort varié ; ce ſont des boſquets, des baſſins, des gazons, des collines, outre un grand emplacement nivelé deſtiné à la culture de toutes ſortes de plantes. Je le vis pour la première fois dans le mois de mars, en compagnie de M. de Tournefort & de M. Breman (1), jardinier d'une grande intelligence & d'une grande activité. Les ſerres étoient bien garnies de plantes étrangères délicates, & les parterres pleins d'autres ſimples ; on ne pouvoit pourtant guère en juger exactement, mais aux arbres, aux arbuſtes & à quelques plantes qui demeurent vertes, je pus m'en faire quelque idée.

Le docteur de Tournefort me dit qu'à chacune de ſes leçons il faiſoit la démonſtration de cent plantes, & qu'il donnoit trente leçons dans ſon été. Cela forme un total de trois mille plantes, ſans compter celles qui viennent dans la première & dans l'arrière-ſaiſon, qu'il n'évaluoit pas à moins d'un millier.

---

(1) Voir ci-deſſus, page 16, note 3. Le nom eſt Braman.

J'ai noté particulièrement dans les ferres les plantes fuivantes :

Le Jafmin des Açores à fleurs blanches vient du roi de Portugal.

Le *Marum cortufii*, qui étoit en caiffe depuis trente ans.

L'OEillet de Crète en arbre.

Le *Smilax* à fruit noir.

L'Iris bulbeufe à fleur jaune.

La petite Confoude à fleur de bourrache.

Le Frêne d'Amérique à fleurs.

Le *Stecas* à feuilles dentelées de Bochin.

Ce jardin eft doté par le Roi & le duc d'Orléans : il poffède 2,000 liv. fterl. de rentes. Cinq cents vont au premier médecin, qui en eft intendant, & le refte au profeffeur de botanique, M. de Tournefort, & aux jardiniers en fous-ordre, avec des logemens pour eux tous.

M. Breman me dit qu'au commencement d'avril il avoit fini de femer fes couches, & qu'il avoit mis en terre deux mille efpèces de graines.

De la butte de ce jardin, j'ai vu de l'autre côté de la rivière, fur la pente d'une chaîne de collines, le palais ou la maifon de campagne du P. de La Chaife, confeffeur du Roi. Elle eft dans une belle expofition au midi, & bien boifée à droite & à gauche. C'eft une demeure fort convenable pour un efprit contemplatif (1).

Le jardin du Palais-Royal eft fort grand pour être au milieu de la ville. Il a deux ou trois grands baffins avec leurs jets d'eau, mais mal entretenus, & n'a rien d'élégant que fes allées couvertes & fes parterres. Il eft toujours rempli de bonne compagnie.

Le jardin de l'Arfenal eft beaucoup plus étendu &

---

(1) C'eft aujourd'hui le cimetière du Père-Lachaife. (C. de R.)

mieux tenu; il a la vue des champs & donne fur les remparts : la beauté de fes promenades y attire auſſi beaucoup de monde.

Pluſieurs couvens ont des jardins ſpacieux & bien entretenus, qui ſont toujours ouverts à tous les honnêtes gens : tels que celui des Chartreux, qui eſt d'une grande étendue & fort champêtre. Celui des Céleſtins, également beau & grand. Celui de Sainte-Geneviève, qui l'eſt auſſi : ſa terraſſe, plantée de marronniers d'Inde, eſt incomparable de largeur & de longueur, & les trois ou quatre quinconces de mêmes arbres, qui la touchent au midi, donnent en été des ombrages merveilleux.

JARDINS PARTICULIERS QUE J'AI VUS A PARIS.

Hôtel d'Aumont (1). — La ſalle à manger donne dans la ſerre. Les orangers paroiſſoient avoir ſouffert, & leurs feuilles étoient flétries : cette ſerre étoit deux fois trop grande.

Le treillage au bout du jardin étoit orné de dorures, avec un pavillon au milieu, ſous lequel étoit une ſtatue antique romaine bien conſervée. Elle repréſentoit un jeune homme, & la forme de ſa toge étoit ſi nette

---

(1) L'hôtel d'Aumont eſt ſitué rue de Jouy. Conſtruit par Manſard, Le Brun y avoit peint un plafond repréſentant l'*Apothéoſe de Romulus*. (C. de R.) — Depuis peu d'années il eſt devenu la Pharmacie centrale (!), après avoir été longtemps occupé par une penſion (!). Les gens riches de notre époque aiment bien mieux bâtir à grands frais des maiſons ſouvent d'un goût très-médiocre, que de ſauver, en les achetant & les habitant, ces beaux hôtels du temps paſſé. J'ai vu dans un *Mercure galant* un ſouper donné par le duc d'Aumont, où parut un des premiers *ſurtouts* inventés par Nic. de Launay; aujourd'hui on y pile des drogues, en attendant le pétrole. Les d'Aumont avoient là leur hôtel dès le quatorzième ſiècle. (B. J. P.)

qu'il n'en falloit pas davantage pour démontrer l'erreur de ceux qui veulent que ce fût une espèce de plaid ou de vêtement ouvert par devant comme un manteau.

Ce treillage, qui est grand, est ouvragé avec tant de variété, qu'on le prendroit pour quelque filigrane. La peinture verte qu'on donne aux treillages ne réussit pas également partout : tantôt c'est trop jaune, tantôt d'un vert sale, tantôt encore d'un vert bleuâtre, au lieu de la belle couleur d'herbe verte qu'il faudroit. Pour l'obtenir, il faut d'abord donner une couche de jaune, & ensuite en appliquer une de vert de montagne ou d'Arménie. C'est une couleur dont nous avons en abondance en Angleterre, à Maulham-in-Craven, dans le Yorkshire.

Le grand avantage de ces treillages dans les villes, outre la beauté de leur travail, c'est de cacher le vilain aspect des murailles des maisons voisines (1).

Il y avoit dans ce jardin beaucoup de figuiers de belle venue dans des caisses carrées; & des parterres remplis de fleurs, chaque espèce à part : d'un côté les tulipes, & d'autre part les jonquilles, les anémones, les renoncules, les asphodèles, &c.

Hôtel Pussort (2). — Ce jardin est fort joli & au bout est une porte sur les Tuileries. Le berceau, ou l'allée de treillage, a soixante-dix pas de long & huit de large,

---

(1) Beaucoup de ces treillages ont été gravés ainsi que plusieurs jardins de Paris & des environs. Dans un volume que je possède, & qui se compose des recueils de Lepautre, de Lebouteux (rare), Perelle & Touchar, je remarque les treillages de l'hôtel de Condé (2 pl.), de Chantilly (8 pl.), de M. de Chamlay, rue du Colombier, de M. de Nicolaï à Presle, de Sceaux, de Chaville, de M. de Morstein à Montrouge, de Benserade à Arcueil, Montlouis (Père Lachaise), M. de Montigny, &c. (B. J. P.)

(2) M. Pussort, beau-père de Colbert. Son hôtel étoit situé à peu près sur l'emplacement de la rue d'Alger. (C. de R.)

avec trois pavillons à jour jusqu'en haut. Il est tout en fer peint en vert & a coûté quinze mille livres.

Le jardinier en étoit un habile homme : il avoit en caisse quelques belles plantes qu'on ne trouve pas ailleurs, comme de grosses touffes de romarin, la Jacobée maritime, le Marum de Syrie, &c. Les murs étoient bien garnis d'espaliers. Il n'avoit pas encore taillé ses pêchers ; & quand je lui en demandai la raison, il me dit qu'il avoit reconnu que de ne les tailler qu'après la fleur en amélioroit le fruit, tandis que la méthode contraire les chargeoit trop & en gâtoit la qualité.

L'orangerie est la plus belle pièce en son genre que j'aie vue. Elle est pavée de marbre, & toute lambrissée du haut en bas en bois de chêne à la mode d'Angleterre. Je pense qu'en été, lorsque les caisses sont sorties, elle doit servir de salle à manger.

Hôtel de Beauvilliers (1). — Rien à voir que le treillage au bout du jardin.

Hôtel de Caumartin. — Dans ce jardin, le treillage étoit fort bien fait, en forme d'arc de triomphe : la moitié en étoit occupée par une volière remplie d'oiseaux, avec une fontaine au milieu.

C'est là que je vis pour la première fois de grands vases de fonte peinte en couleur de bronze & placés sur des piédestaux.

Hôtel de Lesdiguières (2). — C'est la seule maison, à

---

(1) L'hôtel de Beauvilliers étoit situé rue Sainte-Avoye, presque en face la rue de Montmorency. Il avoit été construit pour le comte d'Avaux, un des négociateurs françois au congrès de Munster. L'hôtel de Caumartin, qui vient ensuite, touchoit à l'hôtel Beauvilliers. (C. de R.)

(2) L'hôtel Lesdiguières étoit situé rue de la Cerisaye, au coin du cul-de-sac qui le séparoit du petit Arsenal. Bâti sous Henri IV pour Sébastien Zamet, il appartint successivement aux familles de Lesdiguières & de

Paris, que j'aie vue tenue comme il faut & avec propreté dans toutes fes parties, jardins & le refte.

Le jardin étoit orné de plufieurs ouvrages de treillage; celui du fond étoit fort noble & avoit coûté dix mille livres; un autre en avoit coûté fix mille. J'en remarquai un plus petit, & le feul que j'aie vu ainfi, tout en feuillages de fer peint en vert. Il y avoit auffi de grands vafes de même forte fur des piédeftaux.

Les fontaines de ce jardin, quoique petites, étoient curieufes, ornées convenablement & d'un charmant effet quand leurs eaux jouoient.

La première cour étoit ornée de caiffes d'énormes lauriers-thym; & dans les jardins il y en avoit d'autres taillés en pyramides carrées.

Une perfonne de qualité vint avec beaucoup de civilité me prendre dans le jardin pour me conduire dans les appartemens.

Celui de la ducheffe, qu'elle avoit fait arranger elle-même tout entier, avoit un air de nobleffe & d'aifance au delà de tout ce que j'ai vu. Je remarquai dans la chambre à coucher le plus beau luftre de criftal qu'il y ait en France. Madame la ducheffe en avoit acheté féparément toutes les pièces, qu'elle avoit enfuite fait monter fur fes propres deffins: il lui revenoit à douze mille écus.

Avant de quitter le jardin, on me fit vifiter, dans un parterre ombragé, le tombeau d'une chatte. Une chatte de marbre noire eft couchée fur un couffin de marbre blanc, dont les franges & les glands font dorés: il eft porté par un piédeftal carré de marbre noir. Sur une des faces de ce marbre eft écrit en lettres d'or:

Villeroy. Le czar Pierre y demeuroit pendant fon féjour à Paris en 1717. (C. de R.)

CY GIST
MENINE, LA PLUS AIMABLE ET LA PLUS AIMÉE
DE TOUTES LES CHATTES.

Sur l'autre face :

> Ci gît une chatte jolie :
> Sa maîtreſſe, qui n'aima rien,
> L'aima juſques à la folie ;
> Pourquoi le dire ? On le voit bien.

Ce n'eſt pas là le premier exemple de cette eſpèce de folie : j'en ai vu en Angleterre, & l'hiſtoire nous en fournit plus d'un autre.

Blâmez-moi d'avoir copié cette épitaphe, je le veux bien. Ce que je ne me pardonnerois pas, ce ſeroit d'avoir copié toutes les belles inſcriptions que j'ai rencontrées de tous côtés à Paris, quoiqu'elles ſoient du latin le plus pur ou du françois le plus digne de Verſailles, puiſque vous les lirez quand vous voudrez dans la deſcription de Paris.

Hôtel de Lorges (1). — Nous eûmes la bonne fortune, le doyen de Wincheſter qui m'accompagnoit & moi, de trouver le maréchal (2) lui-même, qui ſe promenoit dans ſon jardin, & nous entretint avec beaucoup de civilité. Ce jardin n'étoit point terminé, & l'hôtel n'étoit pas achevé non plus ; mais ce ſera un des plus beaux de Paris.

Il jouit d'une vue fort étendue ſur la campagne & ſur Montmartre. Au bout du jardin s'élève une terraſſe de niveau avec le rempart.

Ce qui dans cette maiſon eſt commode & noblement entendu, c'eſt que, entre les deux cours, les carroſſes traverſent un portique impoſant ſoutenu par des colonnes,

---

(1) Rue Saint-Auguſtin, entre la rue de Choiſeul & la rue de la Michodière. En 1706, cet hôtel appartenoit à M. de Chamillart, dont il avoit pris le nom. (C. de R.)

(2) M. de Duras, duc de Lorges, beau-père du duc de Saint-Simon. (B. J. P.)

& peuvent, des deux côtés, s'arrêter devant une marche ou deux qui conduisent aux escaliers & aux appartemens; puis de là ils passent dans la seconde cour, qui n'est séparée du jardin que par une grille de fer, y tournent & reviennent prendre leurs maîtres qui, ainsi, ne sont jamais exposés au mauvais temps. Cette précaution est bonne ici, & elle seroit encore meilleure à Londres. Ce portique donne sur le jardin au moyen d'arcades : & l'escalier est lui-même disposé de telle sorte que de là on a la vue des jardins & celle de Montmartre.

Le maréchal eut l'obligeance de nous faire visiter son appartement particulier, car tout le reste de la maison étoit plein d'ouvriers. Nous vîmes dans sa chambre son petit lit de camp de damas rouge où il couche, & qui lui servoit également quand il commandoit sur le Rhin.

Il nous montra ses grandes fenêtres à coulisses, & la facilité avec laquelle elles montoient, descendoient & s'arrêtoient où l'on vouloit. Il avoit, nous dit-il, fait venir exprès pour cela un petit modèle d'Angleterre, car ce système n'étoit pas connu à Paris.

Il nous introduisit aussi dans une suite de cabinets ou petits appartemens à la mode angloise, retirés, joliment meublés & tenus avec beaucoup de propreté. Il en avoit sur lui les clefs, des clefs angloises, nous dit-il; & de là nous descendîmes par des escaliers dérobés. Nous fîmes en vain tout ce que nous pûmes pour l'empêcher de nous reconduire jusqu'à notre voiture, &, après, il nous envoya un page nous demander un jour pour venir dîner avec lui.

Hôtel Le Peletier (1). — Le jardin en étoit fort bien tenu.

---

(1) Rue Culture-Sainte-Catherine. Bâti sur les dessins de Bulet. (C. de R.)

Au bout étoit un treillage en façon d'arc de triomphe, mais il n'étoit ni très-grand, ni bien peint : fa beauté & fes ornemens différoient beaucoup de ceux que j'avois vus jufque-là. Dans les deux niches étoient placés deux grands vafes de fonte ou des pots de fleurs, & précifément en face du milieu, il y avoit un baffin dont on fit jouer les eaux pour nous. C'eft une politeffe que l'on fait volontiers aux étrangers.

Dans l'orangerie, il y avoit de fort grands orangers & quatre myrtes taillés en boule, les plus beaux & les plus gros que j'aie vus : il y avoit auffi en caiffe de groffes touffes de marum de Syrie; quantité de tulipes, d'anémones, de renoncules & d'autres fleurs, en planches, dans le parterre, & chaque efpèce à part. Il y avoit auffi, comme dans nos jardins, des anémones & des renoncules en petits pots de terre; mais avec de la terre fort légère. De grands & très-beaux lauriers-thym dans des caiffes; &, ce qu'il y avoit de fingulier, le long d'un des murs du jardin une rangée d'arbres dont les têtes, paliffées fur un treillage de fer, formoient une férie d'arceaux d'un très-bon effet.

Le jardin de l'hôtel de Sully (1) n'a rien de remarquable.

Le meilleur ouvrage de treillage de fer & de bois mêlés que j'aie rencontré, eft celui du jardin de feu M. de Louvois (2), jardin qui eft auffi l'un des mieux tenus de tout Paris. Ce treillage, en forme d'arc de triomphe, garnit tout le fond du jardin, & il a coûté de groffes fommes d'argent. Dans le milieu, font placées fur des piédef-

---

(1) Rue Saint-Antoine. Cet hôtel eft encore à peu près intact, au moins à l'extérieur. (C. de R.)

(2) Rue Richelieu, fur l'emplacement actuel de la place Louvois. (C. de R.)

taux quatre statues antiques d'un grand effet & d'une rare beauté. C'est une des premières impératrices, une Diane, un Apollon, &c. Les allées sont sablées de gros gravier, mais sans être roulées : d'un côté du treillage, il y a une grande volière bien remplie d'oiseaux.

Les murs de la serre sont garnis de nattes; & de distance en distance des bassins de fer y sont suspendus en face de chaque fenêtre avec des poulies, qui permettent de les hausser ou de les baisser à volonté. Le feu qu'on y met peut bien corriger l'humidité que donnent à l'air les émanations des plantes & les chauffer suffisamment. Les couches chaudes avancent les plantes; mais un air chaud au-dessus de leurs têtes peut leur valoir autant pour leur donner de la force & les nourrir en hiver.

Le dernier jardin de particuliers que j'aie vu, quelques jours seulement avant notre départ, est celui de M. Fournier (1), & rien n'est plus joli. Au bout, il y a un noble treillage avec deux grands vases de fonte peints en bronze & dorés.

J'y vis un pommier en caisse comme on y met ailleurs des figuiers & des orangers : c'étoit un calville d'été, dont la tige n'étoit pas plus grosse que le doigt; & au premier de juin il étoit couvert de fruits.

Il y avoit nombre de pots de Sedum pyramidal, qui est fort à la mode aujourd'hui. Mais rien n'est d'un aussi bel effet que les giroflées rouges, doubles & panachées, que

---

(1) Ce doit être sans doute celui de M. Fornier & non Fournier, trésorier de France. Brice dit (1701, II, 162): « qu'il étoit très-propre & du dessin de Le Nôtre & près du couvent des Feuillants de l'Ange gardien » — rue d'Enfer. — Claude Fornier, trésorier de France depuis 1669 & l'un des présidens en 1698 (*État de la France*, 1699, p. 355), étoit seigneur de Montagny. Le treillage de M. de Montigny, cité plus haut, p. 170, note 1, seroit-il celui de M. Fornier de Montagny? (B. J. P.)

l'on multiplic avec foin, & l'on a bien raifon. Il y avoit encore mille autres jolies chofes que ma courte promenade dans ce jardin ne m'a pas permis de me rappeler.

Il y a à Paris un grand nombre de ces jardins particuliers qui méritent bien d'être vus; mais la faifon de l'année ne favorifoit guère notre curiofité, & nous ne nous en occupâmes pas beaucoup.

CHAPITRE X.

CHATEAUX ROYAUX ET LEURS JARDINS.

JE vous ai jufqu'ici rendu un compte fommaire de ce que j'ai vu de Paris & de fes habitans, foit en public, foit chez eux. Le pays qui l'environne eft rempli de jolies villes bien peuplées & de nombreux palais du Roi & des princes du fang, qu'on ne peut comparer à rien de ce que nous avons en Angleterre. J'ai peu d'envie de vous conduire plus loin, car la cour n'eft guère dans mes goûts ni dans mes habitudes; cependant, comme j'ai eu la bonne fortune d'aller à Verfailles, à Saint-Cloud, à Marly & à Meudon, je me hafarderai à vous dire quelque chofe de ces châteaux.

Ces quatre palais & leurs jardins couvrent un territoire accidenté & peu fertile, auffi étendu que tel comté d'Angleterre. Deux d'entre eux, Meudon & Saint-Cloud, ont la vue de Paris au-deffous d'eux, mais le premier beaucoup mieux encore que le fecond.

Ce diftrict pourroit s'appeler le berceau & la pépinière des Rois, car tout ce qu'il y a de plus élevé dans le fang royal y habite: Le Roi, Mgr le Dauphin & fes trois fils, les ducs de Bourgogne, d'Anjou & de Berry, Monfieur, frère du Roi, fon fils le duc de Chartres & fa fille Mademoifelle. Tous ces princes font déjà ou feront, comme on en peut juger, beaux, grands & bien faits. L'autre branche de la maison royale de Bourbon, comme le prince de Condé, le duc de Bourbon & les princesses ses filles, le prince de Conti, sont de petite taille, mais bien faits & de jolie figure.

Je n'ai vu ni le duc du Maine ni le comte de Toulouse; mais j'ai souvent vu la princesse douairière de Conti, qui est sans contredit l'une des plus belles & des plus gracieuses femmes de France. Elle est, à mon avis, d'une ressemblance frappante avec le Roi son père tel qu'il étoit dans tout l'éclat de sa beauté, lorsque je le vis pour la première fois en 1665 (1).

C'est sous le règne de ce prince qu'ont été bâtis ces quatre palais, & leurs jardins créés avec tout ce qui leur appartient.

Saint-Cloud est le plus rapproché de Paris : le château est magnifique & très-commode. La galerie & le grand salon sont supérieurement peints. Les jardins sont d'une vaste étendue : on leur donne douze ou quinze milles de tour.

Les bois naturels, au sud-ouest de la maison, sont bien ménagés & percés de grandes & de petites allées. On a tant de goût pour les arbres que, dans l'occasion, on les a laissés debout, non-seulement au milieu des allées, mais encore au milieu des escaliers de pierre qui y conduisent.

Dans d'autres parties du jardin, des allées, qui sont le plus souvent à quatre rangs d'arbres, se prolongent jusqu'à plusieurs milles de longueur. Partout vous rencontrez des bassins & des jets d'eau; mais il y a surtout une cas-

---

(1). Aussi sa médaille, gravée par Molart, porte-t-elle ces mots : *Solem que parentem quis neget?* (B. J. P.)

cade, que j'ai vue jouer plufieurs fois, que l'on dit la plus belle & la plus abondante qu'il y ait en France. Au milieu du grand baffin, dans le bois, j'ai vu un jet d'eau qui lance une colonne à quatre-vingt-dix pieds en l'air, d'une telle force qu'on en reffent tout autour la fraîcheur, avec de temps à autre des détonations comme d'un coup de piftolet; telle eft la puiffance de l'air qui la chaffe dans les conduits.

Ces divers tubes qui tranfportent les eaux font des cylindres de fonte par morceaux de trois pieds de long, les uns de dix, les autres de vingt pouces de diamètre, jufqu'à ce qu'ils fe fubdivifent, & alors ce font des tuyaux de plomb.

M. Arlot, médecin de Madame, me fit un jour l'amitié de m'inviter à dîner à Saint-Cloud & de m'envoyer chercher dans fon carroffe à Paris. Avant dîner, il me promena en voiture, car il en a le privilége, de tous côtés & partout dans les jardins, où ne manquent ni les allées, ni les promenades ornées de cyprès, de pins & de fapins taillés en pyramides. De toutes parts on rencontre des eaux jailliffantes en abondance, furtout des gerbes d'eau, qui reffemblent à une pluie qui s'élanceroit dans les airs, ce qu'on obtient au moyen d'une infinité de petits tubes.

Monfieur a acheté & mis dans ce jardin un terrain montueux qui domine tout le pays, & qui, fans doute, quand il aura été deffiné par un homme du talent de M. Le Noftre, fera l'un des lieux le plus délicieux du monde.

De la baluftrade de la terraffe, la Seine & une vafte plaine terminée à l'horizon par la vue de Paris, forment une admirable perfpective.

Ces immenfes jardins deftinés à fe promener à cheval

CHAPITRE X.

ou en voiture nous font inconnus en Angleterre, auſſi bien que les expreſſions dont je viens de me ſervir. Nous ne voudrions pas perdre autant de pays que ces jardins en abſorbent. J'y ai vu en pluſieurs endroits foiſon de lièvres & de perdrix, & encore, à mon grand étonnement, cinq biches qui paiſſoient tranquillement.

L'orangerie eſt grande, magnifique, pavée de marbre & remplie d'énormes orangers en caiſſes, qu'on n'en peut ſortir qu'avec des machines faites exprès; mais il n'y avoit pas autre choſe que ces orangers, des lauriers-thym & des lauriers-roſes. La galerie du grand appartement donne, au bout, dans cette orangerie, qui conduit elle-même à une allée montante d'une grande longueur, & ſuit tout du long le parterre ou jardin fleuriſte dont, l'été, ces orangers ſont un des ornemens. A ce dîner, je mangeai d'une incomparable compote de fleurs d'orangers, & la maîtreſſe de la maiſon eut l'obligeance de m'enſeigner la manière de la préparer.

Quoiqu'il y ait là des murs élevés & propres à recevoir des eſpaliers, je n'en vis pourtant aucun ; mais ſeulement des arbres verts & ſtériles ordinaires, paliſſadés après les treillages qui garniſſent tous les murs. Il y a dans ce jardin quantité de cabinets, de berceaux, de pavillons, de treillages de fer & de bois peints en vert, après leſquels grimpent des chèvrefeuilles. Cent cinquante hommes ſont occupés à entretenir ces jardins, & c'eſt une dépenſe annuelle de quarante mille livres.

Je dînai une autre fois avec le gouverneur du château, qui m'en fit voir à loiſir tous les appartemens. J'y mangeai des perdrix rouges priſes dans les environs; elles ſont beaucoup plus petites que celles du Languedoc, mais bien meilleures que les griſes. C'étoit au commencement d'avril, nous bûmes notre vin à la glace ſans m'en apercevoir, finon au mal que cela me fit à la gorge, & bien mieux encore le lendemain; quoique enfuite cela fe foit diffipé fans de graves inconvéniens. Il n'y a pas d'animal qui abufe de foi-même pour boire & manger comme le fait l'homme : tous les jours nous buvons exceffivement chaud & exceffivement froid; chez les autres créatures, l'inftinct fert de guide; quant à nous, nous n'obéiffons ni à l'inftinct, ni à la raifon, mais, flottant entre les deux, nous ne nous en laiffons que mieux aller à ce qui doit caufer notre deftruction.

A la fuite des appartemens de Monfieur, font de très-jolis cabinets. Le premier où vous entrez eft rempli d'une quantité d'ouvrages en criftal de roche, de coupes, d'agates difpofés fur des confoles. Les murs font couverts de glaces du haut en bas, avec, entre elles, des panneaux de laque du Japon & de peintures d'égale largeur, qui font d'un effet admirable. L'autre pièce étoit pleine de bijoux, dont beaucoup d'un grand prix. Cependant des pagodes de Siam, & d'autres objets encore que j'y vis, me parurent fort baroques.

Il y avoit une toute petite ftatue romaine de marbre blanc qui n'avoit pas plus de dix pouces de haut, & qui avoit coûté vingt mille écus. Une des jambes avoit un peu fouffert. Elle me parut un chef-d'œuvre. C'étoit un jeune garçon tenant dans le pan de fa tunique une portée de petits chiens, avec la mère couchée à fes pieds & les yeux levés fur lui.

Je ne puis pas dire grand'chofe de Meudon, parce que je ne fuis entré ni dans le parc, ni dans le château. Il faudra encore quelque temps pour le porter au point de perfection où on veut le mettre, car il n'y a pas long-temps que Monfeigneur le poffède. La route de Paris n'eft pas encore pavée; mais la fituation en eft admi-

CHAPITRE X.

rable; & l'esplanade qui est devant la maison ressemble à un vaste bastion, & a la vue de toute la campagne avec Paris à ses pieds. Les jardins sont grands; mais je les ai seulement côtoyés comme la maison elle-même.

Quant au château de Versailles, qui est à quelques milles plus loin dans un pays montueux assez semblable à Black-Heath ou à Cambridge, c'est sans contestation le palais le plus magnifique qu'il y ait en Europe : pourtant, ce qu'on y a bâti en premier lieu, & qu'on admiroit fort il y a trente ans, n'est plus du goût présent; aussi le Roi se propose-t-il de reconstruire ce qu'on blâme. Il est élevé sur le sol le plus ingrat, sans terre & sans eau; mais il y a conduit de l'eau en abondance & a amené le sol à être fertile.

Il y a des livres qui décrivent ce fameux palais dans tous ses détails, & j'y renvoie mon lecteur. La route qui y mène est neuve, & il a fallu en certains endroits trancher les montagnes à une profondeur de quarante pieds, de façon que vous le voyez en perspective à plus d'un mille de distance. Il se présente à vous au fond de trois cours qu'il embrasse, & qui vont en se rétrécissant successivement, ce qui est un défaut : on a, dit-on, dessein de jeter tout cela par terre & de le remplacer par une noble & grande cour carrée du même ordre d'architecture que la superbe façade qui donne sur les jardins. Ses toits & leurs dorures font dans la vue un effet merveilleux. L'esplanade sur les jardins & les parterres est la chose du monde la plus imposante. Elle est immense avec un très-grand bassin au milieu, dont les bords de marbre blanc sont ornés de vases de bronze d'un travail incomparable & de statues couchées, aussi de bronze, & de la main des meilleurs maîtres. Je n'en finirois pas si je voulois raconter tout ce qu'il y a dans ces jardins de statues de marbre, de vases de bronze & de marbre, de fontaines, & décrire ces larges canaux qui, tels que des mers, partent du fond des jardins pour aller aussi loin que l'œil pourroit les suivre.

En un mot, ces jardins sont une province entière dessinée en allées, en promenades, en fontaines, en canaux, & de toute part ornée des chefs-d'œuvre de l'art ancien & moderne.

Le 17 mai, on fit jouer les eaux pour le plaisir des gentilshommes anglois : les figures qu'elles tracent dans les airs en s'y élançant sont diversifiées à l'infini. Le *Théâtre* (1) & l'*Arc de triomphe* (2) sont les morceaux les plus fameux. Mais dans le bosquet à gauche vous avez les fables d'Ésope mises en action, dans autant de fontaines que vous rencontrez çà & là dans les allées d'un labyrinthe (3). C'est en quelque sorte un commentaire *ad usum Delphini*. Il est amusant de voir le hibou arrosé par tous les autres oiseaux, la guenon serrant son petit singe dans ses bras si tendrement qu'elle lui fait rendre l'eau à pleine gorge, &c.

L'orangerie répond en grandeur à tout le reste. C'est un prodigieux carré long de voûtes souterraines, telles que les nefs d'autant d'églises réunies ensemble, toutes en pierre de taille d'un travail exquis, bien éclairées &

---

(1) Le *Théâtre d'Eau* fut détruit en 1775. Il occupoit l'emplacement du *Rond vert* actuel. (C. de R.)

(2) L'*Arc de triomphe* a été détruit par Louis XV. Il étoit placé entre l'*Allée d'Eau* & le mur des Réservoirs. Il n'en reste plus qu'un groupe en plomb, représentant *la France triomphante*, par Tuby & Coyzevox. (C. de R.)

(3) Le *Labyrinthe* se composoit de trente-neuf bassins en rocailles, ornés de figures d'animaux en plomb coloriées au naturel & représentant les fables d'Ésope. Il fut supprimé en 1775 & replanté sous le nom de *Bosquet de la Reine*, qu'il porte encore aujourd'hui. (C. de R.)

expofées au foleil du midi. Il y a trois mille caiffes, dont deux mille font d'orangers auffi gros pour plufieurs centaines d'entre eux qu'ils pourroient venir dans leur pays. Auffi dit-on qu'on en garde là quelques-uns qui datent de François I.

On n'a pas jugé convenable cette année de les fortir avant la fin de mai; & en effet les lauriers-rofes, les lentifques & autres arbuftes avoient fouffert miférablement.

Au potager, qui fait partie de ces jardins, & qui a auffi fa magnificence, il y a fept cents caiffes de figuiers, fans parler des efpaliers d'autres fruits. Ceci, & d'autres exemples à Paris, me font voir qu'ici l'on aime beaucoup les figues.

J'ai remarqué une quantité confidérable de pots de faïence pleins de lauriers d'Alexandrie à petites feuilles, de telafpi blanc, de giroflées, de fedum pyramidal. Nous n'avons pas encore, que je fache, introduit ce genre d'ornement dans nos jardins.

Le 15 de mai, Mylord ambaffadeur alla à Marly, où les eaux jouèrent pour fon divertiffement.

Je dois dire que c'eft l'un des lieux les plus agréables que j'aie vus ou que je croie qu'il y ait en Europe. Le château eft au fond & dans la portion la plus élevée d'une vallée profonde formée par des collines boifées. Cette vallée, fermée derrière le château, s'abaiffe par degrés en s'élargiffant de plus en plus, & laiffe fe déployer devant vous la vue d'une vafte plaine & de la Seine qui s'y promène.

Marly eft un pavillon carré élevé de plufieurs marches & en terraffe tout autour. Les quatre faces font femblables : les portes donnent de même façon fur le jardin. Au centre, & éclairé par un dôme, eft un falon octogone fur lequel s'ouvrent tous les appartemens, qui font tous des pièces d'apparat. Au-dessus, sont douze logemens avec une galerie étroite qui les dessert. On voit dans les pièces du rez-de-chaussée, & particulièrement dans le salon, des tables de marbre ou plutôt d'agate d'une largeur extraordinaire (elles ont au moins six pieds), qui égalent en beauté les plus belles que je sache. Elles sont veinées comme du bois & de couleur d'ambre : ce sont là les merveilleux effets de la pétrification. J'ai vu de grands blocs de cette même pierre dans les roches du Dropping-Well à Knaresborough en Yorkshire : j'ai oublié de m'informer d'où venoient celles de Marly.

Dans l'une des salles du rez-de-chaussée, il y avoit une balustrade dorée & semi-circulaire, qui en fermoit le haut bout. Derrière ce balustre, des rayons dorés étoient pleins de la plus belle porcelaine de la Chine. La grille s'ouvroit aux deux bouts, & dans son enceinte l'ambassadeur & sa suite furent servis, de la façon la plus obligeante, de chocolat, de thé & de café. Plusieurs seigneurs françois & d'autres gentilshommes étoient chargés de leur tenir compagnie.

Les deux façades latérales du château ont en perspective deux allées percées dans les bois, & pavées pour servir d'avenues à la maison, vers laquelle on arrive de chaque côté en descendant.

A droite & à gauche de la vallée, sous les bois, sont alignés de chaque côté six pavillons carrés ou palais plus petits, mais de la même forme & de la même beauté que le palais principal : ils sont à distance égale les uns des autres, & elle est assez grande ; elle est de cinq cents pas. Les six à droite du jardin sont pour les hommes, les six à gauche pour les femmes de qualité que, toutes les semaines, sur une liste qui lui est présentée, le Roi désigne pour l'accompagner & jouir de cette retraite hors de la cour, si je puis dire ainsi. Devant ces pavillons & entre eux, il y a les allées & les promenades les plus jolies qu'on puisse imaginer avec des fontaines & toutes les décorations que puissent fournir les fleurs & les treillages. Par exemple, des tulipes de choix dans de larges planches de mille pas de long, déployant de toutes parts leurs beautés dans ce vaste jardin, étoient bien un spectacle fait pour frapper d'étonnement. Je ne pus m'empêcher de dire au duc de Villeroy, qui vouloit bien m'accompagner dans ma promenade, qu'à coup sûr tous les jardins de France avoient voulu contribuer à cette profusion de fleurs. Ce mot fut si bien pris, que M. le maréchal son père quitta le groupe où il étoit pour venir m'embrasser, & m'entretenir ensuite d'une façon aussi obligeante que familière.

La cascade, qui du fond de la vallée tombe en face de la maison, est d'une forme nouvelle & singulière & de l'invention du Roi, comme, au reste, tous ces jardins. Du côté du château qui lui fait face, on croiroit que c'est une grande rivière qui glisse paisiblement du haut de la colline; mais quand j'en approchai, je vis que c'étoient cinquante-deux grands bassins carrés, peu profonds, étagés successivement, à angles droits, non pas en pente, mais se déversant de l'un dans l'autre.

Il y a dans le jardin une grande quantité de fontaines bien ornées, avec toutes sortes de jets d'eau. Il y a des gerbes d'une forme rare avec un cercle formé d'un grand nombre de gros tuyaux, d'au moins deux pieds de diamètre, qui, lorsqu'ils jouent, donnent l'idée d'une énorme colonne d'eau. Un jet d'eau au fond du jardin peut, nous dit-on, s'élever à cent vingt pieds; car, de cinquante fontaines & plus, nous ne vîmes jouer que celles des allées latérales. La plupart des grands bassins du milieu étoient à sec & en réparation. Toute cette eau est amenée par une étonnante machine de l'invention de deux Liégeois : elle la prend dans la Seine & la fait monter à cinq cent soixante pieds, au sommet du château d'eau. Chaque coup de pompe en amène cinq cents pouces, au moyen de quatorze roues de trente-deux pieds de diamètre, qui plongent dans la rivière & font mises en mouvement par elle jour & nuit (1).

Cette invention est la même qu'on emploie dans les mines de charbon de Liége, aux Pays-Bas, en sorte que de voir cette machine avec tous ses cylindres de fonte à nu, au-dessus du sol, & courant jusqu'au haut d'une grande montagne, nous donne l'idée d'une mine de charbon retournée à l'envers.

L'arbre dont on se sert le plus ici, c'est le charme, qui fait des arcades, des berceaux qu'on taille en boule, &c., qu'on tient en haies de deux pieds de haut, & qui taillées bien unies, sont la plus jolie chose qu'on puisse voir en ce genre. J'en ai vu de douze pieds d'épaisseur qui, dans ce climat sec & infertile, suppléoient au coup d'œil des pièces de gazon.

Assurément, le Roi qui se plaît à planter & à tailler ses arbres de ses propres mains, est très-louable de ne pas employer d'autres arbres que ceux que lui donnent les bois voisins : aussi est-il admirable de voir tout d'un coup des charmilles de la plus belle venue qui n'ont que dix-huit mois de plantation.

Dès que ce sont là les goûts de ce grand roi, il devroit, à mesure qu'il vieillit, imaginer de se transplanter lui-même dans un climat plus chaud, & il en possède un, dans

---

(1) En 1835, deux de ces quatorze roues fonctionnoient encore. Elles ont disparu vers 1843. (C. C. de R.)

le Languedoc, aussi parfait qu'il y en ait sous le soleil, de la même façon qu'il fait avec ses serres pour ses arbres méridionaux. Cet exemple seul, ce me semble, devroit suffire à le convaincre de la nécessité qu'il y a de soigner la nature en décadence, & lui apprendre qu'un air doux & tiède le protége mieux que des vêtemens ou qu'un ample foyer. Quelles merveilles ses trésors & sa passion pour les jardins ne créeroient-ils pas dans une pareille contrée!

Le premier bois venu en Languedoc donneroit des lauriers & des myrtes pour les charmilles; le lentisque, la phylarée y sont aussi communs que dans nos climats l'épine & le noisetier. Pour les berceaux & les treillages, vous auriez le jasmin. Le ciste, le romarin & une centaine d'autres arbustes odoriférans, qui croissent partout dans les champs, garniroient vos vases. Les cyprès y viennent d'eux-mêmes à des soixante & des cent pieds de haut, comme autant de tours : cet arbre se taille à volonté & feroit les plus belles allées imaginables. Le sol y est excellent, & les champs y font tout naturellement soit des parterres de fleurs, soit des potagers. Les vignobles sont de vrais vergers; & les fruits que nous ne nous procurons qu'avec le plus de soin en sont le produit le plus vulgaire : ce sont les figues, les raisins de toute espèce, les abricots, les pêches, les prunes, les jujubes, ces belles cerises si délicieuses; &, quoiqu'on ait voulu prétendre le contraire, les pommes & les poires y sont, en outre de l'excellent climat, bien meilleures que chez nous en Angleterre, ou dans quelque autre province de France que ce soit.

Que seroit-ce pour un aussi grand roi de faire une route de Marly à Montpellier ou, si je pouvois choisir, jusqu'à Pézenas, qui est au fond d'une vallée bien arrosée qu'enferment des collines parfumées? Lahore & Agra, que le Grand-Mogol a réunis ainsi, sont bien à une distance double. Ceci éterniseroit son nom beaucoup plus sûrement qu'aucun palais qu'il ait encore bâti, & lui donneroit de la santé pour sa vieillesse. Les jardins des Hespérides, les labyrinthes de Crète, si vantés dans l'histoire, ne seroient rien auprès des merveilles qu'on seroit en droit d'attendre de son goût & de son génie. Car, outre les productions naturelles de la contrée, ce climat peut être amené, avec peu de soin & de dépense, à donner les richesses végétales des deux Indes. A ce bout du monde où nous sommes, au contraire, notre labeur est vain : nous cherchons à nous créer un plaisir qui est mort & évanoui avant que nous n'en puissions jouir. Les joies de l'été se montrent à nous, il est vrai, pour quelques instans, mais aussitôt nous retombons dans un long & pénible hiver. Mais nous aimons les lieux auxquels nous sommes habitués, où nous sommes nés. L'homme, à vrai dire, est un animal autant que n'importe quel quadrupède; & nombre de ses actes ne s'expliqueront que par la puissance de l'instinct, nonobstant les principes qu'auront déposés par-dessus les mœurs & l'éducation.

Il n'est pas aisé de se lasser du plaisir de voir. Cependant, après deux ou trois heures de promenade dans un si grand & si beau jardin, je fus forcé de rester en arrière de la compagnie, & bien aise de rentrer au château pour aller me rafraîchir auprès de la belle balustrade dorée, où je trouvai, nous attendant, quelques officiers de la maison du Roi, & d'autres gentilshommes qui avoient fait plusieurs campagnes en Flandre. J'avoue qu'un verre de bon vin de Bourgogne me convenoit beaucoup mieux que toutes ces sottes liqueurs de l'Inde : je ne laissois pas de savoir que c'étoit contre la sainteté du lieu, mais avec un étranger on paffa aifément par là-deffus. Étant feul avec ces gentilshommes, nous nous mîmes à caufer des Anglois & du Roi : ces meffieurs me dirent de bon cœur que mes compatriotes étoient bien braves, & qu'ils voyoient depuis la paix qu'ils étoient auffi civils & bien élevés que braves; qu'il n'y avoit perfonne qui eût plu au Roi & à la cour comme les Anglois : qu'ils étoient curieux de tout ce qu'il y avoit de bien & favoient le rechercher. On remarquoit une grande différence entre eux & les gens des autres nations, qui ne favoient que regarder avec un étonnement ftupide, ou bien courir fans faire attention à rien & affecter des airs de mépris, tandis que les Anglois apprécioient ce qui en valoit la peine, & favoient en juger avec difcernement; auffi le Roi fe plaifoit-il à ce qu'on leur fît tout voir en détail. Ils terminèrent ce difcours par de grands éloges du roi Guillaume.

Quant à leur propre prince, on peut imaginer qu'ils ne tariffoient pas fur fes louanges. Sa retraite à Marly, me dirent-ils, étoit motivée furtout par fa fanté; il quittoit Verfailles tous les mardis foirs avec une compagnie choifie de feigneurs & de dames, & n'y rentroit pas avant le famedi foir : quelquefois ces voyages étoient interrompus pendant huit ou dix jours, en forte qu'il paffoit à peu près la moitié de fon temps en repos à Marly. C'étoit, continuoient-ils, le prince du monde le plus affable, jamais de mauvaife humeur, d'une converfation gaie & ouverte quand il le vouloit, d'un accès facile & qui n'avoit jamais renvoyé perfonne mécontent; un maître de la plus grande générofité, dont il y avoit des exemples par milliers; il n'étoit de mérite d'aucune forte qu'il ne récompenfât avec promptitude & libéralité, ayant toujours foin depuis quelques années d'avancer les gens de vertu, tandis que, d'un autre côté, il n'épargnoit jamais les rebelles & les indisciplinés. Il n'y avoit pas moyen de gouverner son peuple avec moins de sévérité & de rigueur : les taxes établies étoient nécessaires au soutien de l'État ; il n'aimoit ni le sang ni la persécution ; mais l'art de gouverner avoit des règles diverses, selon le climat & le caractère du peuple auquel il falloit les appliquer. Sa grande sagesse n'avoit jamais mieux paru qu'à la façon dont il avoit toujours su conserver la dignité qui convient à la couronne au milieu de ses troupes, des convertis, de sa cour & de sa nombreuse famille ; tandis que la grandeur de son esprit & sa magnificence se déployoient dans les palais qu'il avoit élevés. Tels furent à peu près les discours que me tinrent ces gentilshommes.

Rentré à Paris, j'allai voir la pépinière royale au faubourg Saint-Honoré (1) : j'y trouvai son directeur, M. Morley, un des huissiers de la chambre du Roi.

Comme tout le reste de ses compatriotes, il me reçut avec beaucoup de civilité, & me montra un calendrier de plantes à fleurir pour tout le cours de l'année : c'étoit, me dit-il, le premier qu'on eût fait. En France, peut-être ; mais pour nous, nous avons de ces calendriers de fruits & de fleurs pour tous les mois depuis plus de trente ans, grâce à M. Evelyn (2).

---

(1) M. Noël de Morlaix, qui est au jardin de la pépinière du Roule, établie en 1670, est directeur des plants d'arbres des maisons royales & huissier de la chambre du Roy (de service au quartier d'octobre). *État de la France*, 1699, tome I, pages 162 & 330. (B. J. P.)

(2) *Kalendarium hortense*, ou l'almanach du jardinier, indiquant ce qu'il faut faire, mois par mois, durant toute l'année ; & donnant la date à laquelle doivent paroître les fleurs & les fruits. (Par John EVELYN, esq. F. R. S.)

Cet ouvrage, que ne mentionne ni la Biographie britannique, ni Haller dans sa bibliothèque botanique, étoit à sa dixième édition en 1706 ;

Cette pépinière, close de grands murs, est immense comme elle doit être pour suffire à l'entretien des jardins du Roi. Il y a des arpens entiers de pins, de cyprès, d'ifs; des couches de giroflées, d'oignons de toute sorte, tels que tulipes, asphodèles, crocus, &c.; aussi je n'ai pas eu de peine à le croire quand il m'assura que, rien que pour Marly, il avoit en quatre ans envoyé dix-huit millions de tulipes & d'autres fleurs à oignon, dont il vouloit me faire voir les mémoires. Il me dit en outre que pour Trianon, maison de plaisance dans le parc de Versailles, & pour renouveler tous les quinze jours les pots de fleurs de ses parterres, il ne lui falloit pas moins de quatre-vingt-douze mille pots.

Quinze jours aussi lui suffisoient pour planter & garnir tel nouveau jardin qu'il plairoit au Roi de faire.

Outre les plantes qu'on trouve partout, je vis là quantité de pots de stécas citrine à larges feuilles, en bon état, & une espèce de cotile qui avoit une fleur approchant du tournesol, qui se multiplioit d'éclats, & à laquelle il donnoit le nom d'amaroutre (amaranthe?).

On a joint à cette pépinière plusieurs serres pour les plantes délicates; & entre autres une fort grande, que j'appellerois volontiers l'infirmerie des orangers. On les apporte de Gênes par mer, & on les dépose là pour les refaire. J'en vis sortir & mettre en plein air le jour où j'y étois allé, c'est-à-dire le 22 mai v. s., trois cents pieds aussi gros que ma cuisse; mais après plus de dix & pour quelques-uns de dix-sept ans de soins, ils n'avoient pas

---

la première édition est de 1664, la deuxième de 1679. Le plan en étoit si bien entendu, que toutes les améliorations successives n'y ont presque rien changé, & qu'il est encore la base de tous les manuels d'horticulture. (Henning.)

encore rattrapé des têtes assez décentes pour pouvoir paroître à la cour. C'est qu'on est souvent obligé, pour les empêcher de mourir après leur voyage, de tout couper, tête & racines.

Il faut bien le dire, après tout, cette magnificence, cette quantité de palais & de jardins sont encore ce qu'il y a de mieux dans un gouvernement arbitraire. Si l'on ne faisoit pas ces dépenses en temps de paix, quelle ne seroit pas la richesse de ce roi & la pauvreté de ses sujets. Tous les trois ans, dit-on, & quelques-uns prétendent que c'est plus souvent, toute la fortune (1) de la nation passe par ses coffres; c'est donc une nécessité que des dépenses aussi extravagantes & aussi incroyables la remettent en circulation dans les mains du peuple.

Mais quand ces richesses & cette puissance sans bornes sont employées au trouble & à la destruction de l'humanité, c'est terrible; & cependant ce n'est pas non plus sans son utilité. A l'école de ce grand roi, toute l'Europe avec nous a fait de puissans progrès dans l'art de la guerre; en sorte que durant ces douze dernières années l'Europe a été de force à tenir tête, & de reste, au Grand-Turc; & nous, nous avons pu le faire de même avec la France. Les quarante millions sterling que cette guerre aura coûté à l'Angleterre, quand tout sera payé, ne sont pas mal employés, ne fût-ce que pour nous avoir enseigné de tout point la théorie & la pratique de la guerre, & nous avoir mis à cet égard sur le même pied que nos voisins.

Polybe remarque des Romains que toutes les fois que leurs ennemis avoient quelque arme préférable aux

---

(1) Lister veut sans doute dire le revenu annuel, & c'est encore très-exagéré. (B. J. P.)

leurs, ils se hâtoient de l'adopter. Cette docilité leur valut l'empire du monde. Ces despotes d'Orient, au contraire, méprisent tout enseignement, & seront par conséquent obligés de se soumettre à la valeur savante de l'Europe. Je le répète, les résultats du gouvernement arbitraire, tant en paix qu'en guerre, sont faits pour nous frapper de stupeur.

Les empereurs romains, maîtres absolus de leur peuple, laissèrent bien loin derrière eux la république pour la magnificence des édifices publics & privés. Rome, qu'Auguste avoit trouvée de brique, étoit de marbre à sa mort. Néron la brûla, la rebâtit & se construisit un palais, la Maison dorée, qui à lui seul étoit toute une ville. Vespasien & Titus élevèrent des amphithéâtres & des thermes qui surpassèrent de beaucoup tout ce qu'on peut voir aujourd'hui sur la face de la terre. Dans l'un de ces théâtres, cent vingt mille personnes pouvoient voir & entendre le spectacle, & être assis plus à l'aise que dans aucun des nôtres. Adrien visita presque toutes les parties du monde civilisé, tout exprès pour y bâtir des villes. Trajan a laissé son nom sur chaque mur qu'il a restauré ou construit : sa colonne, son pont sur le Danube sont des témoins prodigieux de ses dépenses.

Les rois d'Égypte réduisirent leur nation tout entière en esclavage pour s'élever des monumens qui sont encore aujourd'hui la merveille du monde, les obélisques & les pyramides.

Les empereurs de la Chine & ceux du Japon ont su faire de ces immenses constructions bien au delà de ce qu'ont jamais fait les Européens, telles que le mur de la Chine, leurs canaux, leurs écluses, leurs ponts. Au Japon, c'est aussi sur une échelle d'une incroyable grandeur qu'on a travaillé.

De ces effets du despotisme nous en retrouvons des exemples jusque dans ces deux empires américains, celui du Mexique & celui du Pérou. Dans ce dernier, la nature de ce pouvoir arriva jusqu'à vaincre en quelque sorte des impossibilités, sans art, sans outils, sans science.

La forteresse de Cuzco étoit un chef-d'œuvre où on voyoit assises sur assises de pierres que nos machines échoueroient à transporter ou à soulever, que nos outils ne sauroient mieux polir, mieux adapter les unes aux autres. Un pays presque aussi grand que toute l'Europe, changé en jardin & mieux cultivé que Versailles, avec des travaux hydrauliques pour arroser & fertiliser des milliers de lieues carrées où jamais il ne pleut. C'est le seul despotisme appliqué au bien de l'humanité dont l'histoire ait gardé le souvenir, quand elle nous montre ces routes, ces magasins de nourriture & de vêtemens qui servoient de guides aux voyageurs & leur indiquoient les distances : enfin, tout un empire consacré au service & à l'utilité de ses habitans.

Quant aux Turcs, aux Persans, aux Mogols, l'empire tout entier ne sert qu'aux plaisirs d'un seul homme, & dans ses folies la tyrannie elle-même seroit tentée de ne se plus reconnoître.

Je serois bien fâché de voir en Angleterre de ces merveilles à pareil prix. Dans notre heureuse île, nous avons des palais & des jardins, tels qu'il les faut pour le plaisir & la santé de l'homme; & ce qu'ils n'ont pas en magnificence ils le gagnent en bonne tenue. On ne sait à Paris ni ce que c'est qu'une allée sablée ni qu'un rouleau. Les Tuileries, quand il pleut, sont fermées, & on marche ensuite dans la boue pendant je ne sais combien de jours. Les gazons ou les boulingrins, comme on les appelle à Paris, sont aussi mal tenus : on les fauche, puis on les bat avec des hies plates, comme on le fait pour les allées. Ceci me remet en mémoire ce que j'ai vu dans le jardin du prince de Condé, à Paris : le baffin d'une des fontaines étoit encadré dans une bande de gazon d'environ quatre pieds de large : pour le tenir court & le faire pouffer en même temps plus ferré, le jardinier y avoit attaché à égales diftances deux agneaux noirs & deux chevreaux blancs qui paiffoient deffus. Quel qu'en fût le réfultat, je trouvai cette invention fort jolie, & ces petits animaux étoient un ornement qui valoit le gazon.

Toutes les eftampes & tous les portraits que l'on a faits du Roi dans ces dernières années lui donnent l'air fort vieux; & c'eft à tort, à mon avis. Il a le vifage plein, il eft frais, il a un air de fanté & boit & mange d'un bon appétit, comme je l'ai vu de mes yeux. Certainement c'eft lui faire tort. Peut-être eft-ce une flatterie adreffée au Dauphin. Peut-être eft-ce encore quelque chofe de pis. C'eft le compliment le plus bas dont les François aient pu fe rendre coupables envers Monfeigneur; & c'eft dans un tout autre fens que parlent maintes infcriptions dont Paris eft rempli. Voyez plutôt la defcription de Paris où on les a recueillies. Les Romains fous Augufte, le premier qui ait été leur maître abfolu comme ce roi l'eft de fon peuple, s'exprimoient avec bien plus de délicateffe quand ils s'écrioient :

De noftris annis tibi Jupiter augeat annos!

Quoi qu'il en foit, le Roi ne paroît plus aimer Verfailles comme il faifoit : il penfe que l'air n'y vaut rien. Tous les mardis, comme je l'ai déjà dit, il en fort pour aller à Marly, à Meudon, quelquefois au Trianon, qui n'eft qu'au bout des jardins, & il n'y rentre que le famedi foir : puis il y a les grands voyages à Fontainebleau. Je m'étonne que personne ne le fasse songer à ce paradis de la France, le Languedoc, où il pourroit aisément aller en quatre jours, au train que vont les rois quand ils voyagent. Je tins ce discours à Versailles à la table d'un des introducteurs des ambassadeurs, mais il fut fort éloigné de le goûter; c'étoit trop contre l'intérêt de tous les gens établis à la cour; peu importoit ensuite ce qui adviendroit de la santé du Roi. Aureng-Zeb, l'histoire me fournit cet exemple, approchant de la cinquantaine, tomba grièvement malade, & languit longtemps à Lahore; je ne sais qui de sa cour lui conseilla d'aller à plus de trois cents lieues de là, dans sa province de Cachemire, un pays doux & tempéré : il suivit ce conseil, y guérit, & atteignit l'âge de cent ans (1).

Aujourd'hui le Roi ne joue plus, mais se contente de regarder les joueurs : autrefois il aimoit le jeu, & y a perdu de grosses sommes. M. S. (2) lui a escroqué près d'un million de livres à la bassette, au moyen de cartes falsifiées. Il lui en a coûté de la prison & quelques années de bannissement.

Avant de laisser là les jardins & la campagne, je veux ajouter quelques remarques sur des objets nouveaux pour moi.

---

(1) D. Francisco de Mello, ambassadeur de Portugal en Angleterre, me disoit qu'il arrivoit souvent dans son pays que des hommes usés de vieillesse ou autrement, au point de pouvoir à peine se flatter d'un an ou deux d'existence, prenoient le parti de s'en aller au Brésil, où ils reprenoient leurs forces jusqu'à vivre encore des vingt ou trente ans. Étoit-ce un effet de l'air ou des fruits de ce pays? Devoient-ils cette espèce de résurrection à leur rapprochement du soleil qui suppléoit à la chaleur vitale qui alloit leur manquer? Je ne sais. Je ne sais pas davantage si cette prolongation de la vieillesse mérite qu'on prenne tant de peine pour l'obtenir. — Le jeu peut-être n'en vaut pas la chandelle. (Sir W. Temple, *De la santé & de la prolongation de l'existence.*) (Henning.)

(2) Sans doute le marquis de Saissac, de la maison de Lodève. (B. J. P.)

Il y a dans les jardins de Paris un grand nombre d'abricotiers en plein vent, mais on les tient bas & ils donnent beaucoup.

Du fruit on fait des conferves que je mets au-deſſus de toutes leurs autres confitures. On les coupe par tranches minces, & on ôte les noyaux. Nous les y laiſſons quelquefois en faiſant cuire le fruit dans ſon entier; mais cela le gâte & finit par amener de la fermentation. Quant à l'amande des noyaux, on la met ici dans de l'eau-de-vie pour en faire de la liqueur. Au commencement d'avril, il y avoit foiſon d'aſperges, mais elles étoient ſouvent ſi amères, à mon goût du moins, qu'il n'y avoit pas grand plaiſir à en manger. Il eſt ſûr que ſous ce rapport elles valent beaucoup moins que celles que nous avons en Angleterre. Elles me rappellent l'aſperge ſauvage qui vient en abondance ſur le bord de la mer dans le comté de Lincoln : elle eſt très-jolie, mais il n'y a pas de culture qui ait pu la rendre mangeable. J'imagine que l'aſperge reprend quelque choſe de ſa force première dans un climat plus chaud, car ce n'eſt qu'en dégénérant qu'elle a pris de la douceur. Pour en avoir de bonnes à Paris, il faudroit renouveler la graine en Angleterre ou en Hollande.

L'aſperge ſauvage de Languedoc eſt une autre plante nommée Corruda.

Je me ſuis fait apporter de Languedoc, par le coche de Clermont, une cinquantaine de pieds de vigne précoce, que j'ai donnés à M. London, jardinier de notre roi d'Angleterre, pour Mylord ambaſſadeur. C'eſt un raiſin blanc, à peau très-mince & tranſparent comme une goutte d'eau. Il mûrit ordinairement en juillet à Montpellier, où on l'appelle *Des Unies?* Il y a auſſi à Paris, au jardin du Roi, des raiſins précoces, à ce que m'a dit

M. de Tournefort; mais eft-ce le même que celui dont je viens de parler, je l'ignore.

J'ai parlé de figuiers que l'on tient en caiffe : il y a une autre manière de les conferver quand ils font en pleine terre : c'eft de les envelopper de paille de la tête aux pieds, & pour le faire plus commodément, on les place d'ordinaire auprès des murs, quoique on ne laiffe pas d'en ufer de même avec ceux de ces arbres qui seroient au milieu du parterre. On ne les découvre pas avant la mi-mai.

Les arbres étrangers que l'on aime le mieux ici pour les allées & pour avoir de l'ombre dans les cours, ce font les marronniers d'Inde, dont il y a des quantités innombrables, car ils viennent feuls. L'acacia robinier eft auffi fort commun : on en fait de jolies allées ou bien on le taille en boule; mais fes feuilles pouffent tard, & à la fin de mai à peine étoient-ils verts.

Le 25 mai, quand j'allai prendre congé de M. Vaillant, je le trouvai dans fon parterre. Il me montra en pleine fleur une planche de renoncules qu'il avoit reçues de Conftantinople il n'y avoit que deux ans. Elles étoient belles & rares, au moins y en avoit-il que je n'avois jamais vues, telles que des blanc-pur, des blanches & vertes, blanc panaché de couleur de chair, couleur de chair pure, rofes, couleur de chair panachées, &c.

Il en avoit vendu de celles que je viens d'énumérer une piftole la griffe, & il efpéroit au bout d'un an ou deux en être mieux monté, de façon à les vendre à meilleur marché. J'en ai vu enfuite de celles-là à la pépinière royale & chez M. Lefebvre, le marchand de graines, mais elles venoient de chez M. Vaillant.

J'ai auffi remarqué chez lui des berceaux en fer audeffus de fes couches : ils font mobiles & fe peuvent hauffer & baiffer comme le veulent les fleurs qu'ils doivent protéger. Ceci, à mon fens, eft bien préférable à toutes ces inventions de couvercles de bois; & avec de groffes toiles ou des nattes ils feroient une efpèce de ferre portative pour des plantes peu délicates.

J'avois vu, dès le 9 mai, le jardin fleurifte de M. Lefebvre. Ses tulipes étoient dans toute leur beauté, & il en avoit en effet une grande & belle collection. Il en avoit beaucoup de panachées & d'une grande variété. Il me dit que dans fes tulipes de femis & d'une feule couleur, rouges, jaunes, &c., il en paroiffoit tous les ans quelqu'une de panachée; fi elle l'étoit parfaitement, c'eft-à-dire fur chacun de fes pétales, il étoit fort douteux qu'elle fe foutînt ainfi, & que l'année fuivante elle ne retombât point dans fa couleur primitive; mais au contraire, fi elle travailloit, c'eft-à-dire fi les panachures n'étoient que partielles & ne fe trouvoient pas du premier coup fur les fix pétales, il y avoit lieu d'efpérer qu'elles iroient en s'améliorant.

Quoique je n'euffe pas envie de defcendre dans les carrières, qui font comme nos mines en forme de puits, d'où l'on monte les pierres avec de grandes roues afin de ménager le terrain, je ne laiffai pas d'aller voir celles de Vanves, à un peu plus d'une lieue de Paris. C'eft une chaîne de collines qui côtoie l'Obfervatoire, & c'eft dans le flanc de la montagne, comme cela a lieu chez nous, que la carrière eft ouverte. J'y remarquai deux ou trois bancs de pierre de deux ou trois pieds d'épaiffeur chacun, prefque entièrement formés de coquilles, ou de pierres en forme de coquilles. L'une des plus remarquables pour la groffeur de ces pierres-coquilles étoit un buccin long & liffe, dont les nombreufes fpirales alloient en s'effilant. J'en mefurai dont la première fpirale étoit de huit pouces de diamètre; & fans en voir le bout, en me réglant fur d'autres que je voyois entiers & fur leurs proportions, celui-là devoit avoir au moins un pied de long. Il n'y a, dans aucune de nos mers, de buccin qui atteigne au quart de cette groffeur. Il y en a beaucoup de la forte dans ces carrières; de même, d'autres pierres turbinées femblables à quelques coquilles muficales des Indes occidentales dont le genre manque abfolument dans nos mers d'Europe. Ces bancs de pierre mêlée de corps en formes de coquillages, font entremêlés dans la carrière avec d'autres bancs où il ne s'en rencontre point.

Les gens à imagination peuvent en penfer ce qu'ils voudront; quant à moi, jufqu'à ce que l'hiftoire naturelle & furtout celle des minéraux & des foffiles ait été l'objet de recherches plus profondes & plus exactes, je me tiens pour affuré que tous raifonnemens feront en pure perte. C'eft dans les ténèbres que triomphe l'impudence, comme dans ce fujet-ci. On ne fe borne pas à émettre fon avis, on veut infulter quiconque ne l'adopte pas. Il en eft de même pour les eaux minérales; que d'écrivailleurs n'ont pas voulu s'en mêler fans avoir la moindre notion des foffiles!

Je ne fais fi ce que je vais dire vaut la peine d'être noté, mais cela montre le goût des François : dans quelques petites villes auprès de Paris, le mur de l'églife, en fe rapprochant du toit, avoit une bande de peinture noire large de deux pieds, qui entouroit tout l'édifice comme une ceinture, & de diftance en diftance, à intervalles réguliers, les armes du feigneur qui venoit de mourir y étoient peintes (1).

---

(1) Il ne s'agit ici ni du bon ni du mauvais goût des François, mais tout fimplement de l'exercice d'un droit honorifique qu'avoient les

Je terminerai mon récit par mes obfervations fur le climat de Paris & fon état fanitaire & médical.

---

feigneurs patrons fondateurs, ou les feigneurs hauts-jufticiers dans les églifes de leur fondation ou de leur juridiction.

On doubloit les litres pour les feigneurs titrés ou qui avoient quelque grande dignité, & pour le Roi on les triploit. Quelquefois il y avoit double litre avec des armoiries diverfes : c'étoit lorfque le patron fondateur & le feigneur haut-jufticier n'étoient pas la même perfonne. Les propriétaires de chapelles dans l'églife, qui ne réuniffoient ni l'une ni l'autre de ces deux qualités, pouvoient y faire placer des litres, mais feulement à l'intérieur de leur chapelle. (E. de S.) — J'ai vu encore fur l'églife de Soify, près Paris, la litre du préfident de Bailleul & celle du marquis de Laffay, à l'intérieur de l'églife de Deauville, près Trouville (Calvados). (B. J. P.)

CHAPITRE XI ET DERNIER.

DE L'AIR DE PARIS. — MALADIES HABITUELLES; ÉTAT DE LA MÉDECINE DANS CETTE VILLE.

L'AIR de Paris eſt plus ſec que celui d'Angleterre, quoique la plus grande partie en ſoit bâtie ſur un ſol bas, ſale & boueux. Les bords fangeux de la Seine en rendent témoignage, de même que ſon vieux nom latin de Lutèce. Quelques-uns de ſes habitans n'en veulent pas admettre l'étymologie : & pourtant il y a en France pluſieurs autres villes, autrefois beaucoup plus conſidérables que Paris, qui portoient ce même nom, en le tirant à la vérité du grec, comme Toulouſe, dont le nom dans cette langue avoit le ſens de boue noire. Nous avons dans nos *Tranſactions philoſophiques* une preuve indubitable de cette différence dans les deux climats : il eſt démontré par des notes tenues avec exactitude, tant ici qu'en Angleterre, qu'il tombe deux fois autant de pluie à Londres qu'à Paris.

Cette quantité de pluie donne bien plus de fraîcheur à nos gazons; & lorſqu'à mon retour je remontois la Tamiſe, c'étoit pour moi une agréable ſurpriſe que de voir à droite & à gauche nos champs & nos prés ſi verdoyans, mais nous le payons cher en fièvres, en toux & en maladies rhumatiſmales.

CHAPITRE XI.

L'hiver fut auſſi rigoureux qu'on s'en ſouvînt de mémoire d'homme : le vent du nord étoit perçant ; les gens, même du commun, ne ſortoient dans les rues qu'en manchon, & beaucoup portoient à leur bras de petites chaufferettes de cuivre pleines de braiſe, & cependant à peine entendoit-on touſſer quelqu'un. Pendant ſix mois que j'ai paſſés à Paris, je n'ai vu de brouillards qu'un ſeul jour, quoique une groſſe rivière paſſe au milieu de la ville, & qu'il n'y règne pas de grands vents ; mais peut-être eſt-ce accidentel, & cette année dont je parle ne doit-elle pas faire règle.

Dès les premiers jours de mars, malgré le froid des nuits & les fortes gelées blanches du matin, nous nous aperçûmes bien que le ſoleil à midi avoit autrement de force & de chaleur que chez nous à pareille époque.

Des changemens ſurvenus dans la ſanté de pluſieurs d'entre nous, nous donnèrent encore des preuves de la ſéchereſſe de l'air de Paris. Ceux qui avoient de la peine à reſpirer, qui touſſoient & crachoient beaucoup, furent bientôt guéris ; & la tranſpiration inſenſible agiſſoit tellement qu'il ne reſtoit preſque rien à faire aux reins. Preſque tous, en effet, nous remarquâmes que, tout en ne buvant pas mal de ces petits vins de Champagne & de Bourgogne, nous n'avions pas beſoin de nous en déranger la nuit, & qu'à peine, au matin, nous en apercevions-nous.

Enfin, un dernier indice de la ſéchereſſe & de la bonté de l'air de Paris, c'eſt l'énorme quantité de grilles de fer diſſéminées dans cette ville, qui ſont les mieux conſervées & le moins endommagées par la rouille que j'aie vûes nulle part ; tandis qu'au bout de peu d'années, les nôtres, à Londres, ſont miſérablement rongées par elle.

A notre arrivée, on nous avoit mis ſur nos gardes

contre l'insalubrité de l'eau, & suffisamment engagés à n'en point boire; & pourtant il nous fut presque impossible d'en éviter les mauvais effets; car, dans le mois, les deux tiers de notre compagnie eurent des flux d'entrailles, & quelques-uns de vraies dysenteries, dont ils furent très-malades. Les François qui viennent de la province en souffrent autant que les étrangers. On nous avoit dit que de faire bouillir cette eau l'amélioreroit, mais c'est un conte : nous savons que les eaux minérales bouillies n'en prennent que plus de force, & cette propriété des eaux de la Seine ne vient pas d'autre chose.

Les eaux de puits, qui sont encore plus minérales, sont pires aussi que celles de la Seine. Notre ressource, c'étoit l'eau qu'on nous apportoit du Château-d'Eau, où se rend l'aqueduc d'Arcueil pour faire le service des grands palais & des fontaines publiques de la ville.

La dysenterie est l'une des maladies les plus communes à Paris; & le médicament le plus renommé pour sa cure est aujourd'hui l'ipécacuanha, quoique je n'en aie pas fait usage une seule fois pour nos malades, & que je les aie guéris tout aussi vite avec nos remèdes ordinaires. Véritablement, on en a grand besoin, car, grâce à la mauvaise nourriture, aux légumes & à cette eau, les classes peu aisées sont fort sujettes à cette maladie : on dit que cette racine en guérit aussi vite & avec autant de certitude que la poudre des jésuites le fait de la fièvre; médecins & apothicaires sont d'accord là-dessus. On la donne pulvérisée & à la dose de six grains à quarante, au maximum. D'ordinaire, elle fait vomir; elle purge quelquefois, mais doucement dans les deux cas. On la vend de vingt à cinquante écus la livre suivant sa bonté; & il y en a de quatre qualités.

Une autre maladie fort commune ici, c'est la pierre, &

il ne manque pas de chirurgiens pour en faire habilement l'opération. Il y a deux hôpitaux où on en fait annuellement un grand nombre : la Charité & l'Hôtel-Dieu. Vous y voyez des armoires grillées remplies de pierres extraites du corps humain; & à la Charité il y en a une qui dépasse toute croyance. On la tira à un moine qui mourut dans l'opération; elle est de la grosseur de la tête d'un enfant. Ce n'est que le modèle qui est exposé, avec cette inscription :

« Figure & grosseur de la pierre, pesant cinquante & une onces, qui font trois livres trois onces, qui a été tirée dans cet hôpital, au mois de juin 1690, & que l'on conserve dans le couvent de la Charité. »

Mais ce dont je m'occupai le plus, c'est la nouvelle méthode pratiquée par un religieux appelé le frère Jacques (1). Le 20 avril, il tailla à l'Hôtel-Dieu dix malades en moins d'une heure de temps; & le troisième jour

---

(1) Jacques Baulot ou Beaulieu, né dans un hameau auprès de Lons-le-Saulnier en 1651, mort à Besançon en 1720. Fils de pauvres paysans & ne sachant que lire & écrire, il eut dès sa jeunesse le goût de la chirurgie : il auroit voulu en apprendre les premiers élémens dans un hôpital où on lui avoit donné des soins, mais on n'y consentit pas; alors il s'engagea comme soldat, & là fit connoissance avec un *empirique* nommé Pauloni, fameux pour ses opérations de la taille, & qui lui enseigna à la pratiquer. Après avoir travaillé sous lui cinq ou six ans, frère Jacques, qui prit ce nom en s'affublant d'une espèce de costume religieux de fantaisie, embrassa une vie errante & opéra dans presque toutes les provinces & les villes de France. Il vint à Paris précédé d'une grande réputation, y eut des succès & des contradicteurs, mais vit sa gloire presque entièrement éclipsée par la mort du maréchal de Lorges qui mourut entre ses mains. Il parcourut l'Europe, appelé partout, & partout honoré, & ne demandant jamais pour ses innombrables opérations d'autres honoraires que ce qui étoit strictement nécessaire pour sa nourriture & l'entretien de son pauvre vêtement. Accueilli successivement par l'Empereur, par le Pape, il rentra dans son pays après un hiver passé à Rome, & mourut dans de grands sentimens de piété à Besançon, où il s'étoit choisi une retraite. (Extrait de Moréri.)

après l'opération, tous, à l'exception d'un seul, avoient bon courage & ne souffroient plus.

Il taille également au grand ou au petit appareil; dans les deux, il enfonce hardiment une large lancette ou un stylet dans le milieu du muscle de la cuisse, près de l'anus, jusqu'à ce qu'il ait rencontré le cathéter ou la pierre entre ses doigts; puis il élargit l'incision de la vessie en proportion de la pierre au moyen d'un cerceau d'argent ovale; si cela ne va pas, il y fourre ses quatre doigts & déchire l'ouverture; & enfin, avec le bec-de-canne, il retire la pierre.

Je l'ai vu opérer une seconde fois à l'Hôtel-Dieu; en trois quarts d'heure, il tailla neuf personnes avec beaucoup de dextérité. Il me parut disposé à tout risquer. Je fus malade de la cruauté de cette opération, aussi bien qu'un autre Anglois plus solide que moi. Je ne laissai pas d'aller trouver tous ces malades à leur lit, & je les trouvai moins souffrans qu'étonnés.

Le frère Jacques, à l'autre hôpital de la Charité, en tailla aussi onze de la même façon, à deux reprises différentes & à peu près dans le même espace de temps. Là, M. Mareschal, le meilleur chirurgien de Paris pour cette opération, parla avec force contre lui aux directeurs, qui répondirent froidement que ce seroit par l'événement qu'ils jugeroient de la bonté de leurs méthodes.

« Atque hac ratione fœminis calculi omnium facillime
« exciduntur; nempe scalpello intra vaginam uteri in ve-
« sicam adacto. »

L'un de ceux qu'il tailla à la Charité mourut; & à l'autopsie, on vit qu'il avoit la vessie percée en quatre ou cinq endroits, le muscle *Psous* abîmé & les vésicules séminales gauches coupées.

Nonobstant cela, cette méthode, bien pratiquée par une main savante, pourroit être utile à l'humanité.

Elle me rappelle ce que j'ai autrefois écrit & publié dans les *Transactions Philosophiques* sur la taille pratiquée au-dessus de l'*os pubis*, dans le fond de la vessie, ainsi que l'expérience de la taille pratiquée sur un alderman de Doncaster, dans le *Gluteus major*. Il fut taillé deux fois de la même façon, & en guérit. J'ai vu la première pierre qu'on lui tira; elle étoit très-grosse & presque transparente, dans le genre du cristal. Cette expérience a été rapportée dans le *Scarborough Spaw* du docteur Willies, il y a au moins quatorze ans, & a pu donner l'idée de cette nouvelle méthode.

Depuis mon retour, j'ai reçu une lettre d'un savant & habile jeune homme, M. Probie, qui assista avec moi à l'opération, de laquelle je vais transcrire ce qui la regarde. Je désirois, en effet, vivement être tenu au courant de cette affaire, ayant quitté Paris trop tôt pour avoir des données bien certaines sur son issue :

Paris, 2 août 1698.

« La réputation du frère Jacques s'en va grand train : de ses quarante-cinq malades de l'Hôtel-Dieu, il n'y en a plus que seize qui soient en vie; & à la Charité, sur dix-neuf, il n'en reste que onze. Il a opéré dans les hôpitaux de Lyon, &, dit-on, avec moins de succès encore qu'à Paris. Je sais aussi qu'il ne manque pas d'ennemis, ce qui me fait souvent douter de ce que j'en entends dire. M. Fagon a dit à M. de Tournefort, quand il alla lui présenter son livre, qu'il avoit taillé sept personnes à Versailles, dont six étoient vivantes & se portoient aussi bien que si elles n'avoient subi aucune opération. Celle qui est morte étoit en si mauvais état qu'on n'espéroit pas qu'elle vécût, & l'on ne pense pas que l'opération ait avancé sa fin. Les chirurgiens, qui font de leur mieux pour le décrier, ne laissent pas de suivre sa méthode. Mareschal a fait des opérations en s'y conformant, avec cette différence que son cathéter étoit cannelé. La Rue, second chirurgien de la Charité, fit l'opération à l'ancienne manière en même temps que Mareschal en faisoit suivant la méthode du frère Jacques, mais sans réussir aussi bien que ce dernier, car tous les malades de Mareschal sont vivans & vont bien, tandis que la Rue en a perdu un ou deux; sans compter que ceux qui ont survécu ont demandé pour guérir un mois ou six semaines de plus que les autres. »

Voilà ce que m'écrivoit M. Probie.

Mais la grande affaire ici, c'est la vérole, maladie qui à Paris a contribué, jusqu'à un certain point, à la ruine de la médecine, comme à Londres. Ces traitemens secrets ont mis en pratique de misérables petits animaux de toute sorte, & leur ont donné lieu d'insulter des familles une fois qu'ils ont été au fait de leurs malheurs. C'est pour cette raison qu'à Paris, comme chez nous, les charlatans amassent rapidement, en traitant en secret ces tristes accidens, des fortunes que n'obtiennent jamais les médecins eux-mêmes.

Je m'amusois à lire sur les murs, en tous lieux de la ville, mais surtout dans le faubourg Saint-Germain, les affiches de ces charlatans imprimées en lettres grandes comme la main :

DE PAR LE ROI.

Remède infaillible & commode pour la guérifon des maladies fecrètes, fans garder la chambre.

Une autre :

PAR PERMISSION DU ROI.

Manière très-aifée & très-fûre pour guérir fans incommodité, & fans que perfonne s'en aperçoive, les maladies vénériennes, &c.

Une autre :

PAR PRIVILÉGE DU ROI.

L'antivénérien du médecin indien, pour toutes les maladies vénériennes, telles qu'elles puiffent être, fans aucun retour & fans garder la chambre. Il eft très-commode & le plus agréable du monde.

Une autre :

Remède affuré du fieur de la Brune, par privilége du Roi, &c., fans qu'on foit contraint de garder la chambre, &c.

On voit par ces affiches qu'il n'eft pas jufqu'aux François qui ne mettent encore quelque modeftie & quelque décorum à cacher cette maladie. On voudroit bien être guéri en fecret & comme fi de rien ne s'agiffoit; ces miférables vous le promettent, & c'eft là auffi ce qui leur donne le moyen de nuire à votre réputation & de vous perdre la fanté.

Tout le monde ici s'en mêle, & veut avoir fon fpécifique pour cette maladie : apothicaires, barbiers, femmes, moines; & quelques recherches que j'aie pu faire, je n'ai pas trouvé qu'ils aient d'autres remèdes que nous. Bien mieux, nous pratiquons en Angleterre, pour la guérifon de cette maladie, quelque chofe dont on ne fe doute pas à Paris; mais il y a un vieux vers qui m'empêche d'aller plus avant :

Artem pudere proloqui, quam factites.

Les boutiques d'apothicaires feroient affez propres, fi elles étoient auffi bien garnies de drogues. Il y en a de fort ornées & qui ont même un air de grandeur, telle que celle de M. Geoffroy, qui a été prévôt des marchands (1). Elle eft dans la rue Bourgtibourg : l'entrée de la baffe-cour eft par une porte cochère avec des niches où font de grands vafes de cuivre. Quand vous êtes entré, vous trouvez des falles ornées d'énormes vafes & de mortiers de bronze, qui font là autant pour la parade que pour l'ufage. Les drogues & les préparations font dans des armoires rangées autour de ces pièces. Sur les dernières font des laboratoires très-propres & parfaitement montés. J'ai beaucoup à me louer de la politeffe de ce favant à mon égard. Je dois également approuver les foins qu'il a pris pour l'éducation de fon fils, qui eft venu en Angleterre avec le comte de Tallard, un jeune gentilhomme inftruit & de la plus belle efpérance; à qui notre fociété de Gresham College fit, fur ma demande,

---

(1) Lifter fe trompe. Mathieu-François Geoffroy fut *échevin* & non prévôt des marchands en 1685. Chevillard donne fes armes qui font d'azur à la tour donjonnée de trois donjons d'or. (B. J. P.)

l'honneur de l'admettre au nombre de ses membres, comme du reste il le méritoit.

J'ai eu occasion de causer avec nombre de médecins de cette ville, qui tous conviennent de l'abaissement & de la mésestime où est tombé leur art, grâce à l'intrusion des charlatans, des femmes & des moines, & de leur hardiesse. M. Daquin, en dernier lieu premier médecin, s'étoit fait grand tort en recevant de l'argent & en accordant sa protection à ce bétail-là : mais le premier médecin actuel, M. Fagon, est un homme de beaucoup d'honneur, de savoir & de zèle pour l'honneur du corps.

Ici, comme chez nous, les uns exercent leur art par vanité, & d'autres en font un gagne-pain. La première cause de tout cela, c'est, à mon avis, la bonne opinion que les gens ont de leur propre savoir, c'est-à-dire l'arrogance la plus mal raisonnée. Porter une sentence sur un traitement, sur la pratique bonne ou mauvaise de la médecine, c'est sans doute l'une des choses les plus délicates, même pour des gens de notre profession; mais aujourd'hui un jury, ce qui veut dire les premiers venus, en Angleterre, ont permission de décider de semblables questions; tandis que j'ai toujours trouvé, je puis le dire, & sans leur faire tort, que les hommes les plus savans de la nation ne s'en trompoient que mieux sur ces matières : & pourroit-il en être autrement dans un art aussi conjectural, où nous-même nous savons à peine quand nous avons bien ou mal fait?

Une autre cause du décri de la médecine en ce pays, ce sont les pitoyables honoraires que l'on donne aux médecins, ce qui fait que la science ne vaut plus la peine qu'on s'y applique & qu'on l'étudie. Le Roi cependant se montre, comme pour tout le reste, fort large dans les penſions qu'il fait à ſon premier médecin, & donne de bons emplois à ſa famille.

Je citerai encore M. Bourdelot, médecin de la ducheſſe de Bourgogne, qui eſt bien penſionné & logé à Verſailles. C'eſt un ſavant homme qui connoît parfaitement l'hiſtoire de la médecine. Nous aurons bientôt de lui, à ce qu'il m'a dit, un autre ſupplément à Vander-Linden, de pluſieurs milliers d'ouvrages dont ce catalogue ne fait pas mention.

Monſieur, M. le Dauphin & tous les princes du ſang ont des médecins attachés à leur perſonne; j'en connoiſſois pluſieurs, tels que M. Arlot, M. Minot, au prince de Conti, que j'avois autrefois connus à Montpellier; les deux MM. Morin, deux hommes fort inſtruits, M. Grimaudet, &c.

D'autres ont la clientèle des couvens de filles ou d'hommes, ce qui leur donne du pain; d'autres ont celles des paroiſſes, ou ont recours à d'autres expédiens de même genre; mais tout cela ne vaut pas grand'choſe, & eſt d'un mince encouragement pour la faculté.

Le 14 avril, le prince de Conti envoya à minuit un gentilhomme & ſa voiture me chercher pour ſon fils, & me dire d'apporter avec moi, pour lui en donner, des gouttes du feu roi Charles. Le meſſage étoit preſſant. Je dis au gentilhomme que j'étois le très-humble ſerviteur du prince; mais que ſoit de ces gouttes du roi Charles, ſoit de toutes autres médecines, je n'avois rien apporté avec moi, & que, lorſque l'occaſion s'en étoit préſentée, je n'avois uſé que de celles qui s'étoient trouvées chez les apothicaires de la ville. Je le priai de dire à Son Alteſſe que j'étois tout prêt à entrer en conſultation avec ſes médecins ſur la maladie du jeune prince, quand il lui plairoit de l'ordonner; mais que pour me rendre chez lui dans un autre but, je le priois également de m'excufer. Je n'en entendis pas parler davantage, & le jeune prince mourut.

Il reffort évidemment de ce récit, qu'on fe fait à Paris une idée de la médecine auffi fauffe qu'à Londres; qu'on la prend pour un empirifme bien plus que pour une fcience méthodique, & que les babioles chimiques, ces bijoux des charlatans, font ce que l'on veut par-deffus tout. Cette héréfie a gagné les penfeurs tout comme les ignorans : & de cela il faut en remercier ces récens & vains hiftoriens de la nature, qui ont déclamé de toute la force de leurs poumons contre les anciens médecins grecs, les feuls chez qui nous puiffions apprendre notre art, à moins que ces docteurs ne puiffent vivre, chacun pour fon compte, autant de fiècles qu'ont déjà duré ces fages.

Bien des gens font fort difpofés à dicter à leur médecin, avant qu'il n'ait eu le temps de fe faire la moindre idée de leur mal, ce qu'il devra lui-même leur prefcrire. Paffe encore s'il ne s'agiffoit que de la négative; mais ce qu'ils veulent impofer, ce font leurs préjugés, qui leur viennent de l'impertinence du fiècle &, il faut le dire auffi, de nos confrères eux-mêmes, qui ne devroient s'entretenir avec le malade & fa famille que de pronoftics qui font l'honneur de la médecine, au lieu d'aller faire les philofophes avec leurs explications prétendues & imaginaires de la nature des maladies & des remèdes; le tout pour fe faire valoir auprès des ignorans, comme le font à coup fûr dans ce cas-là tous ceux qui n'ont pas étudié la médecine à fond & pour tout de bon.

D'autres perfonnes de qualité, comme la princeffe d'Efpinoy, la ducheffe de Bouillon, M. de Saiffac, &c., me demandèrent de ces gouttes du roi Charles : en me rappelant comment ce roi, mon maître, m'en avoit lui-même donné le secret & montré si obligeamment la manière de les faire, en me menant les voir distiller dans son propre laboratoire de Whitehall; pensant encore comment M. Chevins m'en avoit une autre fois montré dans son appartement la matière en grande quantité, c'est-à-dire de la soie écrue, je résolus de n'en point faire mystère & d'en faire distiller ici. Je l'enseignai aussi au docteur de Tournefort, qui y réussit à merveille en distillant la plus belle soie écrue qu'il put trouver. Pour mon compte, je fus étonné à la vue du succès de l'expérience, car je ne l'avois jamais faite moi-même. Une livre de soie écrue donna une quantité incroyable de sel volatil &, en proportion, l'esprit le plus fin que j'aie jamais vu. Ce qui le recommande, c'est que, quand il est rectifié, il est d'une odeur beaucoup plus agréable que celui qu'on tire du sel ammoniac ou de la corne de cerf; & le sel lui-même, raffiné & combiné avec n'importe quelle huile chimique de bonne odeur, forme ce que l'on appelle sel du Roi. Mylord ambassadeur me permit d'en faire des présens en son nom, & maintenant M. de Tournefort en fournit à ceux qui en ont besoin. La soie, effectivement, n'est autre chose qu'une gelée sèche, telle qu'un insecte peut la produire, & doit être par conséquent fort cordiale & stomachique. Aussi les Arabes font preuve de connoissances en matière médicale lorsqu'ils la font entrer dans leur alkermès.

Ce qu'il faut dire à l'honneur du roi Louis XIV, c'est qu'il a toujours donné de généreux encouragemens à toutes les découvertes utiles, particulièrement à la médecine. On sait qu'il a acheté & rendu public le secret de la poudre des jésuites, & il en a usé de même dernièrement pour l'ipécacuanha.

Pour conclure, je dirai que j'ai eu la bonne fortune de recevoir ici une liaſſe de papiers originaux de Sir Théodore de Mayerne & de ſes amis qui étoient en correſpondance avec lui. Ils m'ont été donnés par le révérend doéteur Wickar, doyen de Wincheſter, qui, après avoir épouſé une de ſes parentes, les trouva au milieu de paperaſſes de procès. Je n'ai pas encore eu le temps de les parcourir, mais quiconque connoît le mérite de ce grand homme, déſirera que je les publie. Si je le fais, ils paroîtront dans leur intégrité. Ils ne ſeront point dénaturés comme d'autres de ſes papiers l'ont été au grand détriment des ſciences médicales : le premier exemple, que je ſache, de papiers poſthumes mutilés & défigurés avant qu'on ne leur eût fait tenter la chance d'une publication intégrale.

FIN DU VOYAGE DE LISTER A PARIS.

SUPPLÉMENT A LISTER

EXTRAITS D'ÉVELYN

EXTRAITS D'ÉVELYN.

C'étoit en 1643, durant les troubles d'Angleterre : on exigeoit la fignature du covenant; Évelyn, âgé alors de vingt-trois ans, voyant qu'il étoit difficile, en demeurant dans fon pays, de n'être pas entraîné dans des démarches contraires à fa confcience & à fes fentimens royaliftes, follicita & obtint, de la main du roi Charles Ier, la permiffion de voyager fur le continent, & partit pour la France.

Après un paffage qui ne fut pas fans quelques dangers, il débarqua à Calais le 12 novembre, y confidéra quelques traces de la domination angloife, monta à cheval à la fuite du meffager, traverfa Boulogne, Montreuil, Abbeville, avec l'inquiétude d'être enlevé par les partis efpagnols qui couroient la campagne, puis Beauvais, où il remarqua, dit-il, les premières vignes qu'il eût vues. Le 18, il étoit à Paris; mais il avoit d'abord traverfé Saint-Denis, où je vais lui rendre la parole.

EXTRAITS DU JOURNAL DE JOHN ÉVELYN.

Saint-Denis n'eft confidérable que par fon impofante cathédrale & la fépulture des Rois de France qui y font enterrés, comme les nôtres à Weftminfter. Le tréfor paffe pour l'un des plus riches de l'Europe. L'églife a été bâtie par le roi Dagobert (630); mais elle a été fort agrandie depuis ce temps, car elle a maintenant 390 pieds de long, 100 de large & 80 de hauteur, sans y comprendre la toiture. Elle a une flèche en pierre fort élevée, & ses portes sont de bronze. Là, sous la conduite de quelques moines, nous vîmes les tombeaux des Rois, tant anciens que récents, à commencer par ceux du fondateur & de son fils Louis, de Charles Martel & de Pépin son fils, père de Charlemagne. Ces tombeaux sont dans le chœur; mais, hors de cette partie de l'église, il y en a quantité d'autres; par exemple, celui de Bertrand du Guesclin, connétable de France, dans la chapelle de Charles V, avec toute la descendance de ce prince, & tout auprès le magnifique monument de François Ier & de ses enfans, avec des bas-reliefs de marbre qui représentent ses guerres, ses victoires & ses triomphes. Dans la nef de l'église est le catafalque du père du Roi régnant, Louis XIII, dont le corps repose sous un dais de velours noir. C'est aussi là que sont les nobles cendres de Henri II, de François II & de Charles IX. Un peu plus haut sont les corps de divers saints. Chacune des dix chapelles renferme de leurs reliques, parmi lesquelles sont celles d'un des Saints Innocens. Dans le trésor gardé dans la sacristie, on voit des croix d'or & d'argent massif ornées de pierres précieuses. Une de ces croix d'or a trois pieds de haut & est garnie de saphirs, de rubis & de perles du Levant. Une autre, donnée par Charlemagne, a au milieu une superbe améthyste, avec des pierres & des perles d'une valeur inestimable.

Parmi les reliques les plus précieuses, on montre un clou de la croix de Notre Sauveur; il est dans un reliquaire d'or garni de pierres précieuses; un crucifix du bois de la vraie croix, sculpté par le pape Clément III, & enchâssé dans du cristal recouvert d'or; une boîte où il y a quelques cheveux de la Vierge; des langes dont Notre Sauveur fut enveloppé à sa naissance. Dans une grande châsse en forme d'église, il y a du sang de Notre Sauveur, de ses cheveux, de ses vêtemens, du linge dont il essuya les pieds des apôtres, & maint autre objet tout aussi authentique, à l'origine desquels le moine qui nous conduisoit auroit voulu nous faire croire comme à autant d'articles de foi.

Dans le trésor sont déposés la couronne de Charlemagne, son sceptre haut de sept pieds, sa main de justice, l'agrafe de son manteau garnie de diamans & de rubis, son épée, son baudrier & ses éperons d'or (1). La couronne de saint Louis, couverte de pierres précieuses parmi lesquelles est un énorme rubis non taillé, du poids de 300 carats & d'un prix sans borne, sous qui est placée une des épines de la couronne de Notre Seigneur (2); son épée, son sceau & sa main de justice. Les deux couronnes de Henri IV, son sceptre, sa main de justice, ses éperons : les deux couronnes de son fils Louis XIII. L'agrafe du manteau royal d'Anne de Bretagne est ornée d'un grand rubis d'une rare beauté. On y voit des livres dont la reliure est de plaques d'or semées de pierres précieuses. Deux vases de béryl : deux d'agate dont l'un, pour ses dimensions, sa couleur & les bas-reliefs dont il est couvert, passe pour le plus beau qui existe aujourd'hui. Par grande faveur, on me permit de le mesurer : le sujet est une bacchanale & un sacrifice à Priape, ce qui ne laisse pas d'en faire un objet fort saint & bien digne d'orner une église ! C'est un véritable antique, & le plus beau de leurs joyaux. Je vis aussi là une grande nef de chrysolithe, une grande urne de porphyre, une autre de calcédoine, un vase d'onyx, le plus grand que j'aie jamais vu; deux autres de cristal; un

---

(1) Tous ces objets font aujourd'ui partie du Musée des Souverains au Louvre. (C. de R.)

(2) Cette pensée de saint Louis : l'opposition de la couronne d'épines à la couronne royale, se retrouve dans sa monnoie dite le Royal d'or, représentant au droit la couronne royale & au revers la couronne d'épines passée dans une croix. Ce rapprochement confirme l'idée que j'ai émise ailleurs de l'intervention directe & personnelle de saint Louis dans la réforme du système monétaire & le remplacement subit de pièces barbares par des monnoies du meilleur goût. (B. J. P.)

morceau d'une des aiguières où s'accomplit le premier miracle de Notre Sauveur; des portraits de la reine de Saba, de Jules César, d'Auguste, de Marc-Antoine, de Cléopâtre, & d'autres personnages, sur des saphirs, des topazes, des agates, des cornalines. — La reine de Saba a les traits mauresques; Jules César & Néron sont admirablement exécutés sur des agates d'une couleur fort rare. Une coupe qui servoit habituellement de verre à Salomon, & un Apollon sur une grande améthyste. Dans l'embrasure d'une fenêtre, il y avoit un miroir d'une espèce de pierre, qu'on disoit avoir appartenu à Virgile, & des échecs venant de Charlemagne & couverts de caractères arabes. Dans une armoire, auprès de la porte, étoit une lanterne de bronze garnie de cristaux dont, disoit-on, Judas & sa troupe s'étoient servis pour aller arrêter Notre-Seigneur; une belle corne de licorne, présent d'un roi de Perse, & de sept pieds de long. Dans une autre armoire, au-dessus de laquelle est une peinture à l'huile de leur amazone d'Orléans, l'épée au poing, sont serrées les effigies en cire des derniers Rois, comme les nôtres à Westminster, & revêtus de leur costume royal; enfin, tout un monde d'autres curiosités.

Après avoir récompensé notre moine de sa courtoisie, nous remontâmes à cheval & arrivâmes à Paris sur les cinq heures du soir. Toutes les cent toises, le long du chemin, étoient de belles croix en pierre fleurdelysées (1): c'étoient, dit la tradition, les stations où saint Denis s'étoit reposé en portant sa tête du lieu de son martyre à celui où est édifié son monastère. Nous descendîmes à Paris à la *Ville de Venise* (2), d'où, après m'être

---

(1) Ces croix indiquoient, non les stations de saint Denis, mais celles du roi Philippe III, lorsqu'il porta à l'abbaye les reliques de saint Louis son père. (Voyez Félibien, *Histoire de saint Denis.*) (E. de S.)

(2) Rue Saint-Gilles, derrière la rue des Minimes. Là étoit logé l'envoyé de la République. (P. P.)

un peu repofé, j'allai vifiter fir Richard Browne, envoyé de Sa Majefté auprès du roi de France.

5 *Décembre* 1643. — Le comte de Norwich fit fon entrée comme ambaffadeur extraordinaire : j'allai le trouver en voiture à fix chevaux à l'hôtel de M. de Baffompierre, où je vis ce brave feigneur, & les jardins, les terraffes & la belle vue de fa maifon (1). Mylord, accompagné par le grand maître des cérémonies & une nombreufe cavalcade de gens de qualité, alla au palais Cardinal (2), où, le 23, il eut audience du Roi & de la reine Régente fa mère dans la chambre dorée. De là je le reconduifis à fon hôtel rue Saint-Denis, & pris congé de lui.

24. — Je fuis allé avec quelque compagnie vifiter divers endroits remarquables dans la campagne. Paris fe divife en trois parties, dont la ville eft la plus grande : la Cité, qui eft entre celle-ci & l'Univerfité, eft dans une île. On y traverfe la Seine fur un pont majeftueux, nommé le Pont-Neuf, commmencé, en 1578, par Henri III, & achevé par fon fucceffeur Henri IV. Il eft bâti entièrement de pierre de taille, prife fous les rues, & furtout à Montmartre. Il a douze arches, au milieu defquelles aboutit la pointe de l'île; il eft des deux côtés garni de jolies boutiques. Il y a une large voie pour les voitures, avec, de chaque côté, deux trottoirs élevés de trois ou quatre pieds pour les piétons, & affez larges pour huit ou dix perfonnes de front. Au milieu de ce beau pont, fur un des côtés, eft la fameufe ftatue équeftre de Henri le Grand, beaucoup plus grande que nature. Sur les quatre

---

(1) Le maréchal de Baffompierre avoit une maifon dans la rue Saint-Honoré, proche de la Croix-du-Tiroir. — Mais il doit être ici queftion de « ce grand logis à Chaillot, admirable pour fa fituation, & qu'occupent maintenant les religieufes de Sainte-Marie. » (Sauval, II, p. 156.) Cette maifon avoit été conftruite pour la reine Catherine de Médicis, au bout de l'avenue appelée plus tard le Cours la Reine. Elle fut cédée aux religieufes de la Vifitation de Sainte-Marie, vers 1651, & ces dames la confervèrent jufqu'à l'abolition des ordres monaftiques, en 1790. (P. P.)

(2) Aujourd'hui le Palais-Royal.

faces du piédestal, qui est de divers marbres, sont des inscriptions de ses victoires, & des bas-reliefs en bronze de ses principales actions. La statue & le cheval sont de bronze, & l'œuvre de l'illustre Jean de Bologne, qui la fondit à Florence; & c'est un présent de Ferdinand Ier, & de Cosme II, oncle & cousin de la reine Marie de Médicis(1). Elle est enfermée dans une solide & belle grille de fer, autour de laquelle il y a toujours nombre de charlatans occupés à amuser les badauds de leurs prouesses. De ce lieu, on a une fort belle vue, tant sur le Louvre & le faubourg Saint-Germain que sur l'île du Palais & Notre-Dame. Au bas de ce pont, il y a un château d'eau, au sommet duquel, à une grande hauteur, est figurée l'histoire de Notre Sauveur & de la Samaritaine, qui verse l'eau de son seau. Au-dessus, c'est une horloge avec divers mouvemens, un carillon, &c. L'eau monte de la rivière au moyen de roues, de pompes & d'autres engins. L'affluence du monde, le nombre des voitures qui passent sans cesse sur ce pont sont d'un agréable divertissement pour le spectateur qui n'y est pas accoutumé.

Il y a encore d'autres ponts, comme celui de Notre-Dame & le pont au Change, qui est bien construit en pierre & bordé de maisons. Il n'y a que le pont Sainte-Anne, qui conduit du faubourg Saint-Germain aux Tuileries, qui soit en bois ; il est aussi orné, au milieu, d'une machine hydraulique : c'est une statue de Neptune qui fait sortir l'eau de la gueule d'une baleine ; le tout est en plomb, mais fort inférieur à la Samaritaine.

L'Université, au sud-ouest & sur un terrain plus élevé, est contiguë au reste de Paris, mais en est la moindre

---

(1) Cette statue fut commencée à Florence en 1604 & terminée en 1611 par Pierre Tacca, après la mort de Jean de Bologne. Quelques débris de cette statue & les quatre figures d'esclaves (par Franqueville) qui entouroient le piédestal sont placés aujourd'hui au Musée du Louvre. (C. C. de R.)

partie. On n'y compte pas moins de soixante-cinq colléges; mais pour la magnificence & l'ordre, ils n'approchent en rien des nôtres à Oxford. Les libraires habitent dans l'Université. Les écoles, dont nous parlerons plus tard, sont bien tenues.

Les faubourgs de la ville sont ceux de Saint-Denis, Saint-Honoré, Saint-Marcel, Saint-Jacques, Saint-Michel, Saint-Victor, Saint-Germain. C'est dans ce dernier, le plus grand de tous, que demeurent les gens de qualité & le reste de la noblesse. Véritablement Paris, en y comprenant ses faubourgs, est, pour la façon & les matériaux dont les maisons en sont construites & pour maint noble & magnifique édifice, l'une des plus belles villes du monde. Il est grand, d'une forme ronde, fort peuplé, mais dans un fond qu'environnent des collines peu élevées, ce qui le rend fort sale en plusieurs endroits : l'odeur de la boue est à faire croire qu'on y auroit mêlé du soufre, & pourtant les rues sont pavées d'une espèce de pierre de taille de près d'un pied en carré, beaucoup plus commode pour marcher que nos cailloux de Londres.

Le jour de Noël, j'allai voir la cathédrale de Notre-Dame, bâtie par Philippe-Auguste, mais commencée par le roi Robert, fils de Hugues Capet. C'est un édifice gothique, soutenu à l'intérieur par cent vingt piliers qui y forment cinq nefs, sans compter les chapelles, qui sont au nombre de quarante-cinq. Le chœur, autour duquel on circule, est fermé à l'extérieur d'un ouvrage de maçonnerie couvert de bas-reliefs représentant l'histoire sainte. Au-dessus du portail sont, au nombre de vingt-huit, les statues des rois, depuis Childebert jusqu'au fondateur Philippe II; au-dessus s'élèvent deux grandes tours carrées, & à la croisée de l'église, une autre plus petite qui se termine en flèche. On monte aux tours par un escalier de trois cent quatre-vingt-neuf marches, & il y a douze galeries qui communiquent de l'une à l'autre. On tient en grande vénération le crucifix qui est au-dessus du jubé

& une image de la sainte Vierge. Aux piliers sont accrochés quelques bons tableaux modernes (1). De toutes ces statues, la plus remarquable est un saint Christophe colossal. Diverses autres figures d'hommes, de maisons, de perspectives, de rochers entourent ce morceau gigantesque, qui est d'une seule pierre, & plus remarquable par sa masse que pour quelque autre mérite. Cette église est la première de France en dignité : elle a des archidiacres, des curés, des chanoines, des prêtres, des chapelains en quantité suffisante, car ils sont en tout cent vingt-sept. A côté est le palais de l'archevêque. Je vis le jeune Roi faire son entrée dans la nef de l'église, avec grand accompagnement de gardes, au bruit des tambours & des trompettes, après quoi j'eus le plaisir d'entendre de la musique d'église, & je m'en allai ensuite, y laissant Sa Majesté.

4 *Janvier* 1644. — Je passai cette journée avec un monsieur J. Wall, Irlandois, qui avoit été moine en Espagne, puis professeur au collége de Saint-Isidore à Rome ; enfin, je ne sais comment il s'étoit arrangé, mais il se donnoit à cette heure pour un grand guerrier, un vrai cavalier, & prétendoit qu'il avoit commandé en Allemagne une compagnie de cavalerie. Ce qu'il y a de sûr, c'est que c'étoit un grand ergoteur, & si voué à la dispute que rien ne pouvoit se vanter de lui échapper. Il fallut absolument, ce matin-là, que je l'accompagnasse au collége des Jésuites pour y être témoin de ses hauts faits polémiques. Nous trouvâmes ces pères dans leur église de la rue Saint-Antoine, où l'un d'eux nous fit visiter ce noble édifice, dont la coupole, le pavé, les incrustations de marbre, la chaire, les autels (surtout le maître-autel), l'orgue, les bénitiers, mais par-dessus tout le riche &

---

(1) Chacun de ces tableaux étoit offert à la Vierge le 1ᵉʳ mai de chaque année par la corporation des orfévres de Paris. Cet usage disparut ou du moins se modifia vers 1680. C'étoit ce que l'on appeloit *les mais de Notre-Dame*. Ils sont tous aujourd'hui réunis au Louvre. (C. de R.)

incomparable portail, font, à mes yeux, l'un des morceaux d'architecture le plus accomplis d'Europe, & digne de foutenir la comparaifon avec ce que Rome préfente de plus beau. Mais ce n'étoit pas là ce que cherchoit notre moine guerrier; notre guide nous fit donc entrer dans leur maifon & dans la bibliothèque, où ils entamèrent une chaude difpute fur quelques points de théologie, que, dans fon orgueil, notre cavalier pouffa fi bien & avec tant d'indifcrétion, que les Jéfuites, à bout de patience, ne nous reconduifirent que de fort mauvaife grâce jufqu'à notre carroffe.

Le lendemain nous allâmes, dans le pays latin, au collége de Navarre, dont les conftructions fpacieufes & bien bâties forment un carré, avec une fort belle bibliothèque (1). De là nous paffâmes à la Sorbonne, vieil établiffement fondé par Robert de Sorbon, dont il garde le nom, mais que les travaux qu'y a fait exécuter le feu cardinal de Richelieu ont placé au rang des plus beaux édifices modernes. Sa fomptueufe églife avec fa coupole, fon portail, & l'enfemble de fon admirable architecture, eft fort fupérieure à tout le refte.

Nous entrâmes dans quelques-unes des écoles; & dans celle de théologie, nous trouvâmes un grave docteur dans fa chaire entouré d'une foule d'auditeurs qui tous écrivoient fous fa dictée : c'eft ce qu'on appelle faire un cours. Après être demeuré affis quelque temps, notre cavalier fe leva &, affez groffièrement, fe mit à difputer avec le docteur, fur quoi, & à la vue de fon habit à l'efpagnol qui, à Paris, eft le plus grand épouvantail imaginable, écoliers & docteur furent pris d'un tel accès de fou-rire, qu'il fut un moment impoffible de s'entendre. Le filence un peu rétabli, mon homme fe mit à parler latin & à s'excufer d'un fi bon ftyle, que leur moquerie fe changea en admiration; puis reprenant fon argumentation, il battit fi bien le profeffeur, que toute l'af-

---

(1) C'eft aujourd'hui l'École Polytechnique. (C. de R.)

semblée se leva avec applaudissemens, lui fit de grands honneurs, & nous reconduisit jusque dans la rue, & à notre voiture, avec toutes sortes de marques de satisfaction.

3 *Février*. — Je suis allé à la Bourse (1) : les additions récentes à ce bâtiment sont belles, mais les galeries où l'on vend de menues marchandises n'approchent pas des nôtres à Londres, non plus que le lieu où se tiennent les négocians, qui n'est qu'une simple voûte basse.

Le palais, comme on appelle l'étage supérieur bâti du temps de Philippe le Bel, est imposant & spacieux. La grande salle a une voûte en pierre soutenue au milieu par une rangée de piliers autour desquels, & le long des murailles, sont des boutiques de toutes sortes de denrées, & particulièrement des libraires. L'un des côtés est garni de bancs pour les clercs des avocats, qui y foisonnent, comme chez nous à Westminster. A l'un des bouts il y a un autel où l'on dit la messe tous les jours. Plus loin sont diverses chambres, des cours de justice, des tréforeries, &c. Au-dessus est cette riche & belle salle d'audience, la chambre de saint Louis, & les autres chambres où siége le Parlement. Elles sont toutes dorées, sculptées & chargées de riches ornemens.

Dans l'endroit où sont les marchands, il y a une autre galerie plus étroite, pleine de boutiques & de babioles, qui donne sur la cour des prisonniers. Après être descendu par un fort large escalier, nous passâmes auprès de la Sainte-Chapelle, qui est une église d'architecture gothique, bâtie par saint Louis en 1242. Elle est portée elle-même par une autre église basse, & est soutenue par des piliers sveltes à en causer de l'admiration. Cette chapelle, célèbre par ses reliques, possède, dit-on, la cou-

---

(1) C'est-à-dire au Palais de Justice. — Nous avons vu rarement ainsi désignée la voûte où se tenoit le Change ou la Bourse avant l'établissement de la *Place de la Bourse*, dans le palais Mazarin, aujourd'hui Bibliothèque nationale, en 1724. (E. de S.)

ronne d'épines presque tout entière, & une patène d'agate du plus rare travail, que l'on considère comme l'une des plus belles d'Europe (1). On étoit en train de lui construire une très-belle flèche. La cour du Palais est spacieuse, peut tenir un grand nombre de carrosses, & est garnie tout autour de boutiques, de graveurs principalement, d'orfévres & d'horlogers. Il y a un portique & une belle fontaine.

L'île du Palais (2) est de forme triangulaire & bâtie en briques. Celui des côtés qui donne sur la rivière est occupé par des orfévres. A l'intérieur, ce sont des habitations particulières; & l'entrée qui donne sur le grand pont est remplie de charlatans, d'opérateurs & de marionnettes. De l'autre côté est un marché quotidien de toutes sortes de provisions : de pain, de légumes, d'orangers, de fleurs, d'arbustes rares. Il y a là une boutique, appelée l'Arche de Noë, où l'on vend toutes les curiosités, naturelles ou artificielles, des Indes ou de l'Europe, de luxe ou d'utilité : armoires, coquilles, ivoire, porcelaine, poissons desséchés, insectes, oiseaux, peintures, mille extravagances, enfin, de l'autre monde. Au sortir de là, nous remarquâmes la porte Dauphine, qui est un fort bel arc de triomphe. La rue de ce même nom est droite & large.

4 Février 1644. — Je suis allé voir le Temple au Marais : c'est une église avec un palais qui appartenoient autrefois

---

(1) Cette couronne & le reliquaire qui la contenoit en 1497 ont été reproduits dans la miniature n° 29 du livre d'heures de la reine Anne de Bretagne, déposé aujourd'hui dans le Musée des Souverains. Quant à la *patène d'agate du plus beau travail*, c'est le magnifique camée dit *de la Sainte-Chapelle* représentant l'apothéose d'Auguste, placé maintenant au Cabinet des médailles sous le n° 188. (Voir le Catalogue des camées & pierres gravées par M. Chabouillet, 1858.) (C. de R.)

(2) Voir une belle vue du Pont-Neuf dans la topographie de Châtillon. Quel charmant spectacle présentoit cette partie de la Cité (du Palais au Cheval de bronze) : elle étoit bâtie de maisons uniformes de brique & de pierre, qui ont perdu tout à fait leur aspect sous les badigeons, ravalemens & surélévations. (B. J. P.)

aux Templiers. Il y a aujourd'hui une place qui, plus grande & moins agréable, reſſemble à la nôtre de Covent-Garden, & eſt entourée de beaux hôtels.

Un lieu de grande dévotion, c'eſt l'égliſe de Sainte-Geneviève, dédiée à une autre de leurs amazones qui, dit-on, a délivré la ville des Anglois (1), & en eſt, en conféquence, la ſainte tutélaire. Cette égliſe eſt ſur une éminence aſſez eſcarpée; elle a une tour très-élevée, & appartient à des chanoines réguliers.

La place Royale, bâtie par ordre d'Henri IV, eſt un vaſte carré entouré de beaux hôtels, ſous leſquels circule tout autour de la place une galerie couverte. Au milieu eſt élevée, ſur un beau piédeſtal, une ſtatue en bronze de Louis XIII qui, encore qu'elle ſoit faite à l'imitation de celle qui eſt au Capitole à Rome, eſt bien éloignée d'être auſſi eſtimée que celle du Pont-Neuf (2).

L'hoſpice des Quinze-Vingts, dans la rue Saint-Honoré, eſt un excellent établiſſement; mais ce qu'il faut mettre au-deſſus de tout, c'eſt l'Hôtel-Dieu auprès de Notre-Dame. Cette pieuſe & vraiment royale fondation eſt deſtinée également aux hommes & aux femmes. A l'hôpital de la Charité j'ai eu grand plaiſir à voir comment & avec quels ſoins chrétiens, décens, & même recherchés, les malades y ſont ſoignés. J'ai vu des gens de condition

---

(1) (*Sic*) Évelyn a là une ſingulière diſtraction.

(2) L'hiſtoire de ce groupe équeſtre eſt curieuſe : le cheval devoit primitivement ſervir à une figure de Henri II. Le groupe avoit été commandé, par Catherine de Médicis, à Daniel de Volterre ſur le refus de Michel-Ange. La mort de Daniel, épuiſé par les fatigues de la fonte (1566), ſuſpendit le travail. Le cheval ſeul fut fondu. Il reſta à Rome, au palais Ruccellai, juſqu'à ce que Richelieu ſongeât à ériger une ſtatue à Louis XIII. On fit alors revenir le cheval en France, & l'on chargea Pierre Biart le fils (1592-1661) d'y ajouter la figure du Roi régnant. Le groupe ainſi modifié fut dreſſé au centre de la place Royale le 27 ſeptembre 1639. Sauval dit que le cheval étoit fort beau, « mais que la ſtatue n'a pas autant d'approbateurs. » Ce groupe fut détruit en 1792. (Conſulter Vaſari, *Vita di Daniello Ricciarelli*, & le Dict. de Jal, art. *Biard*.) (C. C. de R.)

des deux sexes les servir eux-mêmes. Cette maison a des jardins, des promenades, des fontaines. Tous les ans, au mois de mai, on y pratique avec succès l'opération de la taille.

Les deux Châtelets, qu'on suppose bâtis par Jules César, sont des cours de justice criminelle, & ont de fortes prisons. Les salles de leurs séances sont grandes & magnifiques.

8 *Février*. — Je pris une voiture pour aller voir le fameux Jardin du Roi : c'est un grand enclos avec toutes les variétés de terrain qu'il faut pour la culture des plantes médicinales. L'emplacement en a été bien choisi, car il contient des buttes, des vallées, des prés, du bois, & il est richement garni de plantes exotiques. Au milieu du parterre, il y a une belle fontaine. Attenant à ce jardin, est une belle maison, une chapelle, un laboratoire, une orangerie, & tout ce qu'il faut pour son directeur, qui est toujours un des premiers médecins du Roi (1).

De là nous gagnâmes l'autre côté de la ville &, à quelque distance, nous allâmes au bois de Vincennes, en passant le long de la Bastille, qui est la forteresse & la prison d'État de cette grande ville.

Dans le bois de Vincennes est un beau château de forme carrée, avec de magnifiques appartemens, dignes de loger un roi, sans oublier la chapelle. Ce château sert souvent de prison aux personnes de grande qualité; il est entouré d'un parc clos de murs & rempli de daims, dans une portion duquel il y a un joli bosquet de sapins.

Le lendemain, j'allai examiner le Louvre avec plus d'attention que je n'avois fait. L'une des cours, commencée par Henri IV & finie par son fils & par son petit-fils, est d'une architecture superbe, quoique mélan-

---

(1) Dans ce temps-là, c'étoit toujours le premier médecin du Roi qui avoit la direction du Jardin des Plantes. (E. de S.)

gée. Les sculptures, les corniches, les placages en marbre ont dû être d'une grande dépense.

Nous traversâmes la longue galerie pavée de marbre noir & blanc, richement décorée & peinte à fresque. La façade qui donne sur la rivière, quoique d'un rare travail, ne laisse pas de manquer de la noblesse qu'un dessin plus simple & plus correct lui eût donnée.

Le château des Tuileries est digne du prince qui le possède. L'escalier & sa coupole est un morceau d'architecture aussi beau & aussi hardi qu'il s'en puisse trouver de ce genre en Europe. Au rez-de-chaussée, & donnant sur un jardin orné d'une grande fontaine, est l'Imprimerie royale qui emploie ces beaux caractères si estimés. J'y achetai divers auteurs classiques, poëtes & autres.

Nous revînmes par une autre galerie, plus large, mais moins longue que la première, & ornée des portraits des rois & des reines de France, & de personnages de la première noblesse(1). De là nous descendîmes dans une grande salle basse, nommée la salle des Antiques; cette pièce est voûtée & destinée uniquement aux statues, parmi lesquelles on voit cette fameuse Diane d'Éphèse, qu'on dit être la même qui rendoit ses oracles dans ce temple si célèbre. Au milieu de tous ces colosses de marbre, je ne dois pas oublier l'énorme globe qui y est suspendu par des chaînes. Le pavé & les lambris de cette salle sont fort riches.

Dans un jardin réservé, du côté des appartemens de la Reine, il y a une espèce de cloître ou de galerie couverte dont la terrasse est pavée de pierres fort larges; elle donne sur la Seine, & a une jolie volière, une fontaine, des cyprès, &c. Sur la rivière, vous voyez un nombre

---

(1) Il est question ici de la première galerie d'Apollon, celle décorée des peintures de Bunel & de Porbus, détruite par l'incendie du 6 février 1661. A la suite de ce désastre, la galerie fut rebâtie telle que nous la voyons encore, & décorée par Lebrun en 1685. (Voir la *Notice sur la Galerie d'Apollon au Louvre*, par Ph. de Chennevières.) (C. de R.)

prodigieux de bateaux, très-longs, chargés de foin, de grain, de bois, de vin & de tout ce qui sert à la consommation journalière de cette vaste cité. Sous la grande galerie que j'ai décrite logent des orfèvres, des peintres, des statuaires, des architectes qui, étant tous les plus fameux de leur art, dans toutes la chrétienté, sont pensionnés par le Roi. M. Sarrazin (1), chez qui nous entrâmes, mouloit une grande image de la Madone que l'on devoit fondre en or pour la Reine, qui en faisoit présent à Notre-Dame de Lorette, en actions de grâces de la naissance du Dauphin, aujourd'hui le roi Louis XIV.

Je finis ma journée par une promenade dans le grand jardin des Tuileries, qui est le mieux disposé du monde, soit pour y trouver la solitude, soit pour en jouir en compagnie, avec ses bosquets & ses allées de grands arbres : celles du milieu plantées d'ormes & les autres de mûriers, & son labyrinthe de cyprès, sans oublier ses haies de grenadiers, ses fontaines, ses bassins empoissonnés, sa volière, mais surtout cet écho artificiel qui répète les mots si distinctement, & qui n'est jamais sans quelque belle nymphe qui se plaît à lui faire redire ses chansons. Sous un certain arbre, la voix semble descendre des nuages, & auprès d'un autre, elle paroît venir de dessous terre. Du bout de ce jardin, où se trouve l'écho, nous passâmes dans un autre qui est tenu avec tout le soin imaginable. Son orangerie, ses arbustes précieux, & ses fruits rares, en font un vrai paradis. D'une terrasse de ce jardin, nous vîmes une telle quantité de carrosses, qu'on eût cru difficilement que la ville en eût possédé un aussi grand nombre. Quoique la saison fût avancée, ils alloient au Cours, qui est un espace voisin d'environ un mille anglois de longueur, planté de quatre rangées d'arbres, avec une grande place circulaire au centre. Ce cours est muré à hauteur d'appui en pierre de taille, & on y entre

---

(1) C'est le grand sculpteur Jacques Sarrazin, mort en décembre 1660. (Voir l'*Abecedario* de Mariette, t. V.) (B. J. P.)

par un arc de triomphe orné de sculptures & de statues. C'est l'ouvrage de la reine Marie de Médicis. C'est là que les beaux & les belles de la cour vont prendre l'air & se divertir, comme nous autres à Hyde-Park. Plus de cent voitures peuvent tourner commodément dans la place circulaire, & cinq ou six carrosses marcher de front dans la principale allée.

En repassant par les Tuileries, nous vîmes un bâtiment où l'on garde des bêtes sauvages pour le divertissement du Roi. J'y vis un ours, un loup, un sanglier & un léopard, &c.

27 *Février* 1644. — Quelques gentilshommes anglois & moi nous montâmes à cheval pour aller voir Saint-Germain en Laye, une superbe maison des champs du Roi, à quelque cinq lieues de Paris. Chemin faisant, nous nous arrêtâmes à Saint-Cloud, où, sur une hauteur auprès de la rivière, l'archevêque de Paris possède un jardin, car la maison est peu de chose, avec de belles eaux, des statues & des bosquets. Les allées en sont fort belles, & la fontaine du Laocoon, d'où l'eau jaillit d'un grand bassin carré à quarante pieds en l'air, avec son entourage de statues & de moindres bassins, est quelque chose de magnifique. Mais ce que l'on y admire le plus, c'est la cascade qui se précipite d'étage en étage jusque dans la plus basse & la plus longue des allées, du haut du Parnasse. C'est une grotte en coquillages au sommet d'une colline pleine d'ouvrages hydrauliques & d'inventions destinées à tromper les spectateurs. Au-dessus s'élève une jolie coupole; sur les murs sont peintes les muses, & tout autour sont disposées des statues dont quelques-unes sont de bons antiques. Au bout des allées supérieures, on a peint des perspectives destinées à faire illusion & à donner à croire qu'elles se prolongent au loin. On remarque dans le jardin plusieurs autres inventions ingénieuses. Quant au château, comme je viens de le dire, il n'y a rien de remarquable. Les murs extérieurs seulement en sont peints à fresque. Dans la cour, il y a une volière

avec des demi-reliefs, en plâtre, de Charles IX, Henri III, Henri IV & Louis XIII à cheval. Dans le jardin, il y a une petite chapelle, & fous un abri une copie de la Cléopâtre du Belvédère, avec d'autres ſtatues. De la terraſſe, dans le fond de laquelle il y a une tempête bien peinte, on a une vue remarquable fur Paris, les prés & la rivière.

Il y a dans ce bourg une hôtellerie qui met à la diſpoſition des grands perſonnages qui veulent s'y divertir des appartemens, des meubles & une argenterie dignes de princes; mais on le paye, comme j'en ai fait l'expérience. Au reſte, on y eſt traité ſplendidement, & ce prix n'eſt pas déraiſonnable, ſi l'on conſidère la bonté de la cuiſine & la richeſſe du ſervice. Il ſe fait là de terribles parties, grâce à ce que l'on y eſt hors de vue & du bruit qui en réſulteroit (1).

De là, environ une lieue plus loin, nous allâmes voir la maiſon de campagne du cardinal de Richelieu à Rueil (2). Elle eſt petite, mais bien bâtie, en forme de château, & entourée de foſſés. Les offices ſont du côté de la route & vis-à-vis de grandes vignes cloſes de murs. Mais, quoique la maiſon ne ſoit pas des plus grandes, les jardins qui l'entourent ſont ſi magnifiques, que je doute que l'Italie puiſſe rien préſenter qui les ſurpaſſe. La partie du jardin la plus rapprochée du pavillon eſt un parterre orné de belles ſtatues de bronze qui lancent ſans diſcontinuer de

---

(1) C'eſt aſſurément la maiſon de cette excellente du Ryer dont Des Réaux nous a donné la curieuſe hiſtoriette, t. VII, p. 142-146. Elle avoit d'abord vécu avec Saint-Preuil, & quand celui-ci eut la tête tranchée à Amiens, le 9 novembre 1641, « elle recueillit ſa tête dans ſon tablier, & lui fit faire un magnifique ſervice à ſes dépens. » — « Elle alloit, ajoute Des Réaux, faire plus de profit que jamais, car elle avoit percé trois ou quatre maiſons; il y euſt eu quatre-vingts chambres meublées, dont il y en euſt eu de fort propres; mais elle mourut trop toſt » en 1652. — (N'oublions pas qu'au dix-ſeptième ſiècle *propre* répondoit à l'*élégant*, l'*orné* d'aujourd'hui.) (P. P.)

(2) Iſraël Sylveſtre nous a laiſſé de jolies planches qui nous donnent une idée de ces beaux jardins.

l'eau dans un grand baſſin embelli d'autres figures de métal. Mais ce qu'il y a de plus admirable, c'eſt l'étendue de l'enclos & la variété du jardin qui renferme des vignes, des champs cultivés, des prés, des boſquets, l'un deſquels eſt d'arbres verts, & de longues promenades; le tout tenu & cultivé avec tant de ſoin, que rien ne ſauroit être plus agréable. Dans une de ces promenades, au milieu d'un quinconce de grands arbres, il y a un baſilic de cuivre qui lance à volonté de l'eau à ſoixante pieds de haut, & ſe meut en rond ſi rapidement, qu'il eſt preſque impoſſible que vous ne ſoyez pas trempé. Cette allée conduit à la citronnière, & au bout, on a peint à l'huile, ſur une muraille, l'arc de triomphe de Conſtantin tel qu'il eſt à Rome, avec tant de vérité, que des connoiſſeurs peuvent s'y tromper & le prendre pour un monument réel. Le ciel & le payſage figurés entre ſes arceaux ſont ſi naturels, qu'on a vu des hirondelles & d'autres oiſeaux, croyant paſſer au travers, ſe tuer contre la muraille. Ceci me fit la plus agréable illuſion. A l'autre bout de cette promenade eſt cette abondante caſcade, quoique artificielle, qui roule ſur une pente rapide, & de degrés de marbre en degrés, & de baſſins en baſſins, avec une turbulence & un bruit étonnant. Chaque baſſin a ſon jet d'eau, & elle en déborde comme autant de nappes du verre le plus tranſparent; particulièrement celle qui tombe de la grande coquille de plomb, & fuit enſuite en ſilence au milieu d'une large allée ſablée qui ſe termine elle-même par une grotte. On y remarque encore d'autres fontaines jailliſſantes qui lancent l'eau à une grande hauteur, & des étangs, dont deux ont au milieu des îles, deſtinées à recevoir des oiſeaux d'eau douce qui, en effet, y foiſonnent.

Dans l'une de ces îles, on leur a ménagé une retraite faite de gros rochers amoncelés, à peut-être cinquante pieds de hauteur couverts de mouſſe, de lierre, &c., & ombragés d'arbres. Ces oiſeaux y nichent & y élèvent leurs petits. Nous vîmes enſuite une grande & curieuſe grotte tapissée de coquillages avec des satyres & d'autres imaginations bizarres : au milieu est une table de marbre sur laquelle une fontaine forme avec ses jets des figures de verres, de tasses, de croix, de couronnes, d'éventails, &c. Puis le fontainier nous donna le spectacle d'une pluie qui, de la voûte, venoit à la rencontre de mille petits jets qui s'élançoient du pavé; & comme nous sortions, deux figures de mousquetaires firent partir vers nous leurs fusils chargés d'eau. Devant cette grotte est un grand canal où diverses conques de plomb versoient leurs eaux. Notre promenade, dans ce paradis, nous fit rentrer tard à Saint-Germain.

La fondation de ce dernier palais date de Charles V, dit le Sage; mais c'est François Ier, ce véritable homme de goût, qui l'a terminé avec toute la magnificence qui étoit de mode alors. L'architecture étoit encore trop mélangée de gothique, comme on peut le voir dans ce qui reste du vieux château; édifice fort irrégulier, pour avoir été élevé sur les anciennes fondations. Il est entouré de fossés. Il y a cependant de beaux & vastes appartemens d'honneur, & une chapelle proprement peinte. Le château neuf, moins élevé & d'un plan plus moderne, est à quelque distance de l'ancien, dont il est séparé par une cour. C'est Henri IV qui l'a bâti. On en descend par six terrasses de pierre & de briques qui mènent par étages à la rivière, en suivant la pente de la montagne, & forment de belles galeries voûtées. Quatre d'entre elles figurent des grottes en rocailles où sont représentées diverses scènes que la force de l'eau met en mouvement. On ne les voit qu'à la lueur des torches, & on y remarque un Orphée entouré d'animaux qui dansent aux sons de sa harpe; dans la seconde, c'est le Roi & le Dauphin; dans la troisième, Neptune sonnant de la trompette sur son char traîné par des chevaux marins; dans la quatrième, l'histoire de Persée & d'Andromède, des moulins, des hermitages, des pêcheurs, des oiseaux qui gazouillent, & mainte autre invention. Il y a aussi une grotte sans ouvrages hydrauliques, où l'on peut se rafraîchir, & toutes ont la belle vue de la rivière, du paysage, & surtout de la forêt. Au bas, c'est un parterre. La terrasse supérieure a près d'un demi-mille de long avec deux belles rampes soutenues par des arceaux de pierre & des balustrades de même, d'un travail & d'une dépense vraiment royale.

Dans le pavillon du château neuf, il y a quantité de beaux appartemens, & bien peints, d'où l'on sort dans le jardin & le parc. On y trouve un mail, au milieu duquel, & de côté, est une chapelle avec un dôme voûté en pierre, qui, bien que petite, est d'une bonne architecture. Du parc vous allez dans la forêt, remplie de cerfs, de sangliers, de loups & d'autre gibier. Le jeu de paume & le manége sont également dignes d'attention.

Nous rentrâmes à Paris par Madrid, une autre maison de campagne au Roi, & bâtie par François Ier, qui lui donna ce nom pour accomplir le serment qu'il avoit fait de ne pas s'éloigner de Madrid d'Espagne, d'où il n'avoit pas laissé que de se sauver (1). Cette maison est au milieu d'un parc clos de murs. Nous entrâmes en passant aux Bons-Hommes, couvent dans une jolie situation, avec une belle chapelle & une bibliothèque.

1er *Mars* 1644.—Je suis allé voir le beau palais du comte de Liancourt (2), dans la rue de Seine. Joignant son cabinet & sa chambre à coucher est un petit jardin qui, quoique fort étroit, paroît, au moyen d'une perspective très-bien exécutée, beaucoup plus grand qu'il n'est en effet.

---

(1) *Erreur :* François Ier ne se sauva pas de Madrid, il revint en France après avoir signé le traité dont ses deux fils restoient les otages, & qui lui permettoit de revenir en France. (P. P.)

(2) L'hôtel du duc de Liancourt, ou du moins de Roger du Plessis de Liancourt, duc de la Rocheguyon (mort le 1er août 1674), étoit rue de Seine. Ce seigneur est cité par Spon, par Félibien, comme amateur de tableaux. Brice dit qu'en 1706 sa collection subsistoit encore entière dans ce même hôtel, alors la propriété du duc de la Rochefoucauld, époux de sa petite-fille. La duchesse de Liancourt, célèbre par sa vertu, a composé un règlement pour sa petite-fille, qui a été imprimé en 1698.

(B. J. P.)

Le long de ce mur, sur une rangée d'arcades, court un ruisseau qui sort de la volière, où une statue le fait couler; il semble continuer à s'enfuir à plusieurs milles, à partir du point où il se perd dans le mur, tant la peinture de cette perspective l'imite admirablement & fait illusion. Au bout de ce jardin, il y a un petit théâtre, avec diverses scènes qui changent à volonté : ce sont des figures d'hommes & de femmes peintes sur des planches minces & découpées qu'une personne, cachée en dessous, fait mouvoir, en leur prêtant, sur des tons différens, le langage qui leur convient. On nous montra aussi un cabinet rond où étoit une agréable invention pour augmenter la lumière, grâce à des réflecteurs de cuivre doré & bruni.

Dans un des appartemens d'honneur, nous vîmes un excellent tableau du Poussin : c'étoit un Satyre agenouillé. Sur la cheminée, il y avoit le Couronnement de la Vierge par Paul Véronèse. Une autre Madone, au-dessus de la porte, & un Joseph, de Cigoli. Dans le salon, un Chevalier de Malte avec son page (1), qu'on disoit de Michel-Ange; un Enlèvement de Proserpine & un grand Paysage du Corrége. Dans la pièce voisine, il y a quelques tableaux du Primatice, par exemple une Hélène, la Femme nue présentée à Alexandre (2), & une Cérès. Dans la chambre du lit, un portrait du cardinal de Liancourt (3),

---

(1) Ces mots paroissent désigner clairement l'Alo. de Wignacourt de Michel-Ange Amerighi, dit le Caravage, figurant au Louvre sous le n° 35. (C. R.)

(2) Très-probablement le tableau attribué depuis longtemps au Primatice, & enregistré au Catalogue de l'École italienne, sous le n° 313 & sous le titre : *La Continence de Scipion*. Depuis 1862, on a acquis la certitude que ce tableau est une copie, par une main françoise de l'École de Fontainebleau, de quelque tableau du Primatice, aujourd'hui disparu. (C. R.)

(3) Le seul cardinal de Liancourt auquel pourroit être appliqué ce passage seroit François de La Rochefoucauld, cardinal de Saint-Calixte, né en 1558, mort en 1645. Or, à l'époque de sa naissance, il y avoit trente-huit ans que Raphaël étoit mort (1520). En outre, le nom de

de Raphaël, & d'un coloris admirable. Dans le cabinet, il y a plusieurs morceaux du Bassan; deux Poelemburg, quatre Paul Brille, dont les ciels sont un peu trop bleus; une Madone de Nicolo (1) admirablement peinte sur pierre; une Judith de Mantegna; trois femmes de Jéronimo; une de Stenwick (2); une Madone d'après le Titien, & une Madeleine du même maître, à ce que pense le comte; deux petits tableaux de Paul Véronèse, qui sont les Martyres de sainte Justine & de sainte Catherine; une Madone de Lucas de Leyde, donnée au comte par notre roi d'Angleterre; six autres tableaux du Bassan l'Ancien; deux excellens desseins d'Albert Durer; une Madeleine de Léonard de Vinci; quatre de Paul; une superbe Madone du Titien, qui est un autre présent de notre Roi; l'*Ecce Homo*, si beau, si achevé, qu'on le tient enfermé dans un étui de velours. Enfin, quelques agates curieuses & un chapelet d'une fort jolie invention dont tous les grains sont de noyaux de fruits ciselés. Le comte poussa la civilité si loin, qu'il fit sortir madame la comtesse de son cabinet de toilette pour nous faire voir les tableaux & les curiosités qui s'y trouvoient.

Nous allâmes de là chez un M. *Périsbot* (3), l'un des

Liancourt n'entra dans la maison de La Rochefoucauld qu'en 1674, après la mort de Roger du Plessis. Peut-être Évelyn a-t-il voulu parler du cardinal de Lenoncourt, très-célèbre au seizième siècle, & dont on trouve fréquemment des portraits. Mais ici encore la chronologie infirme l'assertion du voyageur anglois. Robert de Lenoncourt fut créé cardinal par Paul III en 1538, dix-huit ans après la mort de Raphaël. (C. R.)

(1) Sans doute Nicolo dell' Abatte, né à Modène vers 1512, mort à Paris en 1570, après avoir été l'émule du Primatice. (C. R.)

(2) Je vois trois Steinwick, dont deux ont peint l'architecture & le troisième des sujets inanimés. (B. J. P.)

(3) Marolles cite, dans ses Curieux d'Estampes (p. 5), Tevenot, Perruchot, Tortebat & Gaignières, mais sans détail. (B. J. P.) — « Un curieux, dont Claude Vignon avoit épousé la fille, nommé Perruchot, eut de lui un Sauveur au milieu des docteurs dans le temple. » Ce tableau est aujourd'hui au musée de Grenoble. (Mémoires inédits sur les artistes françois, par Q. de Saint-Georges, 1-277.) (C. R.)

plus grands curieux de France, voir sa collection de tableaux, d'agates, de médailles, & ses fleurs, surtout ses tulipes & ses anémones. Le meilleur de ses tableaux étoit un Saint Sébastien du Titien.

En sortant de chez lui, nous allâmes chez M. de Fresne (1), qui nous montra des dessins curieux : un Enlèvement d'Hélène au crayon noir; d'excellens morceaux de Sneiders : ce sont toutes nudités. D'autres de Jules Romain & de Michel-Ange; une Madone du Passignan (2); quelques morceaux du Parmesan, & d'autres maîtres.

Le lendemain matin, nous allâmes voir un M. *de Hauffé* (3), président au Parlement & ancien ambassadeur à Venise, à qui nous étions recommandés. Il nous reçut fort civilement & nous fit voir sa bibliothèque. Parmi ses tableaux, il y avoit une belle Vénus avec Adonis du Véronèse, un Saint Antoine de la première manière du Corrége, & une superbe Madone du Palma.

Dimanche 6. — Je suis allé à Charenton, à deux lieues de Paris, voir ce qu'étoit le service de l'Église protestante de France. Le lieu de réunion, qu'on appelle le temple, est une salle belle & spacieuse, bâtie en pierres de taille, ornée convenablement de peintures des Tables de la loi, de l'Oraison dominicale & du Symbole des Apôtres. La chaire est au haut bout, dans le milieu, avec une enceinte de siéges où se placent les anciens, les personnes de qualité & les étrangers. Le reste de la congrégation s'assied sur des banquettes & des escabeaux; mais

---

(1) Ce curieux, appelé par Félibien M. du Fresne Hennequin (t. II, p. 355), & pour qui Le Poussin finit, en 1648, une Vierge assise sur des degrés, qui étoit, en 1688, à l'hôtel de Guise, étoit, je pense, Nicolas Hennequin, baron d'Ecquevilly, sieur de Fresne, capitaine général de la vénerie des toiles en 1642. Il étoit petit-fils par sa mère de Nicolas Potier de Blancmesnil, chancelier de Marie de Médicis. (B. J. P.)

(2) Domenico Passignano, peintre florentin, né en 1585. (B. J. P.)

(3) M. du Houssay, ambassadeur à Venise, & depuis évêque de Tarbes. Félibien raconte, t. I, p. 372, qu'il rapporta de son ambassade deux tableaux du vieux Palme. (B. J. P.)

il n'y a point de bancs comme dans nos églises, & tout s'y fait avec beaucoup moins d'ordre & de décence : car ici on emporte tout, banquettes & le reste, après la cérémonie. Je fus charmé du chant harmonieux des pfaumes, dont tout le monde s'acquitte fort bien; car on les apprend aux enfans auſſi ſoigneuſement que le catéchiſme.

En y allant, nous paſſâmes par ce fameux pont ſur la Marne, où eſt cet écho ſi vanté qui vous répétera neuf ou dix fois ce qu'aura fait entendre un bon chanteur.

Le 7, je partis en compagnie de quelques perſonnes pour Fontainebleau : un ſomptueux palais du Roi, dans le genre d'Hampton-Court, à environ quatorze lieues de Paris. Chemin faiſant, nous traverſâmes une forêt ſi prodigieuſement remplie de rochers hideux, d'une pierre dure & blanchâtre, entaſſés les uns ſur les autres, à en faire des montagnes, que je ne penſe pas que l'on puiſſe trouver ailleurs rien de plus ſauvage & de plus ſolitaire. Cette forêt eſt pleine de cerfs, de loups, de ſangliers, & il n'y a pas longtemps qu'on y a tué un lynx ou un once qui avoit dévoré pluſieurs voyageurs. Au haut d'un de ces ſombres eſcarpemens, au milieu des arbres, des brouſſailles & des rochers, qui ſemblent menacer ruine, on a bâti un hermitage. Ces ſolitudes ſervent ſouvent de repaire à des malfaiteurs qui y exercent leurs brigandages, & nous étions, à leur intention, bien armés de carabines; mais nous arrivâmes le ſoir ſans encombre au bourg, où nous couchâmes, — *à la Corne*, — pour aller le lendemain matin au château.

Cette maiſon n'eſt pas, à beaucoup près, ſi impoſante (1), ni ſi régulière que Hampton-Court. François Ier commença à l'embellir, mais ce fut ſurtout Henri IV qui

---

(1) Voilà une ſingulière aſſertion. (B. J. P.) Elle peut ſembler juſte : Fontainebleau eſt trop irrégulier pour impoſer d'abord; & c'eſt préciſément l'avantage de Hampton-Court, d'après les gravures que j'ai ſous les yeux. (P. P.)

y travailla, & auſſi le feu Roi. Elle eſt remplie de belles ſalles, d'appartemens, de galeries. Dans la plus grande, qui a trois cent ſoixante pieds de long ſur dix-huit de large, on a peint les victoires de ce grand prince Henri IV (1).

La galerie de François Ier eſt ornée des vues de tous les châteaux royaux ; & au-deſſus le Primatice, regardé comme le meilleur deſſinateur de ſon temps, a peint à freſque, en ſoixante morceaux, l'hiſtoire d'Ulyſſe tirée d'Homère (2). Le cabinet eſt rempli d'excellens tableaux : on remarque ſurtout une Femme de la main de Raphaël. Dans la ſalle des Gardes, une tapiſſerie, figurée en peinture, ſur la muraille, repréſente les victoires de Charles VII ſur nos compatriotes. Dans la ſalle des Feſtins, il y a une magnifique cheminée de marbre blanc, avec la ſtatue équeſtre d'Henri IV, qu'on eſtime 18 000 écus; deux belles ſtatues de la Clémence & de la Paix : deux lions de bronze ſur des colonnes de jaſpe. Le perron & la cour du fer à cheval ſont d'architecture correcte & moderne, comme l'eſt auſſi une chapelle bâtie par Louis XIII,

---

(1) C'eſt la galerie peinte par Ambroiſe Dubois vers 1600, détruite ſous le premier Empire & remplacée aujourd'hui par la galerie de Diane. (C. R.)

(2) Évelyn, comme tous les voyageurs qui voient rapidement, confond ici pluſieurs choſes complétement différentes : la *galerie de François Ier*, la *galerie des Vues* & la *galerie d'Ulyſſe*. La décoration de la *galerie de François Ier* avoit été commencée par le Roſſo, mort en 1541, & terminée par le Primatice vers 1550. Cette galerie exiſte encore. Les peintures qui la décorent ont été reſtaurées en dernier lieu par M. Couder. La « galerie ornée de vues de tous les châteaux royaux » étoit la *galerie des Cerfs*, où Chriſtine de Suède fit poignarder Monaldeſchi, en novembre 1657. Elle exiſte encore, mais complétement changée & différemment aménagée. Vers 1595, Touſſaint du Breuil y peignit, ſelon l'abbé Guilbert, treize plans à vol d'oiſeau des diverſes maiſons royales. Ces peintures ont diſparu lors du remaniement de la galerie des Cerfs après 1657. Enfin, la *galerie d'Ulyſſe*, détruite ſous Louis XV, en 1738, avoit été peinte par Nicolo dell' Abbate, de 1559 à 1561, d'après les deſſins du Primatice. Ces peintures, qui repréſentoient des ſcènes de la vie d'Ulyſſe, ont été gravées par Van Thulden en 1638. (C. R.)

& toute lambriſſée de jaſpe, avec des incruſtations de marbre.

Après avoir viſité les appartemens, nous allâmes à la volière, qui eſt ſurmontée d'un dôme, & qui renferme des arbres, des brouſſailles & deux fontaines, où les oiſeaux vont ſe déſaltérer. Nous vîmes un beau jeu de paume, & de nobles écuries; mais la grande beauté de ce lieu, ce ſont les jardins. La cour des Fontaines eſt ornée de pluſieurs antiques & de ſtatues, dont un Mercure. Dans le jardin de la Reine, il y a une Diane qui lance une fontaine, & nombre d'autres ſtatues de bronze (1).

Le grand jardin, de cent quatre-vingts toiſes de long ſur cent cinquante-quatre de large, a au centre une fontaine ornée de la figure coloſſale du Tibre & de la louve allaitant Rémus & Romulus, & à chaque angle une fontaine jailliſſante. Dans le jardin du baſſin, il y a un Hercule de marbre blanc; à côté eſt le jardin des pins, après quoi vous voyez un canal d'un mille anglois de long, au bout duquel trois jets d'eau, qui s'élèvent à une grande hauteur, deſſinent en l'air une fleur de lis; ſur le bord, il y a de belles allées d'arbres. Les carpes qui y ſont viennent familièrement chercher à manger de la main du ſpectateur. De là, on nous conduiſit à une fontaine qu'on dit avoir été découverte par un chien, & qui a été la première occaſion de tout ce que l'on a fait dans ce beau lieu. Les rochers blancs & terribles que l'on voit de là s'élever à diſtance dans la forêt font une vue auſſi impoſante & auſſi curieuſe qu'il y en ait. Le parc qui entoure le château eſt d'une grande étendue, & la ville eſt remplie d'hôtels appartenant à des ſeigneurs.

Le lendemain matin, un peintre, qui a la charge des

---

(1) Ces « autres ſtatues de bronze » ainſi que la figure coloſſale du Tibre ſont les fontes du Primatice, alors au nombre de dix, & dont cinq figuroient encore, avant le 4 Septembre, dans le jardin des Tuileries. Elles ſont aujourd'hui au Louvre. Les cinq autres ont été fondues en 1792. (C. R.)

tableaux & des autres curiosités, nous invita à visiter sa collection particulière (1). On nous fit traverser une galerie peinte par le vieux Rosso, au bout de laquelle, dans un autre cabinet, étoient trois Vierges de Raphaël & deux d'André del Sarto. Dans l'atelier du peintre lui-même, il y avoit un superbe Saint Michel de Raphaël, Saint Jean-Baptiste de Léonard de Vinci (2), & une tête de femme; une reine de Sicile & une Sainte Marguerite de Raphaël (3); deux autres Vierges du même, dont l'une fort grande; quelques autres d'André del Sarto; un Saint Jérôme de Perino del Vaga; un très-bon Enlèvement de Proserpine, & nombre de dessins (4).

En nous en allant ce jour-là, nous visitâmes, sur notre chemin, une maison appelée la Maison-Rouge, avec une belle vue, une grotte, des fontaines, l'une desquelles jaillit à cinquante pieds, avec un bruit tel que celui d'une tempête & d'une fusillade, &c.

De là, nous passâmes à Essone, maison appartenant à M. Hesselin (5), un grand curieux. Nous y vîmes beaucoup

---

(1) En 1643, date de la visite d'Évelyn, ce peintre, garde des peintures du Roy, étoit Jean Dubois, fils d'Ambroise. Jean Dubois mourut en 1679. (C. R.)

(2) Aujourd'hui au Louvre, sous le n° 480. École italienne. (P. P.)

(3) Ces deux tableaux au Louvre, n°s 379 & 384. (P. P.)

(4) Évelyn cite cinq *Vierges* de Raphaël. Le Louvre n'en possède que deux pouvant se rapporter à la désignation d'Évelyn : *la Belle Jardinière* (n° 375 du Catal. de 1867) & la grande *Sainte-Famille* (n° 377). Quant à la *Vierge au Singe* (n° 376) & à la *Vierge de Brienne* (n° 378), elles ne sont entrées dans le cabinet du Roy que postérieurement au voyage d'Évelyn : la première, en 1752; la seconde, en 1691. J'ignore quelle peut être la cinquième. Le *Saint Michel*, la *Reine de Sicile*, la *Sainte Marguerite* sont les toiles enregistrées sous les n°s 382, 384 & 379 du Catal. de 1867. — Les *Vierges* d'André del Sarto sont les deux *Sainte-Famille* portant les n°s 438 & 439. — Le *Saint Jean-Baptiste* & la *Tête de femme* de Léonard de Vinci sont le n° 408, & sans doute la merveilleuse *Joconde*, n° 484. — Je ne vois pas ce que peuvent désigner le Perino del Vaga (le Louvre ne possède rien de ce maître) & l'*Enlèvement de Proserpine*. (C. R.)

(5) Cette maison étoit celle de Chantemesle à Essone (aujourd'hui mal dit Chantemerle), & a été gravée par Silvestre. Sauval parle des

de bons tableaux, mais rien de si remarquable que ses jardins, ses fontaines, ses bassins, surtout celui de forme triangulaire, où l'eau arrive par quantité de mascarons disposés tout autour. Il y a aussi une belle cascade, avec de jolis bains, & tout ce qu'il faut pour les rendre plus commodes. Sous une table de marbre, il y a une fontaine dont le jet figure des serpens qui s'entrelacent autour d'un globe.

Nous allâmes coucher à Corbeil, fameux par le siége

---

machines dont l'*inventif* Hesselin s'étoit servi pour amener les eaux dans cette maison.

Louis Cauchon, dit Hesselin (à cause d'une alliance de sa famille), maître de la chambre aux deniers du Roy & *surintendant de ses plaisirs*, pourroit donner lieu à une longue & intéressante biographie. C'étoit, à cette époque, l'homme de bon goût par excellence. Il étoit l'organisateur des ballets de la cour. Félibien nous apprend, t. II, p. 77, qu'il avoit fait faire par Labelle un livre entier de ballets & mascarades, qui étoit à Versailles en 1688. La belle maison qu'il a fait bâtir au coin de la rue Poulletier & du quai de Béthune, & qui a été décrite & louée par Sauval & par les autres historiens de Paris, existe encore aujourd'hui; mais les intérieurs ont été détruits.

Il avoit une bibliothèque remarquable. Ses livres, habituellement très-bien reliés en veau écaille, avec un très-beau fer à ses armes, se trouvent difficilement. Je possède un ballet de la Nuit, relié en maroquin marbré, à ses armes, que M. le marquis de Coislin eut la bonté de me céder lorsqu'il acheta les livres de M. Bourdillon, dans lequel sont les dessins originaux de Labelle, des costumes de ce ballet, où figure Hesselin lui-même. Le recueil que j'ai cité plus haut étoit certainement du même genre.

Hesselin fut empoisonné, en 1664, par un domestique qui se savoit un de ses légataires, & étoit pressé de recevoir son legs.

Nanteuil a gravé deux fois son portrait; le plus petit & le plus joli des deux est, dans son deuxième état, accompagné d'un bel entourage. Il y a aussi une médaille de lui qui représente d'un côté sa tête, & de l'autre côté une fusée dans une couronne de feuille de chêne, avec ces mots : *Movetur dum vita superest.* — Je dois à l'aimable & savant M. Paul Lacroix communication de la relation imprimée en 1656 de l'arrivée de la reine Christine à *Essaune* en la maison de M. H., & la description de la réception vraiment féerique que lui fit cet homme de goût qu'elle connoissoit, disoit le duc de Guise à Hesselin, *comme l'un des plus habiles & des plus gallands hommes de France, qui fait & entend le mieux toutes choses.* (B. J. P.)

qu'il soutint contre Henri IV, & le lendemain matin nous rentrâmes à Paris.

18. — Je suis parti avec sir John Colton, un chevalier du comté de Cambridge, pour un voyage en Normandie. La première journée, nous passâmes par Gaillon, château de l'archevêque de Rouen (1). On en vante fort les jardins, mais nous n'y entrâmes pas, notre intention étant d'arriver à Pontoise à temps pour y dîner. Cette dernière ville est dans une fort belle situation, avec un noble pont sur l'Oise & de jolies fontaines. C'est aussi la première ville de Normandie que l'on trouve, &, après l'avoir dépassée, vous ne rencontrez plus de vignes, mais une contrée de plaines, de bois, de clos divers, avec quelques villes, en vous rapprochant de la mer, qui donnent au pays beaucoup de ressemblance avec l'Angleterre.

Nous couchâmes, ce soir-là, à un village nommé Magny. Le lendemain, nous allâmes dîner à Fleury, qui se trouve au bas d'une descente rapide, & cinq lieues plus loin, nous touchions à Rouen, avec la jolie vue de la montagne & la chapelle ruinée de Sainte-Catherine. Ce pays est tellement plein de loups, qu'un berger que nous rencontrâmes nous conta que la veille ils avoient étranglé un de ses camarades (2), & cela au beau milieu de son troupeau. Les champs sont, pour la plupart, plantés de poiriers & de pommiers, & d'autres arbres à cidre. On y trouve beaucoup de carrières de pierre & d'ardoise, & des mines de fer.

Rouen, où j'étois descendu à la Croix-Blanche, est une fort grande ville sur la Seine, avec deux autres petites rivières, l'Aubette & le Robec. Il y a encore les ruines

---

(1) François de Harlay-Chamvallon, qui appeloit ce château « palais royal & archiépiscopal. » Voyez Tallemant des Réaux, *IIIstor.*, 278, p. 46. (P. P.)

(2) Il y a bien à croire que ce berger se moqua de la crédulité d'Évelyn. (E. de S.)

d'un magnifique pont de pierre remplacé par un simple pont de bateaux, jusqu'où remontent des vaisseaux d'un fort tonnage. De l'autre côté de l'eau, ce sont des poiriers, & les réformés y ont une église.

La cathédrale, dédiée à Notre-Dame, est, comme on l'avoue, l'ouvrage des Anglois (1). Quelques mots de notre langue, gravés en lettres gothiques sur le portail, semblent confirmer cette origine. Les tours & l'église elle-même toute entière sont couvertes de sculptures. Elle a trois clochers surmontés de flèches. Dans l'un d'eux, j'ai vu cette fameuse cloche si renommée, de treize pieds de haut, trente-deux de tour, onze de diamètre, & du poids de quarante milliers.

La chapelle d'Amboise, outre le tombeau du cardinal de ce nom, son fondateur, renferme encore plusieurs beaux monumens. Au fond du chœur, on a peint sur la muraille un grand dragon qui, dit-on, avoit fait de terribles ravages : l'archevêque saint Romain en défit le pays, & sa victoire donne lieu à une procession annuelle. Comme nous approchions de Pâques, on voyoit exposées nombre de scènes de la Passion représentées par de petites figures que la foule visitoit en grande dévotion, & avec beaucoup d'offrandes. En face de l'église, il y a un beau palais. L'abbaye de Saint-Ouen a aussi une église remarquable & de beaux jardins. C'est là que loge le Roi quand il vient à Rouen. Le palais où siége le Parlement est un édifice magnifique, avec de superbes salles, particulièrement la chambre dorée. L'hôtel de ville est bien bâti, & l'on peut en dire autant des maisons de quelques

---

(1) On ne devine pas aujourd'hui qui a pu faire cet aveu à Évelyn. La cathédrale de Rouen fut, pour la dernière fois, complètement rebâtie dans les premières années du treizième siècle. En 1217, dit l'abbé Bourrassé (*les Cathédrales de France*, p. 508), « on ne s'occupoit plus que des parties secondaires de cette entreprise gigantesque. » La Normandie, depuis plusieurs années, étoit rentrée sous le sceptre de Philippe-Auguste. (P. P.)

gentilshommes; mais, en général, la ville est bâtie en bois, dans le genre de la Cité à Londres.

21 *Mars* 1644. — Le lundi de Pâques, nous dînâmes à Tôte, auberge isolée entre Rouen & Dieppe, où nous allions. Cette ville est dans une situation assez agréable, entre deux montagnes, & est baignée au nord par notre mer d'Angleterre. Son port est commode, mais d'une entrée difficile. Elle consiste en une seule rue, belle & large, avec une jolie église. Le fort Pollet, qui est un bon ouvrage en terre, commande la rade d'un côté, que domine de l'autre le château également bien fortifié, avec la citadelle en avant, & la ville elle-même est très-forte. Elle est pleine d'artisans qui font & vendent toutes sortes de curiosités d'ivoire & d'écaille; & tout ce que les Indes orientales peuvent fournir de cabinets, de porcelaines & d'autres choses rares & précieuses se rencontrent là dans la plus grande abondance.

23. — Nous suivîmes le long de la côte une route raboteuse & remplie de rochers qui nous força à mettre plusieurs fois pied à terre avant d'arriver au Havre, où nous couchâmes ce soir-là.

Le lendemain matin, nous visitâmes la citadelle, qui est forte & régulière, bien garnie d'artillerie & de défense de toute sorte. Ses beaux canons de bronze portent la devise: *Ratio ultima regum*. Les logemens de la garnison sont uniformes; cette citadelle contient une spacieuse place d'armes pour la troupe, une jolie chapelle & un beau logis pour le gouverneur. Comme le duc de Richelieu étoit au fort, nous allâmes le saluer. Il nous reçut très-civilement, & donna ordre qu'on nous fît voir tout ce que nous souhaiterions. Cette citadelle a été bâtie par le feu cardinal de Richelieu, oncle du duc actuel, & peut être considérée comme l'une des plus fortes de France. La rade est très-vaste.

Quand nous n'eûmes plus rien à faire là, nous nous embarquâmes avec nos chevaux pour Honfleur, qui en est à quatre ou cinq lieues, à l'embouchure de la Seine.

Ce n'est qu'une pauvre ville de pêcheurs, où ce que j'ai noté de plus curieux, ce sont les solides mais bizarres vêtemens des femmes du peuple qui sont de peaux d'ours ou d'autres animaux. A Dieppe, & sur le reste de la côte, ils sont d'une grosse serpillière.

25. — Nous voici à Caen, une noble & belle ville, sur l'Orne, qui la traverse par le milieu, avec les deux moitiés de la ville réunies par un pont d'une seule arche.

Nous couchâmes à l'*Ange*, où nous fûmes très-bien traités; car la ville abonde de toutes choses, & à bas prix. Ce qu'on y voit de plus remarquable, c'est la grande abbaye, avec son église, aussi vaste que riche. Elle est d'architecture gothique, & deux grands clochers tout de pierre, ainsi qu'une lanterne centrale, en ornent le portail. Le chœur est grand & circulaire. Au milieu, sur un tombeau carré, simple, mais beau, se lit cette inscription :

« Hoc sepulchrum invictissimi juxta & clementissimi conquestoris Gulielmi, dum viveret Anglorum regis, Normannorum Cenomannorumque principis, hujus insignis abbatiæ piissimi Fundatoris : cum anno 1562 vesano hæreticorum furore direptum fuisset, pio tandem nobilium ejusdem abbatiæ religiosorum sensu, in tam beneficum largitorem, instauratum fuit. A° Dñi 1642. Dño Johanne de Bailhache Assœtorii Protopriore. D. D. »

De l'autre côté, on lit en rimes monacales :

« Qui rexit rigidos Northmannos, atq. Britannos
Audacter vicit, fortiter obtinuit,
Et Cenomanensis virtute coercuit ensis,
Imperiique sui Legibus applicuit.
Rex magnus parvâ jacet hâc Gulielm' in urnâ,
Sufficit & magno parva domus Domino.
Ter septem gradibus te volverat atq. duobus
Virginis in gremio Phœbus, & hic obiit. »

Nous avons visité le château, qui est une bonne forteresse & bien construite. J'en dirai autant de l'hôtel de ville, qui est bâti sur le pont qui réunit les deux parties de la ville. Il y a à Caen une Université avec des écoles de droit.

Toute la ville est très-bien bâtie de cette excellente pierre qui est si connue, en Angleterre, sous le nom de pierre de Caen. On m'y a fait voir un beau jardin tout planté de haies de nerprun, qui y atteint une grande hauteur. Ces palissades sont taillées en toute espèce de formes d'architecture & représentent avec la plus grande correction des piliers, des niches, des frises, des colonnes torses, &c.

Le 28, nous reprîmes la route de Paris, où nous arrivâmes le lendemain, après avoir couché d'abord à Évreux. C'est une vieille ville épiscopale qui possède une belle cathédrale.

1er *Avril* 1644. — J'ai voulu voir avec plus d'exactitude les appartemens du palais du Luxembourg, bâti par Marie de Médicis dans le faubourg Saint-Germain, &, si on le prend dans son ensemble, avec son jardin & ses dépendances, l'un des monumens les plus nobles, les plus complets & les plus achevés qui existent. La galerie qui retrace la vie de la fondatrice est un chef-d'œuvre de Rubens (1). A un bout est la bibliothèque du duc d'Orléans, qui est remplie d'excellens livres, tous reliés en maroquin & dorés (2), avec leurs rayons garnis de velours

---

(1) Cette galerie étoit située à droite de la cour d'Honneur. Détruite vers 1802, elle a été remplacée par le grand escalier du Sénat. Les vingt & un tableaux de Rubens qui la décoroient constituent aujourd'hui une des richesses du Musée du Louvre. Ils figurent au Livret de 1862, sous les nos 434-454. (C. R.)

(2) Tous les livres qu'on voit de Gaston d'Orléans sont en veau fauve, avec deux G adossés & enlacés sur le dos, & me paroissent reliés par Le Gascon. Je n'en ai vu que très-peu en maroquin, &, en effet, le P. Jacob dit que ses livres étoient uniformément reliés. L'article de cette bibliothèque, dans le P. Jacob (page 476), est intéressant. Cha-

vert frangé d'or. Dans un cabinet attenant font les volumes de petit format feulement, & fix armoires pleines de médailles, avec une excellente collection de coquilles & d'agates, dont il y en a de bien riches. Le duc fe connaiffant très-bien en botanique & en médailles, rien, en ce genre, ne lui échappe. Il y a d'autres appartemens, vaftes & meublés, comme il convient à des princes, qui donnent fur le jardin & valent ceux que je viens d'indiquer.

L'entrée principale dans la cour, qui eft carrée & entourée d'un corridor, eft furmontée d'un dôme impofant, couvert en pierre; le refte eft entouré du cloître dont je viens de parler, qui eft formé d'arceaux retombant fur des pilaftres d'ordre ruftique. La terraffe qui règne fur la partie antérieure du palais eft pavée de marbre blanc & noir, avec une baluftrade de marbre blanc du plus beau poli.

On pourroit peut-être trouver la grande falle du rez-de-chauffée trop baffe & l'efcalier un peu lourd; mais la façade fur le parterre, qui a également fa galerie en arcades & voûtée, eft d'une beauté admirable & très-ornée de fculpture.

Les jardins ont bien un mille anglois de tour; ils font clos de hautes murailles & en bon air. Le parterre n'eft que de buis, à la vérité, mais d'un fi joli deffin & fi bien tenu, que, vue des appartemens, fa broderie fait un merveilleux effet(1). Il eft partagé en quatre compartimens

---

, puzeau, dans fon *Europe vivante*, Genève, 1667, 3 vol. in-4°, t. I, p. 318, nous apprend qu'alors le cabinet du Roi s'étoit augmenté de celui du duc d'Orléans, de fes livres (on en rencontre cependant), des plantes & des animaux qu'il fit tirer d'après le naturel, de fes médailles, & d'autres chofes curieufes, à quoi ont beaucoup contribué les foins du Sr J. Tavernier, contrôleur de fa maifon, le plus célèbre de notre fiècle, & très-généreux. (Chapuzeau avoit logé Tavernier chez lui, à Genève, & il a rédigé fes premiers voyages.) (B. J. P.)

(1). Les grand & petit parterres du Luxembourg font repréfentés en deux planches, nos 52 & 57, dans le bel ouvrage de Jacques Boyceau,

carrés, avec autant de nœuds circulaires qui ont, chacun dans leur centre, un baffin de marbre d'une trentaine de pieds de diamètre, dans lequel un Triton de bronze preffe dans fes mains un dauphin qui lance à trente pieds en l'air une girandole dont l'eau jaillit fans interruption, amenée qu'elle eft d'Arcueil par un aqueduc conftruit en pierre avec une magnificence vraiment romaine. Autour de ce grand parterre, promenades comprifes & tout le refte, court une bordure de pierre de taille ornée de diftance en diftance de piédeftaux pour des vafes & des ftatues, tandis que la portion qui avoifine les degrés de la terraffe eft garnie d'une rampe & d'une baluftrade de marbre blanc.

Les allées, qui fuivent diverfes directions, font fi bien plantées d'ormes, de tilleuls & d'autres arbres, & font dans de fi bonnes proportions, que rien ne fauroit être plus délicieux, particulièrement la magnifique charmille qui conduit à la fontaine.

Au bout du jardin, il y a une excavation qu'on avoit creufée pour y faire un grand étang qu'on n'a jamais terminé, &, tout à côté, un clos deftiné aux fimples, & bien tenu. Le duc y a fait mettre une quantité de tortues, qui vont fe baigner dans une pièce d'eau, à côté du jardin.

Dans le même quartier eft une glacière, &, en fe rapprochant du palais, il y a un bois de grands ormes percé en étoile, avec une grande fontaine au point central. Le refte du terrain eft partagé en divers enclos féparés, foit par des haies, foit par des rangées d'arbres : ce font des champs, des prés, des bofquets, dont quelques-uns ont plufieurs arpens d'étendue.

Du côté de la rue, & touchant le palais, il y a encore des gazons de divers deffins qu'arrofe une fontaine; vers

---

Sr de la Barauderie. Paris, 1638, in-folio. On voit dans le grand parterre huit M couronnés (initiales de Marie de Médicis). Ces planches font d'un goût exquis. (B. J. P.)

la grotte & les écuries, il y a un jardin particulier, & clos de murs, où font des fleurs de choix, pour lefquelles le duc dépenfe beaucoup d'argent. En fomme, il ne manque rien à la beauté & à la magnificence de ce palais & de ces jardins. Ce n'eft pas un des moindres plaifirs qu'on y goûte que la vue de tant de gens de qualité, de bourgeois & d'étrangers qui le fréquentent, & qui ont partout un libre accès; en forte que vous voyez telles allées & tels lieux retirés, pleins de beaux galans & de belles dames; dans d'autres, de mélancoliques moines; dans d'autres, des favans ftudieux; plus loin, des bourgeois de bonne humeur : les uns affis, les autres couchés fur l'herbe, d'autres qui courent ou fautent; ceux-ci à jouer aux boules ou à la balle; ceux-là à chanter & à danfer; & tout cela fans fe déranger mutuellement tant il y a d'efpace pour leurs ébats.

Ce qu'il y a d'admirable, c'eft que, tout étant auffi bien tenu que fi l'on ne faifoit qu'y travailler du matin au foir, vous ne voyez jamais ni jardinier, ni perfonne qui s'en occupe : c'eft qu'on s'y prend le matin de fi bonne heure, que tout eft achevé avant que le public ne puiffe s'en apercevoir. Si je me fuis étendu fi au long fur ce véritable paradis, c'eft en mémoire du plaifir que j'ai goûté dans ces douces retraites. Le cabinet & la chapelle qui donnent fur le jardin ont quelques tableaux de choix. Toutes les maifons qui avoifinent ce palais font de fort beaux hôtels, particulièrement le Petit-Luxembourg; & la rue qui y monte eft large & bien bâtie.

Je fuis allé examiner Paris du haut de la tour de Saint-Jacques-de-la-Boucherie, la plus élevée, dit-on, de toute la ville, d'où je voyois en plein cette cité & fes fauxbourgs, dont l'enfemble, à mon avis, n'eft pas auffi grand que Londres, encore que la différence de configuration de ces deux capitales, Londres étant allongé & Paris de forme ronde, le rende affez difficile à décider; mais il n'y a pas de comparaifon à faire des édifices, des palais, des matériaux dont ils font conftruits : ici tout eft en pierre, & bien plus fomptueux; je trouverois feulement que nos places valent mieux.

De là, je fuis allé faire un tour au cimetière des Innocens, où je paffai pas mal de temps à ouïr les récits qu'on me fit de la rapidité avec laquelle ce terrain dévore les corps qu'on y enterre [vingt-quatre heures fuffifent, me contoit-on (1)], & à voir les immenfes charniers, les tombes, les autres monumens funèbres, & les hiéroglyphes attribués à Nicolas Flamel, fondateur de cette églife & d'autres établiffemens charitables, comme il le raconte dans fon livre?

Il y a là nombre d'écrivains publics qui gagnent leur vie à écrire des lettres pour de pauvres filles & d'autres ignorans, qui viennent leur demander confeil & les prier de donner de leurs nouvelles, dans leur pays, à leurs amoureux, à leurs parens, à leurs amis. Ce font les pierres funéraires qui leur fervent de table. A côté de l'églife eft une fontaine publique avec de bons bas-reliefs (2).

---

(1) Cela n'empêche pas que la terre étoit complétement faturée à la fin du dix-huitième fiècle, quand on détruifit le cimetière, & que les corps, loin de fe décompofer, étoient devenus une efpèce de graiffe & s'étoient complétement confervés. Voyez, à ce fujet, un paffage très-curieux du rapport de Thouret fur les exhumations des Saints-Innocens. Paris, 1789, pages 40 & fuivantes. (B. J. P.)

(2) C'eft la célèbre fontaine des Innocens, ou plutôt de Saint-Innocent. En 1643, elle ne reffembloit en rien à celle que nous voyons en 1872. Située au fommet de l'angle formé par la rencontre de la rue aux Fers & de la rue Saint-Denis, elle avoit été conftruite en 1550, & ne préfentoit que deux faces. L'une de ces faces étoit percée de deux arcades; l'autre d'une feule. C'étoit une véritable *loggia* italienne. Les pilaftres féparant ces arcades étoient décorés de cinq Naïades en bas-relief fculptées par Jean Goujon, qui y figurent encore, & font regardées à jufte titre comme une des plus charmantes expreffions de la ftatuaire françoife au feizième fiècle. Les foubaffemens de ces figures étoient décorés de bas-reliefs repréfentant des Naïades couchées, dues également au cifeau de Jean Goujon. Trois de ces bas-reliefs figurent aujourd'hui au Louvre fous les nos 97, 98 & 99 du Livret de la fculpture moderne (édition de 1855). En 1787, lors de la deftruction du cimetière des Innocens, la fontaine fut démolie, tranfportée à la place qu'elle oc-

Le lendemain, on me mena chez un gentilhomme voir une riche collection de bijoux de toute espèce & de pierres précieuses, quelques-unes d'une grande valeur; des onyx & des agates, dont plusieurs étoient antiques & de couleurs admirables. Ce qui n'étoit pas au-dessous de ces curiosités, c'étoient ses paysages des meilleurs maîtres, dont il avoit fait copier la plupart en miniature, l'une desquelles, parfaitement exécutée sur pierre, fut brisée par la maladresse d'un des nôtres; mais telle étoit la politesse & l'empire sur lui-même de ce gentilhomme, que son aisance & sa bonne humeur n'en furent pas le moins du monde altérées.

Le lendemain matin, un ami me conduisit au jardin de M. Morin, qui, de simple jardinier, est devenu l'un des plus savans & plus habiles collecteurs de fleurs, de coquilles & d'insectes (1).

Le jardin est de forme parfaitement ovale & entouré de cyprès palissadés & taillés, aussi unis que si c'étoit un mur. Ses tulipes, ses anémones, ses renoncules, ses crocus, &c., sont des plus rares, & attirent chez lui leurs admirateurs durant toute leur saison. Il habitoit une es-

---

cupe aujourd'hui, & transformée complétement. Trois Naïades, exécutées par Pajou, furent ajoutées aux cinq de Jean Goujon. Les autres bas-reliefs furent exécutés par MM. Lhuillier, Mézières & Danjou. Les graveurs du dix-septième siècle nous ont laissé de nombreuses reproductions de ce gracieux monument. (C. R.)

(1) Tallemant des Réaux raconte de Morin un bon mot assez peu dévot : « Morin le fleuriste est une espèce de philosophe. Une fois qu'il estoit bien malade, son curé lui disoit : « Ramassez toutes vos peines & « les offrez à Dieu. — Je lui ferois là, dit-il, un beau présent ! » (Histor., t. VII, p. 536.) (P. P.)

Il y a eu deux Morin frères : c'est du cadet que parle Tallemant : René, *homme qui, pendant sa vie, a été aussi curieux qu'autre de l'Europe*, étoit mort en 1667, & probablement en 1658. L'auteur, qui survécut à son frère Pierre Morin, a publié, en 1658 (Musset Pathay, n°s 800 & 1726), des *Remarques nécessaires pour la culture des fleurs*. J'ai sous les yeux une *nouvelle édition* de 1667, à laquelle sont joints quatre Catalogues d'anémones, de ranoncules (*sic*), de tulipes & d'iris bulbeux, que vendoit Morin. (B. J. P.)

pèce d'hermitage à un bout de son jardin, au milieu de ses collections de coquilles & de coraux, dans l'un desquels on a taillé un grand crucifix qu'on estime fort. Il a aussi des livres d'estampes d'Albert Durer, de Vankeyden (1), de Callot, &c. Sa collection d'insectes, surtout celle de papillons, est des plus curieuses : une préparation qu'il fait subir à ceux-ci les rend incorruptibles, & ils sont arrangés sur des cartons de façon à représenter une belle tapisserie.

Il me montra les remarques qu'il avoit faites sur leur propagation. Il nous promit de les publier; & il a fait peindre par d'habiles gens, soit en miniature, soit à l'huile, un choix de ses papillons & de ses plus belles fleurs.

6 Avril. — J'envoyai à ma sœur mon portrait à la gouache, qu'elle m'avoit demandé ; j'allai voir plusieurs des plus beaux hôtels de la ville : par exemple, celui de Vendôme, qui est grand & imposant; ceux de Longueville, de Guise, de Condé, de Chevreuse, de Nevers; celui-ci est un des plus beaux de Paris, parmi ceux qui donnent sur la rivière (2).

Je suis souvent allé au palais Cardinal, légué au Roi par le cardinal de Richelieu, à condition qu'il porteroit ce nom. A cette époque, le Roi l'habitoit à cause des constructions qu'on faisoit au Louvre. C'est une fort belle maison, quoique un peu basse. Les galeries, les portraits de gens de distinction des deux sexes, les bains de la

---

(1) Le nom est évidemment mal orthographié; mais je ne vois pas qui il peut désigner.

(2) L'hôtel de Vendôme occupoit l'emplacement de la place Vendôme actuelle. Les hôtels de Longueville & de Chevreuse étoient contigus, rue Saint-Thomas-du-Louvre, sur l'emplacement actuel de la Bibliothèque du Louvre. L'hôtel de Guise a été détruit en partie par la construction de l'hôtel Soubise: ce sont maintenant les Archives. L'hôtel de Condé a été détruit sous Louis XVI : le théâtre de l'Odéon en indique la place. L'hôtel de Nevers occupoit une partie de l'emplacement actuel de la Monnoie. La petite rue de Nevers, parallèle à la rue Dauphine, en conserve le souvenir. (C. R.)

Reine, le falon d'audience & fon plafond, richement fculpté & doré, la falle de fpectacle, le jardin, qui eft fort grand, & fa belle fontaine, fes bofquets & fon mail, font dignes d'attention. Je fuis auffi fouvent allé voir les exercices du manége, furtout aux académies de MM. Du Pleffis (1) & *De Veau*, que fréquente la nobleffe : c'eft là que les jeunes gentilshommes apprennent l'exercice, la danfe, la mufique, & un peu de mathématiques & de fortifications. Telle de ces inftitutions a jufqu'à cent braves chevaux, tous dreffés aux grands exercices.

12 *Avril*. — J'allai au bois de Boulogne voir une grande revue de toutes les forces de la ville qui devoit avoir lieu devant Leurs Majeftés & toute la cour. On fuppofoit qu'il y avoit bien vingt mille hommes, fans compter les fpectateurs, qui dépaffoient de beaucoup ce nombre. Ils firent tous leurs exercices, après quoi, infanterie & cavalerie furent rangées fur divers points, & l'on donna le fimulacre d'une bataille.

[Le 19 d'*avril*, Évelyn quitta Paris pour aller vifiter la Touraine, & de là, traverfant la France à loifir, il fe rendit en Italie, d'où il ne revint qu'au commencement de l'année 1647. Rentré à Paris le 28 *janvier*, il y occupoit, rue du Colombier, un fort bel appartement au prix

---

(1) Deux écuyers d'office ont la grande écurie, *Du Pleffis* Bournonville, ou trois fous-écuyers, &c. (Marolles.)

Je vois Jean Ofmont, fieur de Vaux, parmi les écuyers du Roi, page 133 du rare & curieux volume intitulé : *État général des officiers, domeftiques & commençaux* (fic) *de la maifon du Roi*. Paris, Le Ché, 1657, in-8°. Il ne recevoit que 200 livres. Je doute que ce foit celui dont il s'agit ici. L'abbé de Marolles, page 263 du tome II de fes Mémoires, in-folio, cite comme excellant dans les courfes de bague & le manége des grands chevaux MM. ....., Delcampe, Devaux & plufieurs autres. M. Du Pleffis avoit laiffé une grande réputation. La Guérinière (1733) parlant, dans fa Préface, de M. de Vandeuil fon maître, dit qu'il avoit fu joindre *la grâce & la jufteffe de M. Du Pleffis* à la brillante exécution de M. de La Vallée, perfonnages dont le nom & la réputation fubfifteront autant que l'exercice durera. (B. J. P.)

de quatre piftoles par mois. Peu de temps après, il époufa la fille de l'ambaffadeur d'Angleterre fir Richard Browne, fit feul un voyage en Angleterre, & étoit de nouveau à Paris dans le courant de l'été de 1649. Nous allons reprendre nos extraits de fon journal.]

17 Septembre 1649. — J'allai à Saint-Germain avec ma femme, & je baifai la main de la Reine mère (Henriette-Marie); j'y dînai avec le lord garde des fceaux & lord Hatton. Plufieurs grands perfonnages de France vinrent voir le Roi (Charles II). Le lendemain vint le prince de Condé. Au retour, nous allâmes voir le palais du préfident de Maifons (1) : c'eft un château tout bâti en belle pierre de taille, blanche comme du lait. Il n'eft pas très-vafte, mais les difpofitions en font bien entendues, furtout l'efcalier, avec les enfans fculptés qui en font l'ornement. Il eft entouré de foffés fans eau. Les offices font fous terre, les jardins parfaitement deffinés, avec des allées d'ormes d'une longueur extraordinaire, & une belle vue, tant fur la forêt que fur la Seine, en regardant Paris. A prendre cette maifon en gros, avec fes prés, fes promenades, la rivière, la forêt, les vignes, les terres cultivées, je ne fache pas avoir vu grand'chofe en Italie qui la furpaffe. La grille de fer eft magnifique, & il a fallu jeter à terre tout un village pour en créer les dehors.

1er Octobre. — Je fuis allé avec mon coufin Tuke (depuis fir Samuel) voir les eaux de Saint-Cloud & de Ruel, &, après dîner, caufer avec l'hermite du mont Calvaire, pauvre fuperftitieux & ignorant; & de là à Paris.

---

(1) Ce magnifique château, qui a été gravé plufieurs fois, exifte encore aujourd'hui. Deux admirables grilles en provenant font au Louvre. Le château fut conftruit de 1645 à 1649 pour René de Longueil, marquis de Maifons, par François Manfard. Les deux grilles, — chef-d'œuvre de ferrurerie, — placées aujourd'hui au Louvre, n'étoient pas les grilles extérieures du château. Elles fermoient les deux baies de la galerie intérieure donnant fur la Seine, au rez-de-chauffée. (C. R.)

21. — Je fuis allé au Jardin des Plantes entendre le cours du docteur *D'Avinfon* (1), & voir fon laboratoire. C'eft lui qui eft directeur de ce beau jardin & profeffeur de botanique.

30. — Je fuis allé à l'enterrement de M. Downes, un honnête gentilhomme de nos compatriotes. Nous accompagnâmes fon corps à Charenton, où on le mit dans un carré de choux. Néanmoins, avant de partir, on lui avoit récité, dans notre chapelle à Paris, l'office de notre Église. C'eft auffi là que l'on a enterré ce grand capitaine, M. de Gaffion. On lui a élevé un tombeau qui reffemble à une fontaine, & dont les matériaux font auffi mefquins que le deffin. Je retournai à Paris avec fir Philip Mufgrave & fir Mamaducke Langdale, depuis lord Langdale. — *Memorandum :* Cet automne a été plein de maladies & de morts.

18 *Novembre.* — J'accompagnai mon beau-père à la cour pour fon audience. Il fut préfenté par le maître des cérémonies immédiatement après le nonce; & après qu'il eut remis fes lettres de créance de la part de notre Roi, en conféquence du meurtre du roi fon frère, il fut traité fort gracieufement par le roi de France & fa mère, qui lui accordèrent une longue audience. C'étoit au palais Cardinal.

Après que j'eus été préfenté au Roi & à la Reine régente, je vifitai ce palais bâti par le grand cardinal de Richelieu. Ce qu'il y a de plus digne d'attention, c'eft la galerie dont les peintures font des portraits de perfonnages illuftres ou des faits mémorables de l'hiftoire de France, avec quantité d'allégories entre chaque tableau. Du milieu de la galerie, on entre dans une jolie chapelle (2), avec un pavé ouvragé de toutes fortes de mar-

---

(1) Voici tout ce que j'ai trouvé fur ce médecin : D'Aviffon fait un livre de grande invention. — Vers 2 de l'art. IV des médecins, dans le livre intitulé *Le Roy, les Perfonnes de la cour,* &c., par l'abbé de Marolle, p. 56. (B. J. P.)

(2) « Il faut voir furtout la galerie où le cardinal de Richelieu a fait

bres, comme en eſt auſſi l'autel & deux ſtatues du chevalier Bernin : une de ſaint Jean & l'autre de la Sainte Vierge. Le reſte des appartemens eſt fort doré & ſculpté, & l'on y voit quelques bons tableaux modernes. Dans la ſalle d'audience, il y a trois grands luſtres de criſtal, & dans la chambre à coucher du Roi, ſon alcôve fait l'effet d'une autre chambre, ou d'une grande caiſſe qui ſeroit dans cette chambre. Le lit eſt richement brodé. Le palais, qui n'eſt que de deux étages, eſt trop bas pour avoir l'air impoſant ; mais le jardin en eſt aſſez ſpacieux pour avoir un grand baſſin & des eaux qui jouent continuellement, & un mail, avec un coude ou retour qui le prolonge d'autant. Je laiſſai Sa Majeſté ſur la terraſſe occupée à voir un combat de taureaux, & je m'en retournai dans la voiture du prince Edward avec M. Paul, agent du Prince-Électeur.

19. — Étant en viſite chez M. Waller (1), où ſe trouvoit auſſi le docteur Holden, un Anglois docteur de Sorbonne, nous nous mîmes à parler religion.

28. — Comme j'allois chez M. Waller, je viſitai l'égliſe de Saint-Étienne. Cet édifice, quoique gothique, eſt couvert de ſculpture. L'intérieur en eſt beau, ſurtout le chœur & le jubé : il y a de beaux vitraux, & les tapiſſeries, qui, ce jour-là, étoient tendues autour du chœur, & repréſentent la converſion de Conſtantin, étoient de la plus grande richeſſe (2).

Je ſuis allé chez l'excellent graveur Boſſe pour me faire

---

peindre tous les hommes illuſtres de France, depuis Suger, abbé de Saint-Denis, juſqu'à ſon miniſtère. » (*Germ. Brice*, édit. de 1685.) Il ne reſte plus rien aujourd'hui de ce premier palais Cardinal.

(1) Le célèbre poëte.

(2) Saint-Étienne du Mont n'a abſolument rien de *gothique*. L'égliſe que voyoit Évelyn & qui exiſte encore ne fut commencée que poſtérieurement à 1517. Le jubé eſt de 1600, le portail de 1610. Les tapiſſeries qui repréſentoient la vie de ſaint Étienne, & non la converſion de Conſtantin, avoient été faites ſur les cartons de Laurent de la Hyre, mort en 1656. (C. R.)

expliquer quelques passages difficiles de son *Traité de Perspective* (1).

29. — J'ai servi dans notre chapelle, avec sir Georges Radcliffe, de parrain à l'enfant de sir Hugh Riley. Les parens étoient si pauvres, qu'ils ne s'en étoient pas procuré; nous tirâmes au sort pour savoir qui le seroit, & ce fut sur moi qu'il tomba. C'étoit le doyen de Pétersborough qui officioit, & nous donnâmes à l'enfant le nom d'André, à cause du saint dont c'étoit la fête.

18 *Janvier* 1650. — Dans la nuit, le prince de Condé & son frère ont été conduits prisonniers à Vincennes (2).

6 *Février*. — Dans la soirée, le signor Alessandro, un des musiciens du cardinal Mazarin, & de grand renom dans son art, vint faire visite à ma femme, & chanta dans ma chambre devant plusieurs personnes de qualité.

1er *Mars*. — Je suis allé voir les mascarades : c'étoit fort bizarre; mais rien de calme & de solennel comme à Venise.

13. — Je suis allé à l'académie de M. del Camp (3) voir plusieurs seigneurs anglois & françois faire leurs exercices devant un monde de spectateurs, hommes & femmes de qualité. La cérémonie finit par une collation.

25 *Avril*. — Château de Madrid bâti par François Ier. Ce qu'il a de plus remarquable, c'est son architecture à jour : ce ne sont que galeries ouvertes & terrasses les unes au-dessus des autres jusqu'au toit; avec des revêtemens de faïence peinte de couleurs aussi brillantes que celles

---

(1) C'est Abraham Bosse, né à Tours, en 1615, mort à Tours, en 1678. Sa *Manière universelle de pratiquer la perspective* avoit paru en 1648.

(2) C'est la Fronde qui commence. Voir les *Mémoires du cardinal de Retz*. (C. R.)

(3) Dans l'état déjà cité des officiers de la maison du Roi, je vois, page 110, parmi les écuyers de la grande écurie, le sieur Del Camps avec 400 livres de gages. (B. J. P.)

de la porcelaine de Chine; mais c'est bien fragile (1). Il y a des statues, des bas-reliefs tout entiers, des cheminées, des colonnes de cette terre cuite. Sous la chapelle, il y a une cheminée au beau milieu d'une pièce prise sur la salle des Gardes. La maison est entourée d'un fossé profond, & a une vue admirable sur le bois de Boulogne & la rivière.

30. — Je suis allé voir la collection du fameux graveur Étienne de Labelle (2), qui ne faisoit que de revenir d'Italie, & je lui achetai quelques estampes. Je suis aussi allé voir Pérelle (3), le graveur de paysages.

3 *Mai*. — A l'hôpital de la Charité, j'ai vu pratiquer l'opération de la taille pour la pierre. C'étoit un enfant de huit ou neuf ans qui la subit avec le courage le plus extraordinaire. Il montra beaucoup de joie quand il vit la pierre qu'on lui avoit ôtée. Le profit que, moi, j'en tirai, ce fut de remercier Dieu de tout mon cœur de n'avoir pas cette déplorable infirmité.

7. — Lady Browne, ma femme, le comte de Chesterfield, lord Ossory & son frère, nous allâmes à Vanves, un village fameux pour son beurre. Comme nous en revenions à pied, lord Ossory se prit de querelle avec un homme qui étoit sur la porte d'un jardin, & l'en avoit repoussé avec des paroles inciviles. Nos jeunes gens donnèrent à ce personnage quelques coups sur la caboche &

---

(1) Ces *faïences peintes* étoient l'œuvre de Jeronimo della Robbia. Pierre Courteys, de Limoges, avoit fait aussi, pour les entre-deux des fenêtres, douze grands émaux dont neuf figurent aujourd'hui au musée de Cluny (voir l'intéressante brochure de M. le comte de Laborde intitulée *le Château du bois de Boulogne*). (C. R.)

(2) Labelle demeuroit alors chez le père de Mariette, rue Saint-Jacques. (B. J. P.) Ce Labelle est Stefano della Bella, graveur & dessinateur italien, né à Florence le 17 mai 1610, mort à Florence le 22 juillet 1664, après avoir séjourné en France de 1640 à 1650. (C. R.)

(3) Le Pérelle dont il est ici question est Gabriel Pérelle, né à Vierzon vers 1620, mort à Paris en 1675. Il laissa deux fils, Nicolas & Adam, tous deux également graveurs de paysages, avec lesquels on le confond souvent. (C. R.)

lui firent demander pardon, ce qu'il fit très-humblement, puis nous continuâmes notre chemin. Mais nous n'en avions pas encore fait beaucoup quand nous entendîmes du bruit derrière nous, & vîmes quantité de gens qui nous pourfuivoient avec des fufils, des épées, des bâtons, des fourches, & fe mettoient à nous lancer des pierres. Nous dûmes alors faire volte-face, &, à l'aide de nos épées, de pierres & du fecours de nos domeftiques, l'un defquels avoit un piftolet, nous battîmes en retraite & nous parvînmes à nous réfugier dans une maifon où l'attroupement nous affiégea & où nous fûmes contraints de nous rendre prifonniers. Lord Hatton, dans notre déroute, & quelques autres avoient été pris & enfermés fous trois ferrures, & autant de portes, dans la maifon du maître du groffier perfonnage, caufe de la bagarre, lequel fe prétendoit l'intendant de M. de Saint-Germain, préfident de grand'-chambre au Parlement & chanoine de Notre-Dame (1). Nous avions de nos gens fort bleffés; & l'un de nos laquais, qui avoit trouvé moyen de gagner Paris, en ra-

---

(1) Le 2 octobre 1645, à la lecture du contrat de mariage de meffire Paul le Prevoft, chevalier, baron d'Oyfonville, maréchal de camp & gouverneur de Briffac, avec demoifelle Marie Chahu, fille d'un tréforier de France, on voit affifter, pour le futur : Ifabelle Sublet, fa mère, veuve de meffire Charles Le Prevoft; — meffire Charles Le Prevoft, chanoine de Notre-Dame de Chartres, fon frère; — Jacques Le Prevoft, fieur de Malaffis; — Charles Le Prevoft, confeiller du Roi, abbé de Sonières; de Bonneval, feigneur de Saint-Germain; de Lafti & de Vanves en partie. (Cabinet des titres, à la Bibliothèque nationale.)

Charles Le Prevoft-Saint-Germain avoit été reçu confeiller clerc au Parlement de Paris, le 10 juin 1622. Il eft intitulé, en 1643, chanoine de Notre-Dame de Paris, feigneur de Saint-Germain & de Vanves. Il mourut dans fa maifon de Vanves.

Tallemant des Réaux a parlé de la mère de notre Charles Le Prevoft, Magdeleine de Baugy, « dont le fils, dit-il, *fe vantoit* d'être fils de M. le maréchal de Biron. Elle eut enfuite de tendres relations avec le poëte Defyveteaux. » (Voyez *Hift. de M. Defyveteaux*, t. I, p. 344.) (P. P.)

— La maifon dont parle Évelyn, fes jardins, fes baffins, fon labyrinthe, ont été décrits dans le Supplément à Dubreuil de 1639. (Lebeuf, t. IX, p. 436.) (B. J. P.)

mena à notre secours le bailli de Saint-Germain & sa garde (1). Immédiatement après arriva M. de Saint-Germain (2) lui-même en grande colère d'ouïr que son intendant eût été rossé ; mais quand il vit des officiers du Roi, ces gentilshommes, ces seigneurs, l'ambassadeur d'Angleterre, & qu'il eut su comment la querelle étoit venue, il eut grande honte, nous supplia de pardonner à son serviteur, & pria les dames d'accepter à souper dans sa maison. Il étoit dix heures du soir quand nous rentrâmes à Paris, sous l'escorte du prince Griffith (un rodomont gallois dont c'étoit le sobriquet, & fort connu en Angleterre pour ses folies), & celle des élèves de deux académies accourus à cheval à notre secours, & que nous eûmes bien de la peine d'empêcher de maltraiter le village où l'on nous avoit fait cet affront.

Comme nous ne laissâmes pas de porter plainte au roi de France & à la Reine de l'injure que nous avions reçue, le président de Saint-Germain reçut l'ordre de demander pardon à M. l'ambassadeur & de mettre son intendant à la porte. Ils vinrent donc faire leurs excuses, accompagnés du président de Thou, fils du grand historien, & la chose en demeura là. Mais j'ai souvent entendu ce brave seigneur milord Ossory affirmer que, dans toutes les affaires où il s'étoit trouvé sur terre ou sur mer (& il en avoit vu de terribles), jamais il n'avoit couru si grand péril que quand cette populace nous avoit assaillis. Il appeloit cela la bataille de Vanves, & se plaisoit souvent, en brave cavalier, à rappeler gaiement cette aventure.

---

(1) Des Réaux a parlé plusieurs fois de ce bailli du quartier Saint-Germain de Paris. C'étoit, dit-il, un frippon, qui voulut un jour arrêter Ninon pour avoir, en 1651 & en temps de carême, jeté un os de poulet sur la tête d'un prêtre. — Le bailli logeoit chez Mme La Baronnie, veuve d'un conseiller au Parlement. Il vivoit fort bien avec elle, &, ajoute des Réaux, il lui escroqua quelque argent. (*Hist.*, t. VI, p. 7 & p. 489.) (P. P.)

(2) Le chanoine.

13 *Juin*. — J'ai posé pour mon portrait devant le fameux graveur Nanteuil (1), que, plus tard, en considération de son talent, le roi de France fit chevalier. Il le grava sur cuivre. A une autre époque, il me fit présent de mon portrait entièrement dessiné par lui à la plume, ce qui est une remarquable curiosité (2).

21. — Je suis allé revoir la Samaritaine sur le Pont-Neuf, qui, bien que cela ne semble pas promettre grand'-chose, est pourtant, sans compter sa machine, remplie de curiosités, tant artificielles que naturelles. C'est surtout dans la grotte où sont les plus beaux coraux que j'aie vus : de grands morceaux de cristal, des améthystes, de la mine d'or & d'autres métaux, des marcassites & deux grandes conques, que le propriétaire (3) nous a dit avoir payées deux cents écus à Amsterdam. Ce monsieur nous fit voir aussi nombre de vues & de paysages fort bien peints en miniature, d'autres à la plume & au crayon; des dessins d'antiquités de Rome, &, par-dessus tout, celui de l'intérieur du Colisée, qui est son propre ouvrage, & un chef-d'œuvre; deux jeunes enfans & deux squelettes, moulés par le *Flammingo* (4); un livre de dessins de statues faits à la plume pour Henri IV : ce livre fait voir toutes les fautes de Perrier (5), qui a ajouté beaucoup de choses

---

(1) Le portrait d'Évelyn, gravé par Nanteuil, est connu sous le nom du *Petit Mylord;* il est rare & assez cher, & on en connoît 4 états, qui sont décrits dans le Manuel de Leblanc. (B. J. P.) Robert Nanteuil, né à Reims, vers 1625, mort à Paris, le 9 décembre 1678. Le cuivre gravé par Nanteuil existe encore en Angleterre. Nanteuil fut créé chevalier par Louis XIV, en 1659. C'est donc postérieurement à cette date que fut rédigé le journal d'Évelyn. (C. R.)

(2) Et aussi ceux de MM. Évelyn & de sir Richard Browne, qui sont encore à Wotton avec celui d'Évelyn. (E. de S.)

(3) Le propriétaire se nommoit Saint-Clair. (E. de S.)

(4) F. Flaman ?

(5) Voyez, sur ce peintre-graveur, l'*Abecedario* de Mariette. C'est de 1638 à 1645 qu'il a gravé la suite de statues & de bas-reliefs antiques dont parle ici Évelyn. C'est lui qui a peint la galerie de l'hôtel de La Vrillière, aujourd'hui la Banque. — Je n'ai rien pu trouver jusqu'ici sur M. de Saint-Clair. (B. J. P.)

de fa façon qui ne font pas dans les originaux. Il a encore une collection infinie de gravures richement reliée en maroquin.

Il nous fit entrer dans une belle chambre digne, pour fes meubles, de recevoir un prince, avec des tableaux des plus grands maîtres, particulièrement une Vénus de Perino del Vaga. Les ftatuettes d'enfans qui ornoient la cheminée étoient fculptées par le Flamand. On y voyoit des vafes de porcelaine, d'autres exécutés fur des deffins de Raphaël; quelques tableaux du Pouffin & de Fioravanti; des antiques de bronze, des confoles & des cadres de glaces d'un rare travail (1). En un mot, là, tout étoit grand, choifi & magnifique, & je me reprochois d'avoir fi fouvent paffé devant, comme je l'avois fait, fans foupçonner qu'il y eût de fi belles chofes à voir dans un pareil lieu. A une vifite ultérieure, il nous montra une nouvelle grotte & des bains établis dans une grande voûte, ménagée à l'intérieur même du pont, dans la portion où font les piles, en forte que nous entendions les voitures & les chevaux tonner au-deffus de nos têtes.

14 Décembre 1650. — J'allai voir M. Ratcliffe. Il hébergeoit un impofteur qui n'auroit pas mieux demandé que de nous perfuader qu'il poffédoit le fecret de la tranfmutation des métaux. Il eft fûr qu'il avoit, durant quelque temps, vécu à Paris en grande fplendeur, mais ce n'étoit, je le vis, qu'un grand fripon (2).

9 Février 1651. — Ce jour-là, le cardinal Mazarin fut profcrit par arrêt du Parlement, & de grands troubles commencèrent à Paris.

---

(1) Je ne vois pas quelle peut être cette *Vénus* attribuée à Perino del Vaga. Le Flamand eft évidemment François Duquefnoy, mort à Livourne en 1643, qu'il ne faut pas confondre avec fon frère Jérôme Duquefnoy, brûlé vif à Gand, le 28 feptembre 1654. Quant aux *porcelaines exécutées fur les deffins de Raphaël*, ce font les majoliques de Durantino, exécutées à Urbino en 1535, d'après les deffins de Marc-Antoine. (C. R.)

(2) Eft-ce le même que le chimifte Du Mefnil dont il eft parlé plus loin, p. 273? (B. J. P.)

23. — J'allai aux Bons-Hommes, couvent qui a un beau cloître, où sont peintes les histoires des hermites. On construisoit dans la chapelle un splendide autel ; les jardins sont disposés en terrasse sur le rocher avec un beau clos de vigne & une belle vue sur la ville.

24. — Je suis allé voir un dromadaire, monstrueuse bête, qui ressemble au chameau, mais qui est plus grande. Il y avoit aussi là des danseurs de corde; mais le spectacle le plus surprenant pour ceux qui n'étoient pas dans le secret, c'étoit le jet d'eau vivant (Florian Marchand) qui, ne prenant dans sa bouche que de l'eau, en faisoit sortir & en remplissoit des verres séparés de toute espèce de vins & d'eaux de senteur. Pour une pièce de monnoie, il me montra le tour.

J'allai ensuite au couvent de Chaillot visiter le frère Nicolas, excellent chimiste, qui me montra son laboratoire & une rare collection de remèdes spagyriques. Il étoit à la fois le médecin & l'apothicaire du couvent, &, au lieu d'étiquettes verbales, il peignoit sur ses boîtes & ses pots la figure de la drogue ou des simples qu'ils renfermoient. Il me fit voir comme une curiosité quelque préparation mercurielle d'antimoine. Il avoit guéri d'une maladie désespérée M. *Senatan* (1), qui, en reconnoissance, faisoit élever un autel monumental qui devoit coûter trente-cinq ou quarante mille francs.

11 *Mars*. — Je suis allé au Châtelet voir donner la question à un malfaiteur qui refusoit de confesser ses méfaits : on commença par lui lier les poignets d'une forte corde, qu'on passa dans un anneau de fer scellé dans le mur, à quatre pieds à peu près de haut; puis on lia ses pieds d'une autre corde passée dans un anneau pris dans le pavé, à environ une toise du plus loin où ils pouvoient atteindre en s'allongeant le plus possible. Ainsi suspendu, mais sur un plan incliné, on passa un chevalet

---

(1) M. de Senozan ?

de bois fous le câble qui lioit fes pieds, ce qui le tendit au point de difloquer miférablement toutes les articulations du patient, dont le corps s'allongea d'une façon extraordinaire. On en pouvoit juger d'autant mieux qu'il n'avoit fur lui, pour tout vêtement, qu'un caleçon de toile. On l'interrogea alors fur le vol dont il étoit accufé (le lieutenant criminel étoit préfent, ainfi qu'un greffier, qui tenoit la plume), &, comme il ne voulut rien avouer, on mit fous le câble un fecond chevalet pour rendre la torture & l'extenfion plus douloureufes. Comme cette agonie ne réuffiffoit pas à lui arracher d'aveux, le bourreau lui fit entrer dans la bouche le bout d'une corne telle que celle dont on fe fert pour faire prendre par force des remèdes aux chevaux, & lui verfa, tant dans le gofier que fur le corps, la quantité de deux feaux d'eau, ce qui le fit enfler fi prodigieufement, qu'il n'eft perfonne qui n'eût peur à la fois & pitié de lui. Mais il perfifta à nier tout ce dont on l'accufoit. On le détacha enfuite & on le porta devant un bon feu pour le faire revenir, car la douleur l'avoit fait évanouir, & il fembloit mort. Que devint-il? je n'en fais rien; mais le monfieur qui l'accufoit de l'avoir volé foutint toujours fon dire fans varier, & la pâleur & l'air inquiet de ce malheureux avant qu'on ne le mît à la torture dénotoient bien quelque culpabilité. C'étoit auffi l'avis du lieutenant criminel, qui nous dit, à première vue, que ce jeune homme, il étoit brun, maigre & fec, fauroit furmonter la torture. Le réfultat étoit qu'on ne pouvoit pas le pendre; mais en pareil cas, quand il y a de fortes préfomptions, on les envoie aux galères, qui ne valent guère mieux que la mort.

Après celui-là, devoit en venir un autre; mais je ne me fentis pas la force d'affifter plus longtemps à ce cruel fpectacle. Il m'avoit retracé vivement les douleurs intolérables qu'avoit dû éprouver Notre Très-Saint Sauveur quand, étant fur la croix, fon corps portoit de tout fon poids fur les clous qui l'y attachoient.

20 *Mars*. — Ce foir-là, j'allai avec ma femme à un bal chez le marquis de Crèvecœur (1), où fe trouvoient des princes, des ducs & d'autres grands perfonnages; mais ce qui me parut affez mefquin, ce fut de voir commencer la foirée par un fpectacle de marionnettes.

6 *Mai*. — Je fuivis l'ambaffadeur à un ballet de la cour, où le roi de France en perfonne danfa cinq entrées; mais m'étant mis à converfer avec un des fecrétaires d'État de la Reine régente, j'y pris beaucoup plus de plaifir qu'au divertiffement que je laiffai là.

11 *Mai*. — Au palais Cardinal, où le grand maître des cérémonies me plaça pour voir l'Opéra. La première fcène, c'étoit un chœur fur lequel étoient les plus belles voix qu'on eût pu fe procurer : ces chanteurs repréfentoient Cornaro & la tempérance, que Bacchus & fa fuite vinrent mettre en déroute. Après parurent diverfes entrées figurant toutes fortes d'excès repréfentés par tous les élémens. L'élément du feu étoit admirable; puis l'on vit Vénus defcendre des nuages; & la conclufion fut le fpectacle du ciel, où tous ces divers perfonnages fe tranfportèrent. Mais ce qui faifoit la gloire & le mérite de cet opéra, c'étoit fes acteurs, qui n'étoient rien moins que le roi de France, fon frère le duc d'Anjou, & tous les grands de la cour. Le Roi s'acquittoit de fon rôle à l'admiration de tous. La mufique confiftoit en vingt-neuf violons, vêtus à l'antique; mais les habits des princes & feigneurs qui y jouoient étoient d'une richeffe & d'une fplendeur admirables.

23. — En revenant de prendre congé de nos ambaffadeurs en Efpagne, j'entrai chez M. Morin, & je vifitai de nouveau fon jardin & fes autres curiofités : j'y vis des crabes de la mer Rouge, qui n'ont pas le corps plus

---

(1) Nicolas-Alexandre Gouffier, marquis de Crèvecœur, comte de Gouffier. Il avoit époufé, en 1646, Élifabeth du Faur de la Boderie. Il mourut le 17 mars 1705, âgé de quatre-vingts ans, & fut enterré à Saint-Benoît. (B. J. P.)

gros que l'œuf d'un petit oifeau qui feroit aplati, & les pattes de devant d'un pied de long. Il a une grande quantité de coquilles, mille efpèces au moins, qui rempliffent une armoire de grand prix, & une très-curieufe collection de fcarabées & d'infectes, dont il prépare une hiftoire naturelle. Il me dit que, rien que de tulipes, il y en avoit dix mille efpèces. Il avoit une innombrable quantité de gravures. Je vis chez lui la tête de l'oifeau rhinocéros, qui eft fort bizarre, & un papillon qui reffembloit à un oifeau (1).

25. — J'allai voir M. Thomas White, favant prêtre & grand philofophe, auteur du livre — *De Mundo*, — avec le digne frère duquel je m'étois lié à Rome. Je vis chez lui un coffre de maroquin avec de fi curieufes incruftations de cuir d'autres couleurs, & fi bien doré, que l'ouvrier n'en demandoit pas moins de huit cents livres.

Pour la fête de la Pentecôte, le doyen de Peterborough (2) prêcha & blâma ceux de Genève de leur irrévérence envers la Sainte Vierge.

4 *Juin*. — Dimanche de la Trinité : Je ne pus être à l'églife dans la foirée, occupé que j'étois de rendre fervice à l'abbeffe de Bonchavant, qui, fans moi, eût été dupée par ce chimifte Dumefnil (3). Au retour, j'entrai aux Grands-Jéfuites, où il y avoit expofition de l'oftenfoir : c'étoit tout or maffif & ouvragé, & d'un prix infini.

5. — J'allai avec lord Strafford & d'autres feigneurs entendre chanter Mme *Lavavan*, ce qu'elle fit dans la perfection, en françois & en italien ; mais fa voix manque de force.

7. — Jour de la Fête-Dieu : Grande proceffion ; toutes les rues tapiffées ; des autels (repofoirs) élevés de diftance

---

(1) Probablement un toucan & un oifeau-mouche. (E. de S.)
(2) Voir plus haut : c'étoit le docteur Cofin, mort évêque de Durham. (E. de S.)
(3) Voir ci-devant, page 269.

en distance, garnis d'images & d'autres riches ornemens, surtout celui de la cour, qui étoit d'un beau dessin & d'une grande architecture. Il y avoit quantité de beaux tableaux & de vases d'argent.

13. — Je suis allé voir la collection d'un M. Poignant (1), qui, pour ses agates, ses cristaux, ses onyx, ses porcelaines, ses médailles, ses statues, ses bas-reliefs, ses tableaux, ses gravures, ses antiques, peut aller de pair avec les amateurs italiens.

7 Septembre 1651. — J'allai, ce jour-là, voir M. Hobbes, le fameux philosophe de Malmesbury, que je connoissois de vieille date. Je vis de sa fenêtre la marche triomphale du jeune roi de France (2) se rendant au Parlement pour la déclaration de sa majorité. En tête marchoit un aide des cérémonies suivi de cinquante hommes en riche livrée; immédiatement après, cent chevau-légers de la Reine mère, leur lieutenant tout couvert de broderies & de rubans, & devant lui quatre trompettes en velours noir tout galonné, avec des casaques de même; puis deux cents chevau-légers du Roi richement vêtus, avec quatre trompettes en velours bleu brodé d'or, & à leur tête le comte d'Olonne, dont le baudrier étoit couvert de perles; ensuite le grand prévôt de l'hôtel, sa compagnie à pied, lui à cheval. Les Suisses, en toques de velours noir, commandés par deux beaux cavaliers en satin écarlate, à la mode de leur pays, qui est assez bizarre : chacun d'eux avoit à son bonnet une aigrette de héron avec un nœud de diamans, & étoit escorté de douze pages suisses avec des hallebardes; un aide des cérémonies; puis les grands de la cour, les gouverneurs, les lieutenans-géné-

---

(1) Probablement celui contre qui Lafontaine voulut absolument se battre en duel. (E. de S.)

(2) Cette marche fait le sujet d'un très-beau & très-intéressant tableau de Vandermeulen qui est à Versailles, & qui a été très-bien gravé par Huchtenburgh, pour le recueil dit : *Des Estampes du cabinet du Roi*. (B. J. P.)

raux des provinces, tous vêtus fuperbement & bien montés. Je vis au milieu d'eux, & je ne dois pas l'oublier, le chevalier Paul (1), fameux pour fes combats & fes victoires fur mer, parce que, fans avoir jamais appris à monter à cheval, il en avoit un fort difficile qu'il gouvernoit bien. Sa croix de Malte étoit évaluée à elle feule dix mille écus. Devant ces feigneurs marchoient deux trompettes, & ils étoient fuivis de fix autres trompettes en velours bleu qui précédoient autant de hérauts d'armes en dalmatique de velours bleu femé de fleurs de lis, le caducée à la main, & des toques de velours fur la tête; derrière eux un maître des cérémonies, puis des maréchaux de France & d'autres grands feigneurs d'une grande fplendeur. Le comte d'Harcourt, grand écuyer, feul, portant, fufpendue à une écharpe, l'épée du Roi dans un fourreau bleu fleurdelifé. Les rênes de fon cheval étoient deux écharpes de taffetas noir.

Puis une quantité de laquais & de pages du Roi, en livrée neuve, avec des plumes rouges & blanches; des gardes du corps & d'autres officiers; puis enfin s'avançoit le Roi, montant un cheval barbe ifabelle, dont la houffe étoit femée de croix du Saint-Efprit & de fleurs de lis; le Roi lui-même, comme un jeune Apollon, fi richement vêtu, que l'étoffe de fon habit difparoiffoit fous la broderie. Il étoit prefque toujours le chapeau à la main, faluant les dames enrichiffant les fenêtres de leur

---

(1) Je vois dans le livre de l'abbé de Marolles, intitulé : *Le Roi*, &c., page 47 : Le chevalier Pol, que la biographie de Michaud appelle Paul de Saumur, étoit fils d'une lavandière, qui accoucha de lui, en 1597, dans un bateau en allant à Marfeille, au château d'If. D'abord mouffe, puis matelot, puis foldat, il devint fervant d'armes de Malte, puis capitaine de vaiffeau. Richelieu le demanda au Grand-Maître de Malte, & fes fervices dans la guerre contre l'Efpagne furent fucceffivement récompenfés par les grades de chef d'efcadre, de lieutenant général, puis de vice-amiral des mers du Levant. Il étoit à Toulon quand Chapelle & Bachaumont firent leur voyage de Provence, & les régala magnifiquement. Il mourut dans cette ville, où il commandoit, le 18 octobre 1667. (B. J. P.)

beauté, & le peuple rempliſſoit l'air de cris de : Vive le Roi ! Sa phyſionomie étoit très-agréable, mais grave. Il étoit ſuivi de divers grands perſonnages & d'écuyers, ceux-ci à pied. Après venoient les exempts des gardes & ſix gardes-écoſſaiſes; entre leurs deux files ſe trouvoient des princes du ſang, des ducs & d'autres ſeigneurs; après eux tous, les Suiſſes de la garde de la Reine, ſes pages, ſa livrée, puis la Reine mère elle-même dans un riche carroſſe, avec Monſieur, frère du Roi, le duc d'Orléans, & d'autres ſeigneurs & des dames d'honneur. Autour du carroſſe marchoient les exempts des gardes, puis cent cinquante gendarmes du Roi, avec quatre trompettes & autant de celles de la Reine; enfin une ſuite innombrable de voitures pleines de dames & de gentilshommes. C'eſt dans cet équipage que le Roi ſe rendit à ſon parlement pour y prendre poſſeſſion de ſon autorité royale.

15. — J'accompagnai à la cour ſir Richard Browne, mon beau-frère, dans l'audience qu'il prit du Roi & de la Reine mère pour féliciter le premier de ſon acceſſion à l'exercice de ſon autorité royale, & la Reine de ſon heureuſe & prudente adminiſtration, & leur demander la continuation de leur amitié pour le Roi notre maître, ce que, bien entendu, tous les deux promirent avec toutes les expreſſions de civilité requiſes en pareil cas. Tant pour prendre cette audience que pour en revenir, nous fûmes accompagnés de l'introducteur des ambaſſadeurs & d'un aide des cérémonies. Je fus auſſi témoin des audiences de l'ambaſſadeur de Veniſe Moroſini, des miniſtres des princes d'Allemagne, de Savoie, &c. J'allai enſuite faire un tour dans le jardin du palais, où je remarquai, ſur le grand baſſin, deux ou trois bateaux dont le Roi s'amuſe quelquefois. Dans une autre portion du jardin, il y a un fort avec ſes baſtions, ſon enceinte, ſes demi-lunes, ſes ravelins, des canons, tout ce qu'il faut enfin pour mettre le Roi au courant des fortifications.

7 Novembre. — J'ai fait viſite à ſir Kenelm Digby, avec

qui j'ai beaucoup caufé chimie (1). Je lui enfeignai une méthode particulière d'extraire l'huile de foufre, & il me donna d'une poudre avec laquelle il m'affura qu'il avoit fixé le mercure en préfence du Roi. Il me confeilla d'effayer, & me donna d'une eau qui n'étoit, me dit-il, que de l'eau de pluie prife à l'équinoxe d'automne, exceffivement rectifiée, très-volatile; ça avoit le goût très-vitriolique & l'odeur d'eau-forte. Il en ufoit comme de diffolvant pour la chaux d'or; mais la vérité, c'eft que fir Kenelm étoit un franc charlatan.

2 *Janvier* 1652. — Je fuis allé chez un certain Marc-Antonio, un incomparable artifte en émail. Il exécutoit à la lampe des figures de plein relief, de grande dimenfion, même auffi grande que nature, & rien ne pouvoit être mieux modelé. Il nous fit des récits d'un joaillier génois qui poffédoit le grand fecret, & avoit plufieurs fois fait la projection devant lui. Il l'avoit rencontré en Chypre, en fe rendant en Égypte. A fon retour, il étoit mort en mer & fon fecret avec lui; autrement, il avoit promis d'en faire part au narrateur. Tous fes effets, d'une immenfe valeur, avoient été pris & diffipés par les Grecs du bâtiment fur lequel il étoit mort. Ce joaillier nous raconta encore qu'étant à Amfterdam dans la boutique d'un orfévre, il y vit entrer un homme de fort petite taille, qui pria l'orfévre de lui fondre une livre de plomb. Ceci fait, il déviffa le pommeau de fon épée, y prit, dans une petite

---

(1) La poudre de fympathie, qu'il préconifoit, eut grand fuccès pendant un certain temps. Voir, fur lui & fur fa très-belle femme Venetia Anaftafia Stanley, Tallemant, t. VII, p. 476 & 478. Il étoit grand bibliophile. On voit encore de fes livres bien reliés portant fes armes fur le plat, & fur le dos des K & D entrelacés. Une première bibliothèque, compofée en grande partie de manufcrits, avoit été cédée ou donnée par lui, vers 1637, à la Bibliothèque d'Oxford. Une autre fut brûlée par les Parlementaires pendant la guerre civile (Jacob, p. 266 & 267); car Digby étoit dévoué à l'infortuné Charles Ier, & avoit accompagné Henriette de France à Paris. Là, il forma une nouvelle bibliothèque qui, à fa mort à Londres, en 1665, s'élevoit à 18 000 volumes, & étoit encore à Paris. (Chappuzeau : *Europe vivante*, t. II, p. 329.) (B. J. P.)

boîte, une légère quantité de poudre, la mit dans le creuset, coula un lingot, &, quand il fut refroidi, il le prit en difant à l'orfévre : « Monfieur, vous trouverez dans ce creufet de quoi vous payer de votre plomb; » & il fortit immédiatement. Quand il fut parti, l'orfévre trouva dans fon creufet quatre onces d'or, mais ne put jamais revoir le petit homme, quelque recherche qu'il fît dans toute la ville. Marc-Antonio juroit fes grands dieux de la vérité de fon récit, & je ne fais encore qu'en penfer. Il y a tant d'impofteurs & de gens qui fe plaifent à conter des hiftoires étranges, comme faifoit cet artifte, qui avoit couru bien des pays & parloit dix langues différentes.

SECOND

SUPPLÉMENT A LISTER

LES

CHOSES LES PLUS REMARQUABLES

DE PARIS

LES
CHOSES LES PLUS REMARQUABLES
DE PARIS (1).

1. La place Dauphine.
2. Le Pont-Neuf. — Cheval de bronze. — Samaritaine. — Les tableaux de Pouffin chez M. Pointel, rue Saint-Germain; chez MM. Vaiddau (2) de Gramont, Valcour, le plus beau de Paris.
3. A Saint-Germain-l'Auxerrois : une pièce de marbre taillée à deux reliefs, très-bien travaillée, au tabernacle de l'autel du Grand-Confeil, dont on a voulu baillier douze cents livres; la chaire, le focle, le maiftre-autel, le pulpitre (3), orné de figures faictes par Goujon.
4. Les tableaux de Pouffin, chez M. de Chanteloupe-Chambray.
5. L'hoftel de Chevreufe *.
6. Au Louvre : l'appartement du Roy & de la Royne;* le cabinet des armes, — les galeries, * — l'imprimerie, — la monnoye, — la falle des Antiques, — la maifon de Mademoifelle, fon efcalier, les ronds & la frife de la cour

---

(1) Les étoiles indiquent ce qui refte encore.
(2) Ou MM. Aiddau.
(3) Ou jubé, détruit en 1745.

du Louvre, faite par M. Ponce, & entre autres celuy qui est au-dessus de la porte qui conduit au grand escalier, * enrichie de deux figures d'une merveilleuse beauté & à demy-relief; les Termes, ou figures colossales cariatides de la salle des Suisses, faictes par le mesme. Au Louvre, dans le viel bastiment, une trompe (1) de Montpellier qui a deux fois sa montée. *

7. Aux Tuileries : un trophée en partie ruiné, fait par M. Ponce.

8. Le jardin de Renard.

9. Le cours de la Reine mere.

10. A Challiot : les galeries, le jardin, l'orangerie.

11. Le portail des Feuillants.

12. L'hostel de Vendosme.

13. La grande allée du jardin des Capucins du faubourg Saint-Honoré.

14. La maison de feu M. des Noyers, rue Saint-Honoré, près l'Assomption.

15. Celle de M. Mauroy, près la porte Saint-Honoré.

16. Les Quinze-Vingts.

17. Au Palais-Royal : la galerie du Roy, celle de la Royne, ses appartemens & son bain.

18. Au palais Mazarin : l'escurie, la bibliothèque rassemblée par Naudé, la galerie des Statues, celle des peintures de Romanelli, la garde-robe, * les plafonds de tous les appartemens, la chambre de l'alcôve, &c.

19. La maison de M. D'Esmery, nommée *la Commode* (2), celle de M. de La Vrilliere, nommée *la Su-*

---

(1) Ou escalier.

(2) Entre la rue des Fossés-Montmartre & la rue Neuve-des-Petits-Champs jusqu'à la statue actuelle de Louis XIV.

perbe (1); une belle trompe d'Orient, ayant deux fois sa montée.

20. Celle de M. La Ferté-Senneterre, nommée *la Grande*; celle de M. Bautru, nommée *la Gentille*.

21. Montmartre.

22. Les plastrieres.

23. L'hostel Seguier : la galerie, l'escalier, la bibliothèque, le tout peint par Vouet.

24. A l'hostel de Soissons : une colonne * faite sur le modèle de celle de Trajan.

25. Saint-Eustache. *

26. Le pont Alais, où est enterré le premier maltottier (c'est-à-dire *Jean de Pont-Alais*, à l'extrémité de Saint-Eustache & de la rue Traînée).

27. A Saint-Honoré : l'hôtel (p. ê. l'*autel*).

28. Les Peres de l'Oratoire.

29. La croix du Tiroir.

30. Les Halles, où est le pilory.

31. La fontaine des Innocens, par Goujon. *

32. Le cimetiere des Innocens, & en celuy : la Pyramide, le Petit-Pleureux, l'épitaphe de Ioland de Bailly; l'eschelet (ou squelette) de pierre; le tombeau de Flamel & la Mort des Innocens, par Goujon, aussi bien que la Pyramide & le Pleureux.

33. A Saint-Josse : saint Sébastien.

34. A la fontaine Saint-Leu & Saint-Giles : quelques figures en pierre, de Goujon.

35. Au Grand Chastelet : *Hic tributum Cæsaris*.

36. Le quay de Gesvres. *

37. A Saint-Jacques-de-la-Boucherie : le tombeau de Fernel, la tour de l'église, * d'où il faut voir Paris, & au

---

(1) Aujourd'hui la Banque de France.

bas de la tour deux figures enfermées de deux grilles de fer, fort estimées. *

38. A Saint-Médéric : les vitres de cinq chapelles qui sont derriere le chœur ; deux peintes ou coloriées, où se voit la vie de saint Jean & quelques actions de Moyse ; les trois autres de grisailles sur la vie de sainte Genefiefve, du Jugement dernier & de la conversion de saint Paul.

39. La Justice des Consuls.

40. L'hostel de ville : la cour eslevée sur des arcades à la hauteur du premier estage ; un Atlas sur le comble de la maison ; Henry IV sur la porte.

41. Le portail de Saint-Gervais. *

42. Le cimetiere de Saint-Jean.

43. L'hostel de Montmorency & celui d'Avaux.

44. L'hostel de Guise (1), * orné de plusieurs tableaux de Rafael.

45. Au Temple : une copie du Saint-Sépulchre ; le tombeau & la chapelle de L'Isle-Adam, grand-maistre de Rhodes.

46. Aux Filles de la Magdelaine : copie de la chapelle de Lorette.

47. Les Filles de Sainte-Elisabeth : leur portail & leur église, bien entendue.

48. Rue Simon-le-Franc, M. de La Noue a un crucifix de Michel-Ange.

39. L'hospital de Saint-Louis de Montfaulcon.

50. La rue Saint-Louis, & en icelle les Filles du Calvaire & leur grand-autel.

51. Chez Bordier, sur la place Royale : un berceau de fer verny.

---

(1) Aujourd'hui les Archives nationales.

52. A l'hoftel de Carnavalet, * les figures de bas-relief qui rempliffent les trumeaux des croifées.

53. A la Culture-Sainte-Catherine : le tombeau & la chapelle de Birague (1), contre celuy de fa femme; il y a un fchellette en bas-relief tiré du cabinet d'un empereur romain; toutes les autres ftatues faites par Pylon.

54. Aux Jéfuites : le tabernacle du maiftre-autel, qui a coufté 5000 livres; la chaire, toute de fer, qui en a coufté 10000, données par S. A. Royalle.

55. Le cimetiere de Saint-Paul & fon architecture.

56. L'hoftel de Sully. * — La place Royalle. * — Les maifons de Mme de Chaulne * & de M. des Hameaulx * qui font dans cette place.

57. Aux Minimes : la bibliotheque; le tombeau de Mme d'Angoulefme & de M. Le Jay; la chapelle de M. Bordier, enduite de camayeux qui femblent eftre eflevez en boffe, & conduits par Sarrafin, qui a peint le tableau d'autel.

58. Aux Filles Sainte-Marie : le portail de l'églife.

59. La Baftille : l'Arfenal, * le jardin, le théatre, les cours, le lieu où fe fond l'artillerie.

60. Aux Céleftins : le cloiftre, remarquable, & les quatre aigles; le tombeau d'Antoine Perez; dans la nef, la ftatue de marbre d'un capitaine des gardes du corps & fon épitaphe; la chapelle d'Orléans, & en icelle les trois Grâces d'un feul morceau de marbre, par Pylon; * une colonne femée de larmes, avec trois pleureurs, du mefme; le tombeau de l'amiral Chabot (2); * le tableau de l'autel de la chapelle d'Orléans; le pulpitre de cuivre avec les Evangéliftes de Pilon; les baluftres de bronze

---

(1) Aujourd'hui au Louvre.
(2) Aujourd'hui au Louvre.

rampans du grand-autel; le jardin & les berceaux des allées.

61. Le Mail. — L'*Ave-Maria :* les tombeaux de Mme la Princeffe (1), grand'mere de M. le Prince, & de la ducheffe de Retz, fort fçavante femme.

62. Dans l'Ifle : les maifons de M. Lambert, * Bretonvilliers, * Heffelin, * d'Aftry.

63. Noftre-Dame. — L'archevêché : faint Chriftophe, Pierre du Coignet & le Jeufneur; le tombeau du fieur Vincent de Cefteaux, chanoine de cette églife, de quinze pieds de longueur, qui renferme les os de ce géant.

64. A l'Hoftel-Dieu : la cuifine, les falles, portées fur des ponts. *

65. A Saint-Denis-de-la-Chatre : le lieu où faint Denis a efté prifonnier.

66. Au Marché-Neuf, fur les deux portes de la boucherie : des teftes de bœuf admirables, toutes par M. Ponce.

67. Au Palais : la Grand Chambre, la Grand Salle.

68. La Sainte-Chapelle; * confidérable par la délicateffe de l'architecture des deux chapelles l'une fur l'autre : une Vierge de Pylon deffoubs les orgues.

69. Les arcs rampans du degré de la Chambre des Comptes.

70. La trompe de la rue de la Savatterie, près le Palais, fort belle & fort accroupie & furbaiffée, n'ayant qu'une fois la montée, & eft trompe de Montpellier.

71. A cofté de l'horloge du Palais : deux figures de terre cuite de Michel-Ange ou de Pylon (2).

---

(1) Catherine de la Trimouille.
(2) Cette horloge a été reftaurée vers 1855. Les figures qui l'encadrent ne font ni de Germain Pilon ni de Michel-Ange.

72. Aux Auguſtins : la chapelle des chevaliers de l'Ordre & la ſtatue de ſaint François, par Pylon.

73. A Saint-André-des-Arcs : les tombeaux de Meſſ. de Thou & de l'hiſtorien principalement, enrichi de belles figures de marbre.

74. A Saint-Coſme : le tombeau de M. Du Puy.

75. Aux Cordeliers : le maiſtre-autel ; le tombeau de Lyra, de Suarez, du maiſtre de ſaint Thomas, des Rois de Portugal, & d'un Donné de Savoye, de bronze, couché ſur un lit de meſme matiere.

76. Proche de là, la bibliothèque du Roy (1).

77. A la Sorbonne : l'eſchole extérieure, le veſtibule, le portail, l'égliſe, le dôme, * le tombeau du cardinal de Richelieu, * la bibliotheque.

78. A l'hoſtel du Nonce : * le jardin, porté & ſuſpendu ſur de fort haultes arcades antiques, qui ſervoient de thermes à Julien l'Apoſtat.

79. Aux Mathurins : le maiſtre-autel, le ſuere, le tombeau de deux eſcholiers de Sacroboſco, & toute proche, celuy de Balduinus & du leal Mathurin.

80. Le Collége Royal ou de Cambray. *

81. A Saint-Jean-de-Latran : le commandeur de Souvray, fait dans un magnifique tombeau, par Dangier (ou Michel Anguier) (2). *

82. Le collége du Pleſſis, qui s'achève aux deſpens du cardinal de Richelieu.

83. Le collége des Jéſuites. *

84. Aux Jacobins : l'eſchole ; les tombeaux du Dauphin, de Paſſerar, de Belleau.

85. A Sainte-Geneviefve : l'anneau teſticulaire, le

---

(1) Tranſportée rue Vivienne en 1660.
(2) Aujourd'hui au Louvre.

tabernacle, le tombeau antique, chargé de reliefs gothiques, celuy de Clovis & de fainte Genefiefve ; l'allée relevée de plus d'une pique qui règne fur les murs de la ville.

86. A Saint-Eftienne : * le jubé, * le clocher branlant, la chaire, le retable ou tabernacle repréfentant Jéfus au Jardin des Olives, par Pylon.

87. Le collége de Navarre ; * fa bibliothèque.

88. La place Maubert.

89. Les Bernardins. — La maifon de M. Le Tellier.— Le jardin de M. Martin. — Les Galériens, maifons où l'on fait le falpêtre.

90. A Saint-Victor : le portail de deffus la rue ; la bibliothèque, augmentée par celle de M. de Bournonville ; la cour ou églife baffe.

91. L'hofpital des Enfermez.

92. Le Jardin Royal avec fa montagne.

93. Le Petit-Arfenal ; Marché aux Chevaux.

94. Aux Gobelins : * leurs tapifferies, leur riche teinture en efcarlatte, * la rivière de Bièvre ou des Gobelins, propre à teindre l'efcarlatte & fubjette aux débordemens.

95. Aux Cordeliers de Saint-Marceau : la tour quarrée, * demeure de nos premiers Roys ; le Grand-Regard.

96. Le Port-Royal, bafti d'une jolie maniere. *

97. Le Val-de-Grace, commencé par la Royne. *

98. Noftre-Dame-des-Champs, jadis temple de Cérès : les tableaux de l'églife & les peintures de la voulte ; le ceintre entre autres, qui femble d'eftre tout droict & de relief, de quelque cofté qu'on le regarde.

99. Aux Urfelines : leur autél.

100. Aux Chartreux : les deux cloiftres, petit & grand ; leurs cellules ; le moulin grand & l'eau ; le puits.

101. A Luxembourg, qui eſt du deſſin du ſieur Broſſe: toute l'architecture;* les appartemens de Monſieur & de Madame; la Gallerie de Rubens; la bibliotheque; le grand cabinet de Madame, eſclairé de vitres de chriſtal, pavé de pierres de rapport & entouré de très-rares peintures, portées ſur des lambris.

102. A l'hoſtel de Condé: l'Orphée de marbre blanc (1), couvert d'un grand dôme entouré d'arcades & de ſtatues de marbre pour le deffendre des injures de l'air, ouvrage de Francavilla.

103. La Foire.

104. Le ſéminaire de Saint-Sulpice.

105. L'hoſtel de Léon.

106. L'hoſtel d'Eſguillon, ou le Petit-Luxembourg.*

107. Les Carmes-Deſchauſſez: leur dôme, leurs confeſſionnaux bien ſoignez, & particulièrement le ſiége des confeſſeurs.*

108. Les Petits-Jéſuites: le tableau du maiſtre-autel fait par Pouſſin, eſtimé 10000 eſcus.

109. Les Petites-Maiſons; les Incurables.

110. Aux Petits-Jacobins: leur jardin, d'une façon rare & très-belle.

111. A Saint-Germain-des-Prez: * la bibliotheque; une chapelle faite ſur le modèle de la Sainte-Chapelle; le tombeau de deux roys de France.

112. Aux Petits-Auguſtins: le maiſtre-autel, garni de ſtatues fort belles & baſti d'une architecture tout extraordinaire.

113. L'hoſtel de Liancourt.

---

(1) Par Franqueville; aujourd'hui au Louvre, après avoir été placé à Verſailles.

ENVIRONS DE PARIS.

1. Biſſeſtre : à préſent, hoſpital pour les petits en‑fans. *

2. Arcueil : le grand aqueduc, conduit à travers d'un vallon ſur le haut d'une montagne, aſſez élevée par le moyen de beaucoup de grandes arcades fort conſidé‑rables pour leur élévation ; les ruines de l'ancien aque‑duc dreſſé par Julien l'Apoſtat ; le jardin de M. Saint‑Martin, qui conſiſte en pluſieurs parterres, en terraſſes les unes ſur les autres ; dans le mur, proche la porte de l'égliſe, eſt la meſure de la groſſe cloche de Com‑poſtelle.

3. Au bois de Vincennes : la Sainte‑Chapelle ; * les reliques ; la peinture des vitres eſt des plus belles de l'Europe, & a eſté faite ſur les deſſins de Rafael ; le donjon. *

4. A Conflans : la maiſon du défunt premier préſident, à préſent à M. de Sennoiſe.

5. A Charenton : le temple des Calviniſtes.

6. A Piquepuce : les grottes & ſtatues de Pylon dans l'égliſe.

7. Le portail de Saint‑Sauveur.

8. A Saint‑Denis : les tombeaux de François Ier, de Louis XII, de Henry II. *

9. A la Chevrette : les eſpaliers.

10. A Montmorency : les tombeaux des conneſtables.

11. Eſcouan. *

12. A Creil, dans le chaſteau : le balcon ou la cage de fer de Charles VI.

13. Liancourt : parterres d'eau.

14. Verneuil. — Chantilly. *

15. A Compiegne, dans le chaſteau : la ſalle d'une prodigieuſe grandeur; l'égliſe de Saint-Cornille.

16. Blerancourt. — Mouchy *.—Le Rinſy.— Bagnolet. — Bercy. — Chilly.

17. A Meudon. — La maiſon de MM. de Guiſe : la belle cheminée; la grotte, d'une architecture ſuperbe & magnifique, avec les peintures à freſque, du Primatiche.

18. A Seſvres : les maiſons de MM. Monnerot & Perrochel.

19. A Saint-Cloud : les maiſons de MM. l'Archeveque & Le Coigneux; dans l'égliſe, la colonne érigée par le feu duc d'Eſpernon, où repoſe le cœur de Henry III, ſon bon maiſtre; dans le chœur de l'égliſe, le tombeau de ſaint Cloud.

20. L'hermitage du tertre du Mont-Valérien. *

21. Ruel. — Saint-Germain. * — Maiſons.

22. A Argenteuil : la robe de Notre-Seigneur Jéſus-Chriſt.

Ces mémoires ont été dreſſés par M. Sannard, qui me les a communiquez.

Il nous a paru utile d'ajouter encore aux extraits du journal d'Evelyn donnés ci-deſſus, page 178, quelques conſidérations ſur l'état de la France en général, tirées d'un des autres écrits d'Evelyn. En publiant ces extraits, comme auſſi ceux qui précèdent, la Société des Bibliophiles a rempli à la fois le déſir du traducteur & celui de feu Proſper Mérimée, qui fut membre de la Société pendant vingt-trois ans. Mérimée étoit un excellent collègue & s'intéreſſoit fort à nos travaux. Il avoit réuni une intéreſſante bibliothèque de bons livres de travail qui a été brûlée par les bandits de la Commune en 1871, avec la maiſon qu'il habitoit depuis longues années, rue de Bourbon, dite de Lille, n° 52.

Voici ce qu'il m'écrivoit le 1ᵉʳ ſeptembre 1869 :

« Je regrette qu'on n'ait pas fait précéder Liſter par la traduction du journal d'Evelyn. Il a été en France ſous le règne de Charles Iᵉʳ & eſt revenu ſous Cromwell. Il étoit jacobite, *mais* homme de bon ſens & de bonne compagnie. Cela pourroit faire une vingtaine de pages qui auroient pu être placées en tête du *Voyage de Liſter*. — Evelyn raconte entre autres choſes comment à Paris on le mena voir donner la queſtion : ce qui ſemble prouver que, du temps de Racine, un Dandin pouvoit fort bien propoſer à une dame cette partie de plaiſir. Si vous n'avez pas *Evelyn's Diary* dans votre bibliothèque, vous avez tort. Il étoit très-amateur d'art & de ce que les Anglois appellent *vertu*, & son livre contient de très-bons renseignemens sur tous les cabinets de France & d'Angleterre au dix-septième siècle. Je vous livre ma proposition & la mets sous votre protection. — Recevez, cher Président, l'expression de tous mes sentimens dévoués.

« Prosper MÉRIMÉE. »   (B. J. P.)

Evelyn publia en Angleterre, en 1652, un *Etat de la France*, tiré de l'ouvrage françois de ce nom. Ceci est sans utilité pour nous qui pouvons recourir aux traités originaux plus complets, & surtout plus exacts; mais il a fait suivre le sien de considérations sur nos mœurs, nos usages, notre caractère. Elles pourroient appeler bien des contradictions, bien des réserves; justes ou non, elles ne sauroient s'appliquer qu'à ces portions de la France qu'Evelyn avoit connues & fréquentées, car les différences d'une province à l'autre, plus profondes encore aujourd'hui qu'on ne l'imagine, étoient alors aussi tranchées que possible. Mais quel que soit le jugement qu'on en porte, il m'a paru qu'il devoit s'attacher un intérêt, au moins de curiosité, aux observations d'un étranger de talent, & plus éclairé que la plupart des voyageurs par un séjour de près de quatre années dans notre pays.

Ce sont ces réflexions que l'on va lire. (E. de S.)

La qualification de noblesse s'applique en France aussi bien à ce que nous nommons la *Gentry*, c'est-à-dire à la noblesse secondaire, qu'à la haute aristocratie. Une seule

& même désignation comprend ces deux classes. C'est, en effet, uniquement en Angleterre qu'existe cette démarcation injuste à la fois & impolitique entre ces deux catégories de gentilshommes. Mais laissant à qui de droit de décider cette question, nous devons dire que dans le royaume de France la noblesse est le seul corps visible de la nation : il en résulte que les plébéiens sont d'un caractère bien plus avili & plus servile que dans n'importe quelle autre partie de la chrétienté (1). Il est aisé de conjecturer que cette bassesse d'esprit doit dater de loin, & venir de la sévérité excessive & de la liberté de leurs supérieurs, de la pauvreté sans pareille de la plèbe & de l'oppression qu'elle souffre.

En retour des immunités dont elle jouit, la noblesse, dans toutes les occasions, est à peu près la seule à rendre au prince des services réels & d'importance, particulièrement lors de l'appel du ban & de l'arrière-ban. Presque tous ses membres se portent à cette vie héroïque à laquelle ils ont été préparés dès le berceau. C'est la meilleure cavalerie de l'Europe, & cette éducation des camps ne préjudicie en rien à la sécurité de l'Etat; ils ne songent guère à y créer des troubles, & les soulèvemens du royaume, quoique assez fréquens, ont toujours été sans succès, parce que la majeure partie de la noblesse restoit toujours dévouée au Roi, dont la présence au milieu d'elle sur le champ de bataille lui inspiroit un courage & une fidélité extraordinaires.

---

(1) Pour qui lit tout ce discours, il est évident que ceci est loin de s'appliquer dans l'esprit de l'auteur à l'ensemble du tiers-état, mais seulement aux classes les plus infimes & les plus pauvres, & tout ce passage sur la misère des classes inférieures ne se concilie guère avec ce que nous lirons plus loin, page 302, sur l'accroissement de la population & les ressources alimentaires de la France. (E. de S.)

Pour les plébéiens ou roturiers, je les confidère comme ce que l'on peut voir de plus misérable fur la face de la terre, particulièrement ceux des provinces frontières écrafés fous le poids des gabelles & des taxes de toutes fortes, dont font exempts les gens de la dépendance immédiate des deux autres états. Ce qui n'ajoute pas peu à leur mifère, c'eft, nonobftant la détreffe dont je viens de parler, leur caractère vindicatif & proceffif à l'excès, furtout en Normandie, en Bretagne, en Gafcogne & en Provence. Par ces motifs, il eft bien rare qu'aucun individu de cette claffe arrive jamais par fes propres reffources à une fortune ou même à l'aifance, comme y réuffiffent en Angleterre tant de *yeoman* & de fermiers. Leur courage s'en reffent; auffi le Roi ne tire-t-il pas d'eux le fervice que promettroit leur multitude.

Auffi c'eft de Gafcogne & de Bifcaye, provinces que le voifinage de l'Efpagne rend plus belliqueufes, que fort, pour les guerres d'importance, la bonne infanterie que l'on recrute en outre en Ecoffe, en Irlande, en Italie, en Hollande & furtout en Suiffe. On eft fouvent fort en arrière pour la folde de ces mercenaires, & la politique auroit bien à y fonger un peu; mais comme jufqu'à cette heure il n'en eft réfulté aucun inconvénient, il eft inutile de s'en occuper davantage.

Les gens de métier & de marchandife font loin d'être dans un état auffi méprifable que cette portion du peuple dont je viens de parler. Beaucoup d'entre eux vivent à leur aife & avec décence dans leurs maifons; les traficans d'une claffe un peu plus relevée furtout, qui font mieux meublés que le refte; toutefois, en comparaifon de nos compatriotes de même ordre, ce ne font guère que des boutiquiers ou des porte-balles. Les grands négocians, & parmi eux nombre de rufés Italiens ou de Portugais (1), sous le règne des deux cardinaux, ont amassé de grandes fortunes en terres & en argent. Mais c'est ici le cas de noter que jamais gentilhomme ne voudra faire apprendre à son fils le commerce ou quelque art mécanique. Il n'y a pour eux que la profession militaire, toute autre entacheroit l'honneur & le rang de la famille. Le même principe les guide dans leurs alliances, avec moins de rigueur cependant qu'en Allemagne.

La noblesse de ce pays vit tant dans ses maisons qu'à l'extérieur d'une tout autre façon que la nôtre en Angleterre. Fort riche généralement en terres & en offices, elle aime mieux en dépenser les revenus à Paris ou dans d'autres grandes villes en équipages & en nombreux domestiques que de les faire manger à la campagne en bœuf & en moutarde à des voisins qui ne lui en sauroient pas beaucoup de gré. Cette résidence de la plupart des nobles dans les grandes villes est cause que les corporations bourgeoises y ont peu d'importance & sont bien moins hardies à y fomenter des troubles & des factions que dans les contrées où la noblesse vit solitaire & isolée sur ses terres. Cette noblesse a beaucoup de goût pour le luxe digne d'approbation des bâtimens & des meubles. Elle pourroit presque le disputer à l'Italie : ainsi la duchesse de Chaulnes a dans son hôtel près de la place Royale, un lit duquel les panaches seulement valent 14000 livres, ce qui revient à près de 1000 livres sterling.

Ici tout personnage de rang qui se bâtit une maison se croit obligé, quelles que soient d'ailleurs ses prétentions intellectuelles, d'avoir son cabinet & sa bibliothèque. Il ne s'amusera point, pour garnir celle-ci, au choix des au-

---

(1) Juifs, peut-être ?

teurs ou des éditions; mais fes rayons une fois pofés & mefurés, il s'arrange avec un libraire pour qu'il lui fourniffe tant de toifes (1) d'in-folios bien dorés, tant de toifes d'in-4° & d'in-8°: ce qu'il en faut pour remplir la bibliothèque. Beaucoup de ces gentilshommes ne laiffent pas d'avoir nombre de bons livres & d'être fort inftruits. Mais, en général, ils n'étudient pas comme les hommes de robe. Ces habitudes leur paroiffent au-deffous d'eux; rien ne pourroit les décider à fubvenir à leurs befoins par l'étude de la médecine ou du droit: ces deux fciences, & elles le méritent bien, qui font en fi grande eftime chez nous en Angleterre.

Les catholiques romains ne font ni fi ftricts, fi réfervés, fi dévots qu'en Efpagne, en Italie ou qu'en Angleterre. Ce font pour la plupart des chrétiens affez indifférens, bien moins fuperftitieux, bien moins foumis à Sa Sainteté que dans les autres contrées de l'Europe qui profeffent cette religion. Que j'approuve ou non cette indifférence, je n'ai pas befoin de l'expliquer ici davantage.

Fort rabaiffés depuis les coups que leur a portés le cardinal de Richelieu, à la fuite des troubles qu'avoit fufcités l'incomparable duc de Rohan, les proteftans n'ont plus aujourd'hui d'hommes de marque pour les défendre ou les diriger : les faveurs de la cour les en ont privés. Tels qu'ils font, ils jouiffent de la liberté de confcience & fe voient encore affez forts pour faire un parti dans l'Etat, mais avec bien moins d'affurance qu'autrefois; l'union entre eux d'ailleurs a été ruinée par les intérêts particuliers. Je dois leur rendre cette juftice qu'on ne voit pas chez eux ces fchifmes & ces divifions que

---

(1) Voilà une plaifanterie qui a été bien fouvent faite & qui, je crois, n'a été jamais ou que bien rarement fondée.

causent parmi nous de ridicules enthousiastes. Tous marchent sous la conduite de leurs pasteurs; & sans doute la vigilance de leurs antagonistes, toujours prêts à les diffamer, n'y contribue pas peu. Néanmoins, quoiqu'ils aient perdu beaucoup de personnages, de puissance & de crédit, leur exemple & leurs lumières ont assez influé sur des hommes éminens dans l'Eglise & dans l'Etat pour disposer ceux-ci à se déclarer publiquement jansénistes (1), molinistes, &c., s'ils n'en étoient empêchés par des considérations d'intérêt. C'est un acheminement à la réforme.

De même que dans les autres royaumes, les forces militaires de la France sont ce qui la rend formidable à ses voisins & assure sa tranquillité intérieure. Placée au milieu du continent, défendue sur une grande partie de ses frontières par les Pyrénées, les Alpes, la Méditerranée & l'Océan, n'ayant à craindre ni des irruptions subites, ni des prétentions fondées sur la nature des choses, on peut affirmer qu'elle forme un beau royaume circonscrit dans ses véritables limites. Cela est vrai, surtout depuis la réunion de la Bretagne, de la Guyenne, de la Normandie (belles provinces angloises, jadis) & de la Bourgogne, soumises aujourd'hui à un seul prince, au lieu des ducs qui possédoient autrefois chacune d'elles. Leur amitié ou leur haine pouvoit, au contraire, donner autrefois une entrée facile à tout étranger puissant qui vouloit troubler le royaume. Ces événemens remplissent les chroniques modernes. De nouveaux partages propres à rompre le lien qui les unit ne sont pas à craindre à présent. Cela a

---

(1) Ainsi nommés, dit l'éditeur M. Upcott, de Cornelis V. Jansen, évêque d'Ypres, mort le 16 mai 1638, & de Pierre Dumoulin, célèbre ministre protestant françois, mort le 10 mars 1658!!!(E. de S.)

lieu encore en Allemagne & en Italie; mais en France, les cadets ne prétendent plus à d'autres avantages qu'à ceux qu'ils peuvent devoir à leur épée & gagner sur le champ de bataille en qualité de soldats de fortune.

Les forces maritimes de la France n'ont jamais été grandes; aussi ne voyons-nous pas qu'elles aient décidé d'événemens importans. C'est pour cela que François Ier avoit résolu, à sa honte & à celle de son pays, d'appeler à son aide le Turc, ce terrible mécréant. Cependant, au moment où j'écris, cette marine n'est pas à mépriser : il y a dans la plupart des ports de la Méditerranée, tels que Marseille, Toulon & d'autres, de belles & puissantes escadres de galères qui sont d'un excellent usage & de service dans cette mer.

Dans l'Océan, je l'avoue, la flotte de la France & son trafic ont été insignifians. Cependant en dernier lieu l'armée navale a été considérablement augmentée, surtout depuis qu'à notre grande honte elle s'est tant étendue dans les Flandres, du côté de la mer : témoin ces fortes villes & ces bons havres de Dunkerque, de Mardick; si bien qu'en peu de temps, si nous le souffrons, les François auront assez de vaisseaux pour lutter avec leurs voisins.

Mais c'est encore l'armée de terre qui est le nerf de leur puissance &, comme je l'ai déjà dit, la cavalerie surtout, dont la tenue & le courage sont dignes d'admiration. Elle est composée principalement de gentilshommes qui se portent à ce service avec tant d'entrain, que celui qui, à dix-huit ans, n'a pas fait déjà deux ou trois campagnes est regardé comme *lasche (sic)*, c'est-à-dire comme un homme mou & sans considération. En outre, ils ont tant de goût & d'adresse pour l'exercice du cheval, qu'ils ont plus d'académies destinées surtout à l'équitation &

aux autres exercices gymnaſtiques que le reſte de la terre ;
& c'eſt là que leur jeuneſſe reçoit ſous ce rapport une
admirable éducation.

Que cette contrée ait donné dans tous les ſiècles d'incomparables guerriers, je n'en demanderai pas d'autres témoignages que leurs entrepriſes & leurs conquêtes ſous Harcourt, Condé, Gaſſion & une infinité d'autres capitaines, ſans compter la multitude (& c'eſt une preuve de mon aſſertion) de ceux qui ſervent ſous des drapeaux étrangers. On ne ſauroit nier, il eſt vrai, que l'infanterie eſpagnole ne ſoit trop forte pour la françoiſe : on croit avec raiſon que les payſans qui compoſent celle-ci ſont, pour des raiſons plus que fortuites, *mal-adroicts (ſic)* & impropres à ce ſervice. Cependant une expérience journalière nous apprend que l'habitude ou des circonſtances plus propices ont changé & amélioré leur nature, même ſur ce point. Autant que je l'aie pu voir, ils gardent bien ce qu'ils tiennent & deviennent d'auſſi bons ſoldats que ceux qui ſe vantent tant de leur opiniâtreté proverbiale ; mais je confeſſe que dans les armées de l'Eſpagne il y a maintenant bien peu de vrais Eſpagnols. Toute cette brave & vieille infanterie a péri à cette bataille ſignalée de Rocroi, où elle ſoutint dignement au prix de ſon ſang ſa réputation européenne ; & elle ne s'eſt pas recrutée depuis. « L'infanterie françoiſe, diſoit Machiavel, ne peut rien valoir, parce qu'il y a longtemps qu'elle n'a fait la guerre & qu'elle manque d'expérience. » Mais cet argument ne vaut plus rien ; les prémiſſes changées, la concluſion tombe avec elles : d'ailleurs les Suiſſes & les autres mercenaires fidèles à la couronne de France pourroient ſuppléer au défaut des troupes nationales. Je crois, au reſte, que ces étrangers ont été ſoldés pour faire diverſion d'abord, & enſuite par habitude plutôt que par nécessité. Si les armées de France ont été si peu nombreuses en hommes de pied, c'est à Louis XI qu'il faut s'en prendre quand il désarma les communes. Le Roi prit par ce moyen beaucoup d'autorité de plus sur ses sujets, mais devint à l'extérieur bien moins formidable à ses ennemis, & en conséquence il lui fallut aller chercher de l'aide chez ses voisins.

La fécondité des mariages est une grande ressource militaire de ce royaume. L'Europe n'a point de nation plus populeuse ni plus riche en denrées alimentaires(1); c'est là la nourriture de cette bête cruelle qu'on nomme la guerre. La France est si fertile que lorsque Charles-Quint l'envahit par la Provence & ensuite par la Champagne, elle put nourrir, sans parler des garnisons, plus de cent cinquante mille soldats pillards. En remontant à Charles VI, on y trouve vingt mille hommes de cavalerie & trente mille d'infanterie, tous étrangers, & quinze mille chevaux & cent mille hommes de pied pour les soldats nationaux. En vérité, quand nous considérons cette complication d'ennemis qui envahirent à la fois ce royaume, alors bien moins étendu qu'il ne l'est devenu par la reprise des provinces angloises (2), la réunion de la Navarre & d'autres conquêtes importantes; quand, dis-je, l'Angleterre, l'Allemagne, l'Espagne, l'Italie l'attaquèrent de toutes parts sous le règne de François Ier, on peut voir quelle étoit sa force de résistance : elle me semble vraiment étrange & tout à fait merveilleuse.

Ajoutez à ces avantages l'approvisionnement de bonnes

---

(1) Voyez ci-dessus, page 295, note.
(2) Il y avoit soixante-cinq ans que les provinces dites angloises par Évelyn avoient été reprises quand Charles V envahit la Provence.

(B. J. P.)

armes & de munitions, une excellente artillerie, des arsenaux fameux & bien remplis. Enfin, pourquoi vous fatiguer de ces détails quand les exploits actuels des François & leurs triomphes presque continus ont planté la fleur de lys (1) partout où ils ont posé le pied. Témoin les aventures si renommées de Charlemagne, saint Louis, Charles d'Anjou, Charles VIII, &c., dont les faits héroïques & les glorieux trophées remplissent toutes les histoires & tous les pays, jusqu'à l'Asie même; témoin leurs expéditions & leurs succès à Jérusalem, en Egypte, en Barbarie, en Chypre, en Grèce, en Saxe, à Naples, en Hongrie, dans d'autres contrées, même de notre temps, & jusqu'à notre porte; témoin leurs récentes conquêtes en Catalogne, en Espagne, en Italie, en Flandres, &c.; ces batailles signalées & ces siéges de Nordlingen, Rocroi, Perpignan, Thionville, Arras, Dunkerque, &c., sans parler de la réduction de la Rochelle, de Montpellier & d'autres places imprenables des protestans. Si nous voyons la France commencer à décliner & rendre ce qu'elle avoit avalé trop vite, c'est la destinée de toutes les affaires humaines: tout ce qui a eu un commencement en ce monde devant trouver aussi sa fin.

Et maintenant quoique l'Eglise, qui possède près d'un bon tiers de la France, ne perde en général, selon le proverbe, ni ne défende rien, elle n'a pas laissé ici, en cas de nécessités d'Etat & d'urgence, de contribuer pour une bonne part aux subsides publics & à l'entretien des armées.

Les frontières & les côtes du royaume ne sont pas non

---

(1) Mais, hélas! la fleur de lys a été arrachée, & depuis, une partie trop notable des lieux où elle avoit été plantée a été enlevée à la France! (B. J. P.)

plus fi mal fortifiées qu'autrefois. On y a récemment donné tant de foins qu'il feroit difficile de citer quelque place confidérable qui ne fût pas en état de faire une longue & vigoureufe défenfe, fpécialement ces havres & ces forts qui font face à nos côtes, comme le Havre, Dieppe, Calais & d'autres places d'importance.

La France s'eft déformais fi bien établie fur fes bafes & a pris une telle taille qu'il feroit bien temps pour fes voifins, fi leur bon fens ne vient pas à défaillir comme il y a lieu de le craindre, il feroit, dis-je, de leur intérêt & pour le maintien de l'équilibre, de la furveiller de près, & de fixer à fes progrès & fes afpirations un *non-ultra* définitif. Si les Pays-Bas peuvent garder leur neutralité, il n'y a pas de doute que l'Angleterre alliée à l'Efpagne, fi pauvre & fi méprifable que celle-ci foit devenue, ne puiffe donner à ce royaume ambitieux affez d'occupation pour qu'il ne fe tienne heureux de fe renfermer dans fes propres frontières, fans chercher à molefter ou à incommoder fes voifins.

Je ne nie pas que la grandeur de l'Efpagne ne dût pas exciter chez nous de femblables appréhenfions, ne fût pas auffi dangereufe fi fon développement & fa pléthore peu naturelle n'indiquoient plutôt une tympanite qu'une conftitution faine & robufte. Ses défirs d'envahiffement rappellent cet homme qui, voulant prendre une bonne poignée de fable, en laiffe échapper entre fes doigts, s'il le ferre trop fort, bien plus qu'il n'en peut emporter. Dans ce cas-là, notre unique boulevard c'eft la France ; de même que contre celle-ci l'Efpagne nous rend le même fervice, auffi longtemps que ces deux nations demeureront dans leur intégrité & conferveront leur antipathie réciproque. C'eft pour cette caufe, & non pour aucune autre, que la reine Elifabeth ne voulut jamais confentir au démembrement de la France lorfqu'au temps de la Ligue on lui en offroit une portion confidérable. D'un autre côté, l'annexion des Provinces-Unies à cet empire feroit fans comparaifon plus périlleufe que fi elles ne s'étoient jamais féparées de leur fouverain légitime. Leur fituation, le voifinage, leurs ports, leur trafic, leurs places fortes, nous l'apprendroient bientôt à nos dépens & à notre ignominie.

Quant au roi d'Efpagne, s'il prétendoit prendre pied dans le royaume, foit en raifon de l'affection qu'on y auroit pour lui, foit dans l'efpoir de la défection de quelque province, nulle efpérance ne feroit plus mal fondée : les proteftans font trop nombreux pour cela, & les catholiques ne feroient pas moins hoftiles à un tel partage. Les jéfuites néanmoins recommencent à pulluler & à former de nouveaux établiffemens en dépit des édits, fi févères qu'ils foient, & du banniffement.

Je termine ici mes remarques générales, & je n'ajouterai plus que quelques mots fur le peuple, celui de Paris furtout, pour finir la tâche que je m'étois donnée.

Dans l'impétuofité de prime abord des François actuels & le découragement auffi prompt qui lui fuccède, on retrouve ce qu'en difoit Machiavel : que les François étoient plus ardens que folides ou adroits, à l'imitation de Céfar qui, parlant des *Galli-Infubres*, jugeoit qu'au début ils fembloient être plus que des hommes pour finir par être moins que des femmes. Qui voudra, continue Machiavel, vaincre les François, qu'il s'attache furtout à foutenir & repouffer leur première attaque. Ils fe précipitent fur le danger comme un torrent, & en viennent aux mains avec un courage aveugle. Mais comme rien de ce qui eft fi violent n'eft permanent, ce courage, pour peu que l'action fe prolonge, fléchit & tombe.

En ce qui touche l'intelligence & les œuvres de l'esprit, cette plus noble partie de l'homme, ceux d'entre eux qui s'adonnent aux lettres & à l'érudition deviennent des favans auffi accomplis & auffi ingénieux que quelque Italien que ce foit. La majeure partie, je le confeffe, fe contente d'une fcience fommaire & fuperficielle qui fuffiroit à ces profeffeurs des rues, comme vous en trouverez, qui fe chargent de faire un philofophe, un théologien, un orateur, un chimifte, d'enfeigner toutes les langues, & je ne fais quoi encore, en un mois de temps ou deux. Cette fcience en table des matières, renouvelée de Raymond Lulle, fait de la plupart d'entre eux & jufqu'à de fimples artifans, les bavards les plus prétentieux & les plus fatigans. Joignez à cela leur nivellement de l'érudition & la vulgarifation de tous les auteurs au moyen de leurs traductions inconfidérées. On a récemment mis en françois toutes les oraifons de Cicéron, de même que de tous les poëtes on a fait autant d'orateurs ; car rien n'eft plus commun chez eux que de les traduire en profe.

Dans les Facultés de Paris, il y a quelques théologiens habiles ; mais les exercices fcolaires n'atteignent à aucune profondeur, comparés à ce que nous trouvons ici dans nos univerfités.

En général, les chirurgiens de France veulent faire les médecins, & les médecins tombent dans l'empirifme, furtout pour la faignée, qui eft leur panacée univerfelle. Quoique dans l'une & l'autre profeffion ils aient d'habiles praticiens, leur but femble être, pour les maladies chroniques auffi bien que pour les maladies aiguës, plutôt de foulager inftantanément le malade que d'arriver à une guérifon radicale ou de prévenir les rechutes. Ils s'appliquent, en effet, à affoiblir & énerver le corps au lieu

du mal lui-même. Ils guériffent donc bien peu de fièvres lentes qui ne reparoiffent auffitôt & qui ne finiffent par emporter le madale. Ce n'eft point là la méthode & le fuccès de nos médecins d'Angleterre, à un feul defquels je confierois ma vie plutôt qu'à tout un collége de ces fangfues françoifes.

Dans les arts mécaniques, les François fe fignalent par l'invention, le goût & l'exécution; leur pratique & leurs modes y font bien plus arrêtées qu'autrefois, & je maintiens que notre légèreté & notre inconftance en ce genre dépaffe, depuis quelques années, de beaucoup la leur.

Les enfans françois font, j'imagine, la plus belle lettre que la nature puiffe montrer dans tout l'alphabet humain. Mais s'ils reffemblent à des anges étant au berceau, une fois en felle, c'eft de diables qu'ils ont l'air. Dès qu'ils ont dépaffé vingt ans, les François paroiffent en avoir quarante, les femmes furtout, qui à cet âge font extrêmement fanées, tandis que les nôtres y font encore finon belles, du moins fupportables. Cela provient-il de la fécherefſe de l'air, de l'eau qu'elles boivent, de la mauvaife nourriture, d'autre accident, je n'oferois le décider; & cependant il faut bien qu'il y ait quelque raifon de ce genre, quand on voit les femmes de qualité y être pour la plupart des beautés auffi exquifes que l'univers en préfente. Soit dit fans faire tort à nos dames angloifes que je ne voudrois pas que ce paragraphe offenfât le moins du monde.

Je n'oferois affirmer que les jeunes gentilshommes françois foient auffi lettrés que les nôtres ou les hollandois. Ils font, je l'ai dit, trop peu phlegmatiques & trop vifs pour fe fixer à ces études fédentaires. Avec moins de goût pour les voyages, ils y portent également beaucoup moins de curiosité, & il semble leur suffire tout à fait de pouvoir dire qu'ils ont cru avoir passé par tel ou tel endroit.

On a remarqué avec justesse qu'un François paroissoit garder de l'enfantillage à tout âge; mais pratiquez-le, traitez avec lui, & vous trouverez que cet enfant est un homme.

C'est à l'armée & à la cour que la noblesse pense trouver la meilleure éducation, & c'est là qu'elle aura dû prendre cette liberté de croyance & de conduite qu'elle affiche plus encore que les Italiens; non pas cependant qu'elle aille au même point que la jeunesse dépravée d'Angleterre, dont les débauches prodigieuses & les extravagances inouïes laissent loin derrière elles les folies de toute autre nation civilisée. On joue, mais on ne se laisse aller à aucun vice au point d'y laisser son patrimoine, surtout pour le vin & le tabac. Les classes inférieures & quelques contrées du nord du royaume se sont laissé infecter de ces deux défauts, mais peu de personnes de qualité s'y laissent aller. Ce qu'ils n'usent pas en liquide, ils le dépensent en pain, & ce sont d'étranges consommateurs de grain. Quel que soit le reste des repas, on adore un bon potage, comme les Egyptiens faisoient de l'oignon. Un véritable *Monsieur* (*sic*) ne consentira jamais à prendre un verre de vin *sans* (*sic*) *premier manger*, &, quoiqu'ils ne s'attablent pas pour en boire autant & aussi longtemps que nous, les plus tempérans ne laissent pas d'en user plus souvent que nous à leurs repas.

Le cœur des François s'élève & s'enfle vite à la première victoire & s'abat aussi rapidement à la moindre défaite. Ils sont prodigues, splendides au dehors; mais il est rare que la tenue de leur maison ou leur hospitalité aille jufqu'à déranger leurs affaires. Les claffes élevées ont des tables bien mieux fervies que les nôtres & vivent comme des princes : les gens du commun pis que des chiens. En général, pourvu qu'ils brillent & faffent figure un mois ou deux d'été, peu leur importe de faire petite vie le refte de l'année; & ceux qui ne fongent qu'à leur profit, montrent peu de charité quand ils n'y voient pas leur intérêt. Ils font courtois à l'excès & ont généralement la langue bien pendue. Cette facilité de langage qui leur fert à la réplique rend leur converfation joviale & bien éloignée du ton guindé habituel à notre nation peu traitable. Nous ne nous croyons en connoiffance que lorfque nous en fommes à tu & à toi, fi bien que cette familiarité qui n'eft en ufage nulle part ailleurs, finit par nous conduire à des affociations déplacées & grof- fières.

Les François font la feule nation d'Europe qui ido- lâtre fon fouverain; ils ont fans grande cérémonie plus d'accès auprès de lui qu'on ne le voit dans aucune autre cour. Cette affabilité & cette liberté lui gagnent leurs cœurs. C'eft habile au prince & une grande vertu chez les fujets. Mais, en revanche, une fois leur colère émue, il fe trouve toujours un Ravaillac ou un autre coupe- gorge pour accomplir leur fcélérateffe, tant il eft peu fûr de fe fier au peuple.

Enfin, ils craignent & haïffent les Anglois; ils nous re- gardent pour la plupart comme une nation fière, groffière & barbare; mais à l'égard des Efpagnols, c'eft une anti- pathie mortelle & irréconciliable.

Quant à leur extérieur, les deux fexes font de taille moyenne, fans être ni maigres ni gras; ils font bruns, en majorité, à l'exception des provinces du nord & de l'eft. Les femmes ont ordinairement les yeux noirs, de belles dents & la voix douce & un air assurément si distingué & si naturel, jusque dans leurs moindres actions, que vous les y reconnoîtrez aussi aisément qu'à leur langage. Enfin, ils ont l'esprit prompt & s'imaginent tout saisir au premier mot, ce qui fait que beaucoup se lassent & quittent la partie avant d'être à mi-chemin. Avec tout cela & l'oppression qui pèse sur eux, il n'y a pas sous la voûte des cieux une nation plus franche, plus vive, plus sans-souci. Néanmoins bon nombre d'entre eux ne laissent pas de murmurer & de se plaindre de leurs victoires mêmes & de leurs succès, chacun desquels ne semble avoir d'autre résultat que d'ajouter un poids plus lourd à leurs charges.

Comme toute ville métropolitaine ou royale est probablement l'image la plus fidèle du pays dont elle est la capitale, de même Paris peut être considéré comme l'abrégé de la France.

La ville de Paris semble un anneau dont le Louvre ou le palais du Roi seroit le diamant, &, à voir son étendue & la façon dont il est bâti tout entier de cette pierre sur laquelle il est fondé, & qui, pour sa beauté, la façon dont on peut la tailler, sa durée, l'emporte sur tous les autres matériaux plus précieux, je ne pense pas qu'il y ait dans le monde entier une autre ville qui l'égale. J'ai vu Naples, Rome, Florence, Gênes, Venise, ce sont de nobles villes, remplies d'édifices princiers; mais je considère ensuite l'étendue de Paris, puis j'y vois, tant dans l'intérieur de la ville que dans ses environs, des centaines d'hôtels de seigneurs qui valent, s'ils ne les surpassent, les palais des villes que je viens de nommer. Ce que j'affirme hardiment, c'est que par ses rues, ses faubourgs, ses maisons ordinaires Paris l'emporte infiniment sur toute autre ville d'Europe. Dans les édifices publics, plusieurs des hôpitaux sont remarquables; les couvens & les églises sont bien inférieurs à ceux des villes que j'ai mentionnées; pourtant la Sorbonne & les jésuites ne le cèdent guère aux plus beaux chefs-d'œuvre de l'architecture moderne.

La Seine, qui partage Paris en deux, n'est pas à comparer à la Tamise, & pourtant, à l'utilité dont elle est, on pourroit s'y tromper, quand on considère les grands bateaux de chargement, sans être pour cela des navires, qu'elle y porte avec toutes les provisions nécessaires à la vie. Enfin, il ne manque à Paris que de la propreté dans les rues & de l'ordre dans cette multitude de voitures, de laquais, de foule en tout genre. C'est un fléau tel, que c'est un miracle pour moi que, dans une ville qui n'a point de commerce en grand, tous ces gens qu'on voit dans une journée, en se promenant dans les rues & les carrefours, aient tous le dos vêtu & le ventre plein.

La plupart des maisons abritent d'ordinaire de six à dix familles entre le ciel & l'enfer, du grenier à la cave. C'est là, je le crois, la vraie cause de cette malpropreté que nous avons l'habitude de reprocher à cette nation. Les gens de qualité, ceux qui ont assez de place autour d'eux, sont bien plus propres & plus somptueux dans leurs maisons que ceux d'entre nous qui s'en piquent le plus ici, en Angleterre, quelles que soient nos prétentions à cet égard.

C'est un grand sujet de dispute entre ceux de nos compatriotes qui ont voyagé, de savoir lequel est le plus grand de Paris ou de Londres. Chacun en parle selon son inclination; mais la configuration des deux villes est si différente qu'il seroit malaisé de les mettre d'accord. Peut-être, tout considéré, n'y a-t-il pas en ce moment une grande différence; mais si nous jugeons de l'avenir par les constructions actuelles, par l'agrandissement prodigieux des faubourgs de tous côtés & les effets de la paix, nous pouvons assurer que, bien peu de temps encore, & la question sera indubitablement vidée au profit de Paris. Non-seulement ce sont des maisons qui se bâtissent journellement, mais des rues tout entières, si belles, si régulières que, plutôt que de vous croire au milieu d'une ville réelle, vous imagineriez assister à quelque opéra italien où la diversité des scènes & leurs changemens à vue étonnent & charment le spectateur. Ce qu'il faut aussi remarquer dans les hôtels du premier ordre & les palais, c'est qu'ils promettent moins sur la rue qu'ils ne tiennent une fois que vous êtes dans la cour : cela tient aux murs élevés & aux tourelles qui en interceptent la vue, par une modestie qui n'est pas habituelle aux François, en ce qui concerne l'extérieur.

Ce qui manque à notre ville de Londres en hôtels & en palais, elle le compense par ses boutiques & ses tavernes qui la rendent si vivante de jour, si gaie la nuit, qu'il semble au spectateur que ce soit une foire ou une noce perpétuelle; car on ne trouveroit pas dans le monde entier une autre ville si bruyante & si animée.

Le gouvernement & la police de cette prévôté sont exercés par des juges nommés lieutenans, l'un civil & l'autre criminel, lesquels, achetant leurs offices de la cour, vendent fort cher leur justice à ceux qui ont besoin de cette denrée très-rare (1). Il y a aussi un prévôt des marchands & des échevins, qui sont l'équivalent plutôt

---

(1) Tout ce que nous savons dément cette assertion d'Évelyn. Nulle part la justice n'étoit si bien rendue qu'en France. Ce qu'Évelyn dit ici, comme ce qu'il a dit plus haut de la misère du peuple, est le résultat de l'amour des Anglois pour leur patrie & du besoin qu'ils éprouvent de chercher à l'étranger des *repoussoirs* pour la faire briller. (B. J. P.)

de notre recorder & de notre shériff que de notre lord-maire. L'archevêque & quelques abbés & prieurs possèdent également une juridiction temporelle. Nonobstant cela, je ne saurois dire que la ville soit bien gouvernée; j'en appelle aux désordres qui la remplissent de nuit & de jour, aux meurtres exécrables & aux autres crimes qui se commettent dans les rues. On y remédieroit bientôt si l'on consentoit à imiter notre police & si l'on confioit le guet à des personnes honnêtes & de responsabilité.

L'état de la ville, ni sa situation ne lui donneroient pas une grande force de résistance en cas de siége, quoique elle ait peu à craindre des incendies. Elle est si exposée aux incursions de l'ennemi, que Saint-Denis, qui n'en est qu'à deux lieues, a été plus d'une fois la frontière de la France, & si le feu maréchal de Gassion ne lui avoit pas acheté si chèrement sa liberté à la bataille de Rocroi, l'Espagnol auroit pu s'avancer, sans obstacle, jusqu'à ses portes.

C'est à l'air incomparable de Paris que ses habitans doivent leur santé : il est très-rare que la peste ou d'autres maladies contagieuses y amènent ces mortalités lamentables qui ont lieu si souvent dans notre climat malsain & notre ville suffoquée; telle n'est pas l'opinion vulgaire, mais fort erronée, qui prétend que la peste n'abandonne jamais Paris. Plusieurs naturalistes attribuent la salubrité de cette ville, outre la sécheresse de l'air, aux exhalaisons sulfureuses des rues & aux qualités siccatives du plâtre qui porte son nom & qu'on emploie dans la bâtisse.

Je viens ainsi de me hasarder à tirer le rideau qui cachoit un ample théâtre, & je l'ai découvert à vos yeux à peu près comme l'artiste qui, en peu de temps & dans un espace étroit, fait passer devant le spectateur la quantité d'objets divers que retrace une lanterne magique. Ma comparaison vous semblera juste devant le désordre & le style confus de ma description. Cependant, quoique nombre d'hommes de talent aient traité supérieurement ce même sujet, selon que le temps le comportoit, j'ose affirmer, & cela sans vanité, que personne en ces derniers temps ne l'a fait avec plus de bonne foi que moi, ni d'une façon plus succincte & plus naturelle. Ceux qui sont au fait du gouvernement & du génie de cette nation doivent s'attendre à y découvrir quotidiennement quelque chose de nouveau; la France d'aujourd'hui n'est pas plus celle d'il y a quarante ans, que son costume & ses modes ne sont ceux de cette époque; & pour dire vrai & détromper le monde, la complexion de ce corps politique, les crises qui peuvent lui survenir sont d'une si grande conséquence pour la santé & le bien-être de notre pauvre nation, que, pour les conserver à celle-ci, nous ne saurions donner trop d'attention à l'état & au régime de notre voisin le royaume de France.

Paris, 15 février 1652.

ERRATA.

Page 9, ligne 1 : *Sire*, mettez *Sir*.

Page 24, ligne 29 : l'article *le*, omis, eſt à mettre.

Page 65, ligne 3 : *manquiot*, mettez *manquoit*.

Page 65, ligne 13, au lieu de : 32 *coquilles de* 11000 *livres*, mettez : *de* 32 *coquilles*, 11000 *livres*.

Page 87, ligne 19 : *avant*, mettez *craint*.

Page 139, ligne 23 : *couche*, mettez *couche*.

Page 144, lignes 1 & 2, au lieu de : *il étoit fort épicé & arroſé de fameux vin de Bourgogne : il ſavoit bien trouver ſon chemin*, ponctuez de la ſorte : *il étoit fort épicé &, arroſé de fameux vin de Bourgogne, il ſavoit bien trouver ſon chemin.*

Page 148, ligne 26 : on *les*, liſez : on *le* claſſe.

Page 149, remplacez la note 1 par ce qui ſuit :
Vin bourru, vin blanc fermenté, mais non encore éclairci.
On fait encore en Bourgogne une ſorte de vin de liqueur que Liſter auroit bien pu vouloir déſigner. On prend ſous le preſſoir du jus de raiſin blanc qu'on empêche de fermenter en y mêlant un quart ou un cinquième d'eau-de-vie. On le met en baril, on le ſoutire après quelques ſemaines, puis on le met en bouteille, & on obtient un vin reſſemblant au Lunel. (E. de S.)

Même page, note 2, ajoutez : Je vois cependant dans Olivier de Serres, édition de 1600, page 145 (lieu III, chapitre I) : *les friands vins clerets de Canteperdrix, terroir de Beaucaire.* (B. J. P.)

Page 151, note 1 : Dans un catalogue imprimé (vers 1750) de liqueurs & de comeſtibles, ſe trouvant chez Goſſet père, marchand épicier, rue de Mirepoix, ſur l'aile du pont Saint-Michel, on trouve les eſpèces de ratafia ſuivantes :

De caſſis pectoral; de noix ſtomachale;...: la Coquette aimable; Belle-de-Nuit; Singulière; Eau divine; Eau de café; Griſette flatteuſe; Archiépiſcopale; Hipothèque de fl. (*ſic*); Plaiſir-des-Dames; la Colombine;

la Bombonnaire; à 40 fols la bouteille de pinte, & à 50 fols le Ratafia de Perdrix & les Délices des Dieux.

Page 185, ligne 16 : *Telaspi*, lisez *Tlaspi*.

Page 168, ligne 3 : mettre point & virgule après blanches & ajouter *il*.

Page 212, note 1, ajoutez : Le portrait de M. Geoffroy, ancien échevin, peint en 1688 par Nicolas de Plate-Montagne, figuroit à l'exposition de 1699. (Voir Florent-Lecomte. Bruxelles, 1702, tome III, p. 207.)

Mathieu-François Geoffroy avoit un *ex libris* d'un très-bon goût, portant ses armes, d'azur à la tour d'argent donjonnée de trois donjons de même, & sa devise : *Turris fortissima Deus;* puis sur une draperie : *Mathæus Franciscus Geoffroy phamacopæorum parisiensium antiquior præfectus, ædilis & consul*. Cet *ex libris* est remarquablement joli.

Son fils, Étienne-François, dont parle aussi Lister, fut un médecin très-distingué, & mourut en 1748, âgé de quarante-cinq ans. Fontenelle a fait son éloge. (B. J. P.)

Page 235, ligne 6 : *toutes la*, lisez *toute la*.

Page 241, 1re ligne des notes : *Alo*, lisez *Alof*.

Page 242, 7e ligne des notes : *dell' Abatte*, lisez *dell' Abate*.

Page 249, ligne 3 : *sir John Colton*, lisez *John Cotton*.

Page 250, ligne 4 : *poiriers*, lisez *prairies*.

Page 262, ligne 14 : *Mamaducke*, lisez *Marmaducke*.

Page 273, ligne 22 : *Bonchavant*, lisez *Bouchavant*.

Page 273, ligne 28 : *Lavavan*, lisez *Lavaran*.

Page 276, ligne 19 : *mon beau-frère*, lisez *mon beau-père*.

Page 287, ligne 29 : *Passerar*, lisez *Passerat*.

Page 287, ligne 29 : Remy Belleau étoit enterré aux *Augustins* & non aux *Jacobins*.

TABLE ALPHABÉTIQUE.

A

ABATE (Nicolo dell'), 242.
Abbaye de Saint-Germain-des-Prés, 23, 25, 91, 289.
Abbaye de Saint-Ouen, 250.
Abbeville, 126, 221.
Abecedario de Mariette, XXIV, 235, 268.
ABULFEDA, 100.
Acacia robinier, 200.
Académie, 132, 133.
Académie des fciences, 73, 74, 80, 81, 85, 93, 94, 101, 102, 126.
Académie de MM. du Pleffis & de Vaux, 260.
Accord des Églifes latine & grecque, 119.
Adoration des Bergers, 123.
Adoration des Mages, 123.
ADRIEN, 195.
Afrique, 116.
AGAMEMNON (mort d'), 110.
Agra, 190.
AIDDAU, 281.
Aiguières du tréfor de Saint-Denis, 224.
AIGUILLES (Boyer d'), 68.
Aimans (collection d'), 82, 83, 84, 85, 86, 87, 88, 89.
Air de Paris, 204, 313.
ALBEMARLE (comte d'), 19.
Albigeois, 74.
ALESSANDRO (fignor), 264.

ALEXANDRE, 52, 241.
Allée d'eau (l') à Verfailles, 184.
Allemagne, 103, 228, 276, 297, 300, 302.
Allemands aiment les choux, 138.
Alpes (les), 31, 52, 98, 299.
Alphabets, 56.
Alface, 79, 115.
Amazone d'Orléans, 224.
Ambaffadeur d'Angleterre, 267.
Ambaffadeurs fiamois, 53.
AMERIGHI (Michel-Ange dit le Caravage), 241.
Amérique, 75, 76.
Ameublemens, 23.
Amiens, 237.
Ammon (corne d'), 116.
Amour des François pour leur fouverain, 309.
Amfterdam, 268, 277.
Anatomie (expériences d'), 69, 70, 71, 72, 73.
Anatomy of melancoly, XX.
ANDELOT (marquis d'), 93.
ANDROMÈDE, 239.
Ane d'Afrique, 66.
Ane du Cap, 66.
Anecdotes des peintres, 30.
Ange (l'), auberge à Caen, 252.
Angleterre, XIV, XVII, XIX, XXI, XXIII, 3, 4, 8, 13, 14, 17, 28, 29, 30, 50, 60, 67, 90, 93, 94, 98, 100, 102, 103, 108, 112, 120, 129, 136, 137, 144, 145, 146, 170, 173, 174, 178, 181, 189, 194, 196, 199, 204, 212,

213, 221, 249, 251, 253, 261, 268, 294, 295, 297, 298, 302, 304.
Anglois (fur les), 191, 209, 212.
ANGOULESME (Mme d'), 285.
ANGUIER (Michel), 187.
Anifette, 151.
ANISSON, 126.
ANJOU (le duc d'), 178, 272, 303.
ANNÆUS SEVERUS, 140.
ANNE (la reine), XIII, 5, 18, 93.
ANNE d'Autriche, XI, 223, 288.
ANTIN (duc d'), 163.
Antiquités de la nation & de la langue des Celtes, 95.
Antiquité des temps rétablie, 95.
Antiquités romaines & égyptiennes, 107.
Aphorifmes d'Hippocrate, 79.
APICIUS, 9, 12.
APOLLON, 176, 224, 275.
Apothéofe d'Augufte, 231.
Apothéofe de Romulus, 169.
Appartemens de Madame, 289.
Appartemens de Monfieur, 289.
Appartemens du Roi & de la Reine, 281.
Aqueduc d'Arcueil, 154, 206, 290.
Aqueductibus Romæ (de), 98.
Arabes, 216.
Aragonia, 120.
Arcs de triomphe, 60, 184, 238.
Arche de Noë (boutique), 231.
Archevêché de Paris, 286.
Archevêque de Paris, 236.
Archiépifcopal (Ratafia), 315.
Archives (les), 259, 284.
Arcueil, 61, 170, 290.
Argenteuil, 54, 291.
ARLOT, 180, 214.
ARMAILLÉ (le comte d'), 128, 130.
Armée françoife, 299.
Arménie (vert d'), 170.
Arméniens, 152.
Arras, 303.
Arfenal, 25, 46, 96, 285.

Arfenal (petit), 171, 188.
Art de bien traiter, 149.
Art de la cuifine, 9.
Arts mécaniques en France, 307.
ARUNDEL (comte d'), XV, XXIII.
As, 116.
Afie, 57, 81, 303.
Afie Mineure, 97.
Afperges, 139, 199.
Affomption (couvent), 23, 282.
ASTRY, 286.
Athènes, 56.
ATLAS fur le comble de l'hôtel de ville, 284.
ATTICUS, 154.
Attique, 55.
Aubette (rivière), 249.
AUGUSTE, 195, 197.
Auguftins, 287.
Auguftins (Petits-), 289.
AULNOY (Mme d'), 143.
AUMONT (duc d'), 169.
AURÉLIEN, 111.
AURENG-ZEB, 198.
AUZOUT, 41, 97, 98.
AVAUX (comte d'), 171.
Ave-Maria, 286.
Avignon, 20, 138.
AVINSON (d'), 262.
AVISSON (d'), 262.

B

BACCHUS, 53, 272.
BACHAUMONT, 275.
BACON (lord), 31, 140.
Bagnolet, 291.
BAILHACHE (Johannes de), 252.
BAILLEUL (préfident de), 203.
Bailli de Saint-Germain de Paris (le), 267.
BAILLY (épitaphe de Ioland de), 283.
Ballet de la Nuit, 248.
BALUZE, 106, 119, 120.
Banque de France (la), 268, 283.
BARBARIE, 303.

BARBARO (Vitruve de), 116.
BARBET DE JOUY, 90, 91, 119.
BARBEZIEUX (de), 103.
BARNARD (le docteur), 114.
Barrière du Trône, 60.
BARRONNIE (Mme la), 267.
BARTOLOZZI, XXIV.
BASSAN (le), 242.
BASSAN L'ANCIEN (le), 245.
BASSOMPIERRE (maréchal de), 225.
Baſtille, 285.
Bateaux ſur la Seine, 31, 235.
BAUDELOT, 54, 55, 57, 59, 96.
BAUGY (Magdeleine de), dame de Saint-Germain-Prévoſt, 266.
BAUTRU, 103.
Bayonne, 150.
Beauvais, 221.
BEAUVAIS (le P.), 105.
BELLA (Stefano della), 265.
BELLEAU (Remy), 287, 316.
Belle-de-Nuit (liqueur), 315.
Belle Jardinière (vierge), 247.
BELLINZANI (François), 95.
BENNIS, 69, 72, 74.
BENSERADE (de), 170.
BERCHEURE, 120.
Bercy, 291.
Bernardins, 288.
BERNIN (le chevalier), 263.
BERRIER, 35.
BERRY (le duc de), 178.
Beſançon, 207.
Bêtes ſauvages aux Tuileries, 236.
Betheſda, 105.
BÈZE (Théodore de), 105.
BIART le fils (Pierre), 232.
Bible de Charles le Chauve, 119.
Bibliothécaires pariſiens, VIII, IX.
Bibliothèques chez les perſonnes de haut rang, 297.
Bibliothèques publiques de Paris, 99.
Bibliothèque de l'abbé Bignon, VIII.
Bibliothèque de M. de Bournonville, 288.

Bibliothèque des Céleſtins, 122.
— de M. Colbert, 119.
— du collége de Clermont, 109.
Bibliothèque du collége Mazarin, 126.
Bibliothèque du collége de Navarre, 126, 288.
Bibliothèque du duc d'Orléans, 253.
Bibliothèque des Grands-Auguſtins, 126.
Bibliothèque des Grands-Jéſuites, 126.
Bibliothèque d'Heſſelin, 248.
— des Jéſuites, 229.
— du Louvre, 259.
— du Luxembourg, 289.
— des Minimes, 285.
— nationale, 11, 230.
— de l'Oratoire, 123.
— d'Oxford, 277.
— du palais Mazarin, 282.
Bibliothèque du Roi, 100, 103, 104, 105, 106, 107, 113, 117, 287.
Bibliothèque de Sainte-Geneviève, 115.
Bibliothèque de Saint-Germain-des-Prés, 289.
Bibliothèque de Saint-Victor, 121, 288.
Bibliothèque de l'hôtel Séguier, 283.
Bibliothèque de la Sorbonne, 120, 287.
Blèvre (la), 288.
BIGNON (l'abbé), VIII, 81, 99, 101.
Biſſeſtre, 290.
Biographie britannique, 192.
BIRAGUE, 285.
BIRON (maréchal de), 266.
Biſcaye, 296.
Black-Heath, 183.
Blérancourt, 291.
Bœuf bon à Paris, 144.
BOILEAU (docteur), VIII.

Bois de Boulogne, 25, 28, 163, 164, 260, 265.
Bois de Vincennes, 163, 233, 290.
BOLOGNE (Jean de), 226.
Bombonnaire (Ratafia), 315.
Bonneval, 266.
Bons-chrétien (poires), 145.
Bons-Hommes (couvent), 240, 270.
BORDIER, 284, 285.
Bosquet de la Reine (le), 184.
BOSSE (Abraham), 263, 264.
BOSSUET, 29, 68.
BOSSUET (l'abbé), v.
Botanique (Élémens de), 81.
Bouchavant (l'abbesse de), 273.
BOUCOT (François), 64.
BOUCOT (Nicolas), 64.
BOUFFLERS (maréchal de), 20.
BOUILLON (duchesse de), 215.
Boulogne, 18, 221. Voir Bois.
BOURBON (duc de), 178.
BOURBON (maison de), 178.
BOURDELOT, 214.
BOURDILLON, 248.
BOURDON (Sébastien), XXIII.
Bourgogne, 136, 147, 148, 299.
BOURGOGNE (le duc de), 178.
BOURGOGNE (la duchesse de), 214.
BOURRASSÉ (l'abbé), 250.
Bourse (la), 230.
Boustrophédon, 58.
Boutiques d'apothicaires, 212.
Boutiques & tavernes de Londres, 312.
BOWYER, 12.
BOYCEAU DE LA BARAUDERIE (Jacques), 254.
BRAGGE, XXIV.
BRAMAN, 16, 167, 168.
BRANCAS (duchesse de), x.
BRANDEBOURG (duc de), 96.
BREMAN. Voir BRAMAN.
Brentford (bataille de), XIV.
Brésil, 67, 68, 198.
BRESSUIRE (Pierre de), 120.
Bretagne, 296, 299.
Bretagne (Basse-), 95.

Bretagne (Grande-), XIII, XXI, 20.
BRETEUIL (président de), 95.
BREUIL (du), 245, 266.
Briare, 136.
BRICE (Germain), 16, 46, 60, 240, 263.
BRILLAC (abbé de), 102.
BRILLE (Paul), 242.
BRISSAC, 266.
BROSSE, 289.
BROWNE (lady), XVI, 265.
BROWNE (sir Richard), XVI, XXIII, 225, 261, 276.
Bruxelles, 315.
Buccins, 65.
Buckingham (comté de), 3.
BUFFON, 73.
BULET, 174.
BUNEL, 234.
BURNET, 20.
BURTON, XX.
BUTTERFIELD, 81, 85, 89.
BUTTLER, XX.

C

Cabinet du Roi, 254.
Cabinet de M. de Scudéry, 92.
Cabinets des particuliers, 64.
Cachemire, 198.
Cadix, 75.
Caen, 252, 253.
Café, 152, 153.
Café Procope, 152.
Cafés publics, 152.
Cage de fer de Charles VI à Creil, 291.
Calais, 134, 221, 304.
CALLOT, 259.
Calvados, 203.
Calvaire (couvent du), 95.
Calvaire (hermite du mont), 261.
Calville d'hiver, 145.
Cambridge, 93, 105, 183.
Cambridge (comté de), 249.
Camée de la Sainte-Chapelle, 231.
Canada, 65, 67.
Canal de Briare, 154.

Canaries, 148.
Canon de bronze au quatorzième siècle, 120.
Capitole, 117, 232.
Capitulaires. Voir BALUZE.
Caractère des François, 308, 309.
Caraïbes, 67.
CARAVAGE (le), 251.
Carmes defchauffez, 289.
Carottes, 137.
Carrières de Vanves, 201.
Cartes à jouer, 91.
CASSINI, 59, 60.
Caffis pectoral (liqueur), 315.
CASTOR, 133.
Caftres, 74.
Catalogne, 303.
Cathédrale Notre-Dame, 227, 228.
Cathédrale Saint-Cyr à Nevers, xv.
Cathédrale de Saint-Denis, 221.
Cathédrales de France, 250.
CATHERINE DE MÉDICIS, 225, 232.
Catholiques françois, 298.
CAUCHON (Louis, dit Heffelin). Voir HESSELIN.
Cavalerie françoife, 300.
Céleftins, 25, 122, 285.
CELSE, 42.
CÉRÈS, 241, 288.
CÉSAR, 115, 154, 305.
CESTEAUX (Vincent de), chanoine géant de N. D., 286.
Céfars, 140.
Ceylan, 162.
CHABOT (amiral), 285.
CHABOUILLET, 231.
CHAHU (Marie), 266.
Chaillot, 225.
Chaillot (galeries, jardins, orangerie), 282.
CHAISE (le P. de la), 112, 168. —
Chambre (Grand'), 286. — Chambre des Comptes, 286.
Chambre de Saint-Louis au Palais, 230.
CHAMILLART (de), 173.
CHAMLAY (de), 170.

Champagne, 142, 148, 302.
Champignons, 139, 140.
Chancellerie de France (grande), 64.
Change, 230.
Change (Vieux-), à Londres, 40.
CHANTELOUPE-CHAMBRAY (de), 281.
CHANTEMERLE, 247.
CHANTEMESLE, 247.
Chantilly, 170, 291.
CHAPELLE, 275.
Chapelle d'Amboife, 250.
— des Auguftins, 287.
— de Biragne, 285.
— de M. Bordier, 285.
— des Chevaliers de l'ordre aux Auguftins, 287.
Chapelle de Lorette, 284.
— de Vincennes, 233.
CHAPUZEAU, 254, 277.
Charenton, 243, 262, 290.
Charing-Cross, 41.
CHARLEMAGNE, 91, 222, 223, 224, 303.
CHARLES MARTEL, 222.
CHARLES V, 91, 222, 239.
CHARLES VI, 302.
CHARLES VIII, 303.
CHARLES IX, 222, 237.
CHARLES Ier, XIII, XIV, XVI, 3, 40, 221, 277, 293.
CHARLES II, XIII, XVII, XVIII, XX, XXI, 40, 65, 214, 215, 216, 261.
CHARLES d'Anjou, 303.
CHARLES-QUINT, 302.
Charmes du jardin de Marly, 188.
Charmoie (la), 95.
Charta plenariæ fecuritatis, 106.
Chartres, 84, 136.
CHARTRES (le duc de), 178.
Chartreux, 25, 288.
Chaftelet (Grand-), 283.
Château-d'Eau, à Paris, 154, 206.
Château de Caen, 253.
— du bois de Boulogne, 265.
— de Madrid, 164, 240, 264.
— de Saint-Cloud, 179.

Château de Saint-Germain, 239.
— des Tuileries, 234.
— de Versailles, 183.
— de Vincennes, 233.
— ducal à Nevers, xv.
Châteaux royaux, 178.
Châtelet (le), 72, 270, 283.
Châtelets (les deux), 233.
CHATILLON, 231.
Chatte de Mme de Lesdiguières, 172, 173.
CHAULNES (la duchesse de), 297.
Chaville, 170.
Chelsea-College, 40.
CHENNEVIÈRES (Ph. de), 234.
Cherbourg, 130, 131.
Cherche-Midi (couvent), 95.
CHESTERFIELD (comte de), 265.
Cheval de bronze, 281.
Cheveux de la Vierge, 222.
CHEVILLARD, 212.
CHIRVINS, 216.
Chevrette (la), 290.
CHEVREUSE (le duc de), 69.
CHILDEBERT, 227.
Chilly, 291.
Chine, 56, 106, 128, 129, 195.
Chinois (sur les), 56, 128.
Chocolat, 152, 153.
Choisy, 124.
Choux, 137, 138.
CHRISTINE DE SUÈDE, 245, 248.
CHURCHILL (le général), 18.
Chypre, 55, 277, 303.
CICÉRON, 42, 46, 94, 140, 154. 306.
Cidre de Normandie, 152.
CIGOLI, 241.
Cimetière du Père-Lachaise, 168, 170.
Cimetière des Saints-Innocens, 62, 257, 283.
Cimetière de Saint-Paul, 285.
Cité (la), 225, 231, 251.
Clairet de Bordeaux, 150.
CLAUDE, 57, 58, 140.
CLAUDE le Gothique, 96.

CLÉMENT, 102.
CLÉMENT III (le pape), 222.
CLÉOPATRE du Belvédère, 237.
Clermont, 109, 199.
CLERMONT-LODÈVE (maison de), 198.
CLÉVELAND (la duchesse de), xviii.
Cloître des Célestins, 285.
Clou de la croix de Jésus-Christ à Saint-Denis, 222.
CLOUD (Saint-), 291.
Coa ou Cos, 79.
Conques, 79.
Cœur de Henri III à Saint-Cloud, 291.
COIGNET (Pierre du), 286.
COISEVOX, 133.
COISLIN (le cardinal de), 29.
COISLIN (le marquis de), 248.
COLBERT, 103, 120, 124, 170.
COLBERT (évêque de Montpellier), 29.
COLCHESTER (Gilbert de), 85.
Colisée, 268.
Collection de bijoux, 258.
— de médailles du roi de France, 96.
Collection Gaignières, 90, 91.
— du P. Hochereau, 122.
— de M. Morin, 122, 258, 259.
Collection de M. Périchot, 242.
Collége de Balliol à Oxford, xiii.
— de Boncourt, 99.
— de Cambray, 287.
— de Clermont, 109.
— des Jésuites à Nevers, xv.
— des Jésuites à Paris, 228, 287.
Collége Louis-le-Grand, 109.
— Mazarin, 23.
— Navarre, 229, 288.
— du Plessis, 287.
— Royal, 287.
— Saint-Isidore à Rome, 228.
— Saint-John à Cambridge, 3.
Colléges de Paris, 227.

COLLIER, 159.
Colombine (Ratafia), 315.
Colonne de l'églife de Saint-Cloud, 291.
Colonne de l'hôtel de Soiffons, 283.
Colonne Trajane, 195, 283.
COLTON (fir John), faute pour COTTON.
Comédie françoife, 152.
Comédiens ordinaires du Roi, 157.
Comédies, 156.
Commentaires hiftorique & littéral fur les prophètes, 95.
Commerçans en France, 296.
Commode (la), maifon de d'Emery, 282.
Commune de 1871, 293.
Compagnie des Indes, 129.
Compiègne, 291.
CONDÉ (le prince de), 178, 261, 264, 286, 300.
CONDÉ (la princeffe de), 93.
Confitures d'abricots, 199.
Conflans, 290.
Conglus (mefure), 117.
Congrès de Munfter, 171.
Confeil (autel du Grand-), 281.
Confoude (petite), 168.
CONSTANTIN, 263.
Conftantinople, 200.
Conftructions romaines à Paris, 262.
CONTI (le prince de), 102, 179, 214.
CONTI (la princeffe douairière de), 179.
Converfion de faint Paul, 284.
Coquette aimable (liqueur), 315.
Coquilles muficales des Indes, 202.
Corbeil, 248.
Cordeliers de Saint-Marceau, 288.
Cordes, 74.
CORNARO, 272.
Corne (la), auberge à Fontainebleau, 244.
Corne de licorne, 224.
CORRÈGE (le), 241, 243.

Corruda (plante), 199.
Corton, 6.
COSIN (docteur & évêque), 273.
COTTEREL (fir Charles), 9.
COTTON (fir John), 249.
Coupe de Salomon, 224.
Cour de l'Hôtel de Ville, 284.
Cour des Fontaines, 246.
Cour d'Honneur du Luxembourg, 254.
Cour du Palais, 231.
Couronne d'épines à la Sainte-Chapelle, 231.
Couronne, épée, main de juftice, fceptre, &c. de Charlemagne à Saint-Denis, 223.
Couronne, épée, main de juftice & fceau de faint Louis à Saint-Denis, 223.
Couronnement de la Vierge (tableau), 241.
Couronnes, éperons, main de juftice & fceptre de Henri IV à Saint-Denis, 223.
Couronnes de Louis XIII à Saint-Denis, 223.
Cours la Reine, 25, 28, 163, 225, 235, 282.
COURT (le peintre), 157.
COURTÉPÉE, 148.
COURTEYS, 164.
COURTEYS (Pierre de), 265.
Couvent de Chaillot, 270.
— des Minimes, 75.
Couvens, 24.
Covent-Garden, 232.
COYZEVOX (Charles-Antoine), 133.
Crell, 291.
CREPITUS (le dieu), 55.
CRÈVECŒUR (Nicolas-Alexandre GOUFFIER, comte de GOUFFIER, marquis de), 272.
Crieurs de marchandifes, 35.
Crifpin médecin (pièce), 157.
Croix-Blanche (auberge à Rouen), 249.
Croix de Malte du chev. Paul, 275.

U 2

Croix d'or & d'argent à Saint-Denis, 222.
Croix de pierre fleurdelyfées, 224.
— du Saint-Efprit en ornement, 275.
Croix du Tiroir (la), 225, 283.
CROMWELL, XIII, 293.
Culture des fleurs (remarques fur la), 258.
Culture-Sainte-Catherine, 285.
CUNINGHAM, 97, 98.
CUPIDON, 57.
Curieux d'eftampes, 242.
Curiofités, 42.
Cuzco (fortereffe de), 196.
Cyathus, 117.
Cynthie, 10.
CZAR (le), XX.

D

DACIER (M. & Mme), 77, 78, 79, 94.
DAGOBERT, 221.
DALESCHAMPS, 109.
D'ANCOURT (F. C.), 157.
DANDIN, 293.
DANIEL (le P.), 112.
DANJOU, 258.
DAQUIN, 213.
DAUPHIN (Mgr le), 52, 68, 161, 178, 182, 197, 199, 214, 235, 239.
Dauphiné, 149.
Deauville, 203.
DEBURE, 95.
Défenfe de l'antiquité des temps contre deux religieux, 95.
DELAULNE (Florentin), V.
DELCAMPE ou Delcamp, 260, 264.
Délices des Dieux (liqueur), 315.
DENIS (faint), 224, 286, 290.
Deptford, XIX.
DESCARTES, 85.
Des Unies, efpèce de raifin, 199.
DES YVETEAUX, 266.
DEVAUX, 260.

DIANE, 176, 246.
Diane d'Éphéfe, ftatue, 234.
DICK (Alexandre), 141.
Dictionnaire d'architecture, 61, 110.
Dictionnaire de l'Académie, 130.
Die, 112.
Dieppe, 251, 252, 304.
Digamma, 57, 58.
DIGBY (fir Kenelm), 276, 277.
DIOSCORIDE, 104, 151.
Divertiffemens des Parifiens, 156.
Doncafter, 59, 209.
Dort, XIV.
DOWNES, 262.
DRACKE, 6.
DRAPER, XIX.
Dropping-Well, 134, 186.
DROUIN (l'abbé), 89, 99, 100.
DRYDEN, XX.
Dublin, 108.
DUBOIS (Ambroife), 245, 247.
DUBOIS (Jean), 247.
DUCERCEAU (le P.), VII.
DUMESNIL (Robert), XXIV, 273.
DUMOULIN (Pierre), 299.
Dunkerque, 300, 303.
DUPRAT (Guillaume, évêque de Clermont), 109.
Duquesnoy (François), 269.
Duquesnoy (Jérôme), 269.
DURANTINO, 269.
DURER (Albert), 242, 259.
Durham, 273.
DYCK (Van), 41.
DYCKE (fir Antony Van), 50.
Dyffenterie commune à Paris, 206.

E

Eau de café (liqueur), 315.
Eau divine (liqueur), 315.
Eau de Paris, 154.
Eau de Seine, 154.
Ecce Homo (tableau), 242.
Echecs venant de Charlemagne, 224.

Échiquier (cour angloise), 93.
Éclairage, 36, 37.
École de la Sorbonne, 287.
— des Jacobins, 287.
— Polytechnique, 229.
Écoles du pays latin, 229.
Écosse, 296.
Écrivains publics, 257.
Édifices de Paris, 310.
EDMOND (Mr), 109.
ÉDOUARD (le prince), 263.
Éducation des enfans (Traité de l'), XVII.
EDWARD, 30.
Effigies en cire des rois de France, 224.
Égine, 55.
Église des Cordeliers, 287.
— des Jésuites, 228.
— Saint-Corneille, 291.
— Saint-Étienne, 263.
— Sainte-Geneviève, 232.
— Saint-Germain des Prez, 289.
Église de la Sorbonne, 121, 229, 287.
Église protestante de France, 243.
Égypte, 55, 277, 303.
Éléphant, 162.
ÉLISABETH (la reine), 30, 304.
Embellissemens de Paris, 31.
Empereur d'Allemagne, 120, 207.
Empereurs de la Chine, 195.
— du Japon, 195.
— romains, 195.
Encre de la Chine, 118.
Enfans françois, très-beaux, 307.
Enlèvement d'Hélène (tableau), 243.
Enlèvement de Proserpine (tableau), 241, 247.
Envoyé de Venise (l'), 224.
ÉPERNON (la duchesse d'), 94, 95.
ÉPERNON (le duc d'), 291.
Épitaphe de Guillaume le Conquérant dans la cathédrale de Caen, 252.
Épitres (manuscrit des), 105.

Erechtheis, 55.
Escouan, 291.
ÉSOPE, 184.
Espagne, 67, 81, 90, 103, 164, 228, 272, 275, 296, 298, 302, 303, 304, 305.
Espagne (Nouvelle-), 79.
Espagnols, amateurs de chocolat, 153.
Espaliers de la Chevrette, 290.
Espéran (raisin), 150.
ESPINOY (la princesse d'), 215.
Esplanade du château de Versailles, 183.
Esprit françois, 309.
Essone, 247, 248.
Estampes, 242, 274.
ÉTAMPES DE VALENÇAY (Marie d'), 95.
État de la France, 15, 176, 294.
État général des officiers de la maison du Roi, 260.
États de Bourgogne, 148.
États généraux, 65.
Eulogies, v.
Europe, XXI, 14, 17, 21, 67, 76, 81, 96, 97, 108, 127, 138, 144, 183, 194, 195, 196, 202, 207, 221, 229, 231, 234, 295, 298, 302, 309, 310.
Europe galante, 156.
— vivante de Chapuzeau, 254, 277.
Européens, 56, 66, 195.
EUSÈBE, 109.
Évangélistes, 285.
Évangiles de saint Mathieu, 91.
ÉVELYN (famille), XIII.
ÉVELYN (sir Frédéric), XXII.
ÉVELYN (John), XI, XII, XIII, XIV, XV, XVI, XVII, XIX, XX, XXI, XXII, XXIII, XXIV, 140, 192, 219, 221, 232, 242, 247, 249, 250, 260, 263, 266, 268, 293, 294, 312.
ÉVELYN (Mme), XVI.
ÉVELYN (Richard), XIII.
Évêques (leurs équipages), 28.

Évreux, 253.
Exercitatio de Buccinis, 7.
— anatomica de cochleis, 7.
Exercitationes de fontibus medicatis Angliæ, 5.
Exercitationes Plinianæ, 109.
— sex medicinales, 5.
Explications de monnoies antiques, 97, 112.

F

Facultés de Paris, 306.
FAGON, 209, 213.
Faubourg Saint-Antoine, 21.
— Saint-Denis, 227.
— Saint-Germain, 167, 210, 226, 227, 253.
Faubourg Saint-Honoré, 192, 227.
— Saint-Jacques, 227.
— Saint-Marcel, 227.
— Saint-Michel, 227.
— Saint-Victor, 227.
FAUR DE LA BODERIE (Élisabeth du), 272.
FAVY, 131.
FAY (du), 29.
Fécondité des mariages en France, 302.
FÉLIBIEN, 47, 224, 240, 243, 248.
Femme, par Raphaël, 245.
— nue présentée à Alexandre (tableau), 241.
Femmes françoises, 307.
FÉNELON, 29.
Fenouillette (liqueur), 151.
FERDINAND, peintre, 93.
FERDINAND Ier, 226.
FERNEL, 283.
FERRAND (Anne Bellinzani, présidente), 95.
FERRARIUS, 43.
Fertilité de la France, 302.
Fête-Dieu, 273.
Feurs, xv, 68.
Fiacres, 26.
Figuiers, 200.

Figuiers en caisse, 200.
Figurines égyptiennes, 55.
Filles du Calvaire, 284.
— de la Magdelaine, 284.
— de Sainte-Élisabeth, 284.
— Sainte-Marie, 285.
FIORAVANTI, 269.
Flagellant (Petit), VIII.
FLAMAN, 268.
FLAMAND (le), 269.
FLAMEL (Nicolas), 257, 283.
FLAMINGO (le), 268.
Flandre, 190, 300, 303.
FLÉCHIER, 29.
Fleur de Lys (ses triomphes), 303.
FLEURY, 249.
FLORE, 67.
Florence, 119, 149, 226, 265, 310.
FLORENT-LECOMTE, 315.
Flotte françoise, 300.
FLOYD (Ed.), 96.
Foire (la), 289.
— Saint-Germain, 152.
Fontaine des Innocens, 283.
— du Laocoon, 236.
— Saint-Leu & Saint-Gilles, 283.
Fontainebleau, 110, 197.
— (École de), 24.
— (palais & forêt de), 244.
Forez, 112.
FORNIER, 176.
FOUCAULT, 111.
FOUQUET (le P.), évêque d'Éleuthéropolis, 106.
Framond (montagne de), 114.
FRANCAVILLA, 289.
France, V, XIV, XV, XVI, 1, 3, 4, 17, 18, 22, 29, 30, 32, 60, 63, 79, 81, 90, 91, 103, 112, 114, 135, 136, 137, 141, 142, 144, 145, 172, 179, 180, 187, 189, 192, 194, 198, 204, 207, 221, 228, 232, 234, 240, 243, 251, 260, 262, 263, 265, 293, 294,

295, 299, 300, 301, 302, 303, 304, 305, 310, 312, 313, 314.
France triomphante (la), 184.
Francfort, 126.
François (fur les), IX, X, XIV, 139, 150, 202, 206.
FRANÇOIS Ier, 164, 185, 204, 222, 239, 240, 244, 245, 290, 300, 303.
FRANÇOIS II, 222.
FRANQUEVILLE, 226, 289.
Frêne d'Amérique, 168.
FRESNE (de), 243.
FRESNE (Annequin ou plutôt Hennequin du), 243.
Fronde (la), 264.
Frontignan, 150.
Fruits, 145.
Fumifugium, XVII.

G

GAGE, 153.
GAIGNIÈRES (de), 89, 90, 91, 242.
Gaillon, 249.
GALE (le docteur, doyen d'York), 114.
Galerie d'Apollon au Louvre, 234.
— des Cerfs, 245.
— de Diane, 245.
— de Médicis, 50.
— de la Reine, 282.
— du Roi, 282.
— des peintures de Romanelli, 282.
Galerie de Rubens, 289.
— des ſtatues, 282.
— d'Ulyſſe, 245.
— des Vues, 245.
Galériens, 288.
Galli-Inſubres, 305.
Gallois, conſomment beaucoup de poireaux, 138.
Gand, 269.
Garde-robes, 65.
Garde des ſceaux (lord), 261.
GARNIER, 100, 101.

Gaſcogne, 296.
GASSION (le maréchal de), 262, 300, 313.
Genappe, XIV.
Gênes, 193, 310.
Genève, XV, 120, 254, 273.
GENEVIÈVE (ſainte), IV, V, 25, 284, 288.
Gens de métier en France, 296.
Gentille (la), nom de la maiſon de Bautru, 283.
Gentry, 294.
GEOFFROY (Mathieu-François), 212.
— ſon portrait, &c., 315.
GIRARDON, 39, 52, 54, 55, 121.
Gluteus major, 209.
Gobelins, 288.
GODARD, 7.
GŒDART, 142, 143.
Gombron, 129.
Gomroon (terre de), 129.
Goneſſe (pain de), 135.
GOSSET père, 315.
GOTH (Éliſabeth-Régine), 95.
GOTH D'ALBERT (J. B. Gaſton), marquis de Rouillac, duc d'Épernon, 95.
Goths, 119.
GOUJON (Jean), 257, 258, 281, 283.
Goût de la nobleſſe françoiſe pour les bâtimens & les meubles, 297.
Gouttes du roi Charles, 214, 215.
Gouvernement & police de Paris, 312.
Grâces (les trois), 285.
Grande ſalle du château de Compiègne, 291.
Grand-Mogol (le), 190.
Grand-Regard (le), aux Cordeliers, 288.
Grand-Turc (le), 194.
Grèce, 55, 303.
Grecs, 116.
GRÉGOIRE, 152.
Gresham-College, 82, 108, 212.
Grève (la), 22, 37.

U 4

GRIFFITH (le prince), furnom d'un Gallois, 267.
GRIMAUDET, 214.
GRINGONNEUR, 91.
Grifette flatteufe (liqueur), 315.
GROS (le peintre), 157.
GUÉRINIÈRE (la), 260.
GUESCLIN (Bertrand du), 222.
GUILBERT (l'abbé), 245.
GUILLAUME le Conquérant, 252.
GUILLAUME (le roi), III, XIII, 17, 19, 20, 48, 191.
GUISE (le duc de), 248.
GUYENNE, 299.

H

Haine des François pour les Anglois & les Espagnols, 309.
Halles, 55.
HALLER, 192.
Halles (les), 283.
Hammersmith, 129.
Hampton-Court, XVI, 244.
HANNES (le docteur), 5.
HARCOURT (le comte d'), 275, 300.
HARDOUIN (le P.), 109, 110.
Haricots, 136.
HARLAY, 20.
HARLAY (Anne-Françoise de), marquife de Vieuxbourg, 94.
HARLAY-CHAMVALLON (Françoife de), archevêque de Rouen, 249.
Harp-Alley Shoe-Lane, 30.
HARTSOEKER, 85.
HATTON (lord), 261.
HAUSSÉ (de), 243.
HAUTEFEUILLE (l'abbé de), 106, 149.
Havre (le), 251, 304.
Haye (la), 20, 123, 143.
HÉLÈNE, 24.
HENNEQUIN (Nicolas, baron d'Ecquevilly, fieur de Frefne), 243.
HENNING (le docteur), II, III, 12, 17, 18, 20, 31, 93, 141, 143, 157, 158, 159, 193, 198.

HENRI II, 222, 232, 290.
HENRI III, 225, 237.
HENRI IV, 32, 39, 40, 50, 93, 171, 225, 232, 233, 237, 239, 244, 245, 249, 268, 284.
HENRIETTE DE FRANCE, XIV, 261, 277.
HENSHAVE (Thomas), XVII.
HERCULE, 246.
Hermitage du Mont-Valérien, 291.
HESSELIN, 247, 248, 286.
Heures de Charles le Chauve, 119.
Hippocampus, 65.
HIPPOCRATE, 56, 78, 79.
HIRE (de La), 84, 263.
Hispania illuftrata, 126.
Hiftoire évangélique, 95.
— des Femmes célèbres, V.
— des Flagellans, VIII.
— des Infectes, 113.
— de Saint-Denis, 224.
Hiftoriæ animalium tres tractatus, 7.
HOBBES, 274.
HOCHEREAU (le P.), 122, 123.
HOGSDEN, 53.
HOLDEN (le docteur), 263.
Hollande, 100, 103, 106, 112, 199, 296.
Hollandois (fur les), XIV.
HOLLAR (Venceflas), XXIII.
HOMÈRE, 245.
Hommes de lettres, 99.
HONEYWOOD, XIV.
Honfleur, 251.
Hongrie, 303.
Hôpital de la Charité, 159, 207, 208, 209, 210, 262, 265.
Hôpital des Incurables, 90, 289.
— des Quinze-Vingts, 232.
— de Saint-Louis de Montfaulcon, 284.
Horloge du Palais, 286.
HOSPITAL (le marquis de l'), 93.
Hôtel-Dieu, 69, 207, 208, 209, 286.
Hôtel d'Aiguillon, 289.

Hôtel des Ambassadeurs, 21.
— d'Aumont, 169.
— d'Avaux, 284.
— de Beauvilliers, 171.
— de Bourgogne, 157.
— Carnavalet, 285.
— de Caumartin, 171.
— de la duch. de Chaulnes, 299.
— de Chevreuse, 259, 281.
— de Condé, 170, 259, 289.
— de Guise, 89, 90, 243, 259, 284.
Hôtel de La Vrillière, 268.
— de Léon, 289.
— Le Peletier, 174.
— de Lesdiguières, 171.
— de Liancourt, 240, 289.
— de Longueville, 259.
— de Lorges, 173.
— de Montmorency, 284.
— de Nevers, 259.
— du Nonce, 287.
— Pussort, 170.
— Séguier, 283.
— de Soissons, 283.
— de Soubise, 259.
— de Sully, 285.
— de Vendôme, 259, 282.
— de ville, 284.
— — de Caen, 253.
— — de Rouen, 250.
Hôtellerie à Saint-Cloud, 237.
Hôtels de Paris, 30, 312.
Houssay (du), 243.
Hoym (comte d'), 95.
Hubins, émailleur, 133.
Huchtenburg, 274.
Hudibras, xx.
Huet, évêque d'Avranches, 29, 69, 112.
Hugues Capet, 227.
Hull, 84.
Humeurs (Traité des), 11.
Huyghens, 106.
Hyde-Park, 163, 236.
Hypothèque de fl. (liqueur), 315.
Hyre (Laurent de la), 263.

I

If (château d'), 275.
Ile du Palais, 22, 226, 231.
Image de la Vierge à Notre-Dame, 228.
Impôt sur les vins, 147.
Imprimerie royale, 34.
Inde, 129, 162.
Indes, 116, 153, 190.
Indes Occidentales, 101.
Indes Orientales, 251.
Indiens, 153.
Indre-&-Loire, 108.
Infanterie espagnole, 301.
Infanterie françoise, 301.
Inn de Middle-Temple, xiii.
Innocens (massacre des), par Goujon, 283.
Innocens (fontaine des), 257, 258.
Inscriptions, 57, 112.
Inscription numismatique, 99.
Instruction, xvii.
Instrument à écrire (ancien), 118.
Invalides, 23, 40.
Ipécacuanha, 206.
Iris bulbeuse, 168.
Irlande, 84, 108, 296.
Isocrate, xxiv.
Israeli (M. d'), xxi.
Italie, xiv, xv, xvii, 103, 200, 237, 261, 296, 297, 298, 300, 302, 303.
Ivrognerie à Paris, 162.

J

Jacob (le P.), 253, 277.
Jacobins, 287.
Jacobins (Petits-), 289.
Jacobites, 17.
Jacquemart, 130.
Jacques II, xiii, xviii, xix, 20, 40, 159.
Jacques (le frère), Baulot ou Beaulieu, 207, 208, 209, 210.

Jal, 232.
Janet, 93.
Jansen (Cornélis V, évêque d'Ypres), 109, 299.
Janus, 117.
Janus, Égyptien, 53.
Jardin de l'Arfenal, 168.
— de l'hôtel d'Aumont, 169.
— botanique. Voir J. du Roi.
— des Capucins du faubourg Saint-Honoré, 282.
Jardin de l'hôtel de Caumartin, 171.
— des Céleftins, 169.
— des Chartreux, 169.
— du prince de Condé, 197.
— de Fontainebleau, 246.
— de M. Fournier, 176.
— des Hefpérides, 190.
— de l'hôtel Le Peletier, 174, 175.
Jardin de l'hôtel de Lefdiguières, 172.
Jardin de l'hôtel de Lorges, 173.
— de Louvois, 175.
— du Luxembourg, 167, 254, 255.
Jardin de Marly, 187.
— de Meudon, 182.
— de Morin, 258.
— du Palais-Royal, 168.
— des Petits-Jacobins, 289.
— des Plantes. Voir J. du Roi.
— de l'hôtel Puffort, 170.
— de la Reine à Fontainebleau, 246.
Jardin de Renard, 282.
— de Richelieu à Rueil, 237.
— du Roi, 25, 69, 72, 167, 233, 262, 288.
Jardin Royal, 288.
— de Saint-Cloud, 179, 180, 181.
Jardin de Sainte-Geneviève, 169.
— de M. de Saint-Martin, 290.
— de l'hôtel de Sully, 175.
— des Tuileries, 164, 165, 166, 167, 234, 235.

Jardin du château de Verfailles, 183, 184, 185.
Jardin des Olives, 288.
Jardins royaux, 178.
Jardinier françois (le), xvii.
Jafmin des Açores, 168.
Jaucourt (G. de), feigneur de Bonneffon, 36.
Jean (le roi), 90, 120.
Jean (faint), 284.
Jean-Baptiste (faint), 247.
Jean Chrysostome (faint), xvii.
Jérôme (faint), 247.
Jéronimo, 242.
Jérufalem, 303.
Jéfuites, 33, 109, 285.
— (Grands-), 23, 25, 273.
— (Petits-), 289.
Jésus-Christ (N. S.), 242, 270, 271, 288.
Jeu, 160.
Jeu de paume de l'Étoile, 157.
Jeuneffe angloife, 308.
— françoife, 307, 308.
Jeufneur (le), 286.
Jeux de hafard défendus à Paris, 160.
Job, 124.
Joconde, 247.
Johnson (le doćteur), xx, 9, 50, 159.
Jones (Inigo), 41, 98.
Joseph, 241.
Judith, 242.
Jugement dernier (le), 284.
Juifs, 33, 34, 297.
Jules César, 233.
Julien, 62, 287, 290.
Julius Frontinus, 97.
Julus (infecte), 68, 76.
Jupiter, 197.
Justel, 24.
Juftice des confuls (la), 284.
Justinien, 106, 126.

K

Kalendarium hortenfe, 192.

Keppel, 18.
King (docteur William), 8, 12.
Kircher (le P.), 108.
Knaresborough, 134, 186.
Kneller (Godefried), xxii, xxiii, 10.

L

Labelle (Étienne de), 205, 248.
Laborde (le comte puis marquis Léon de), 164, 265.
La Brune, empyrique, 211.
Labyrinthe (le), 184, 190, 288.
Lacroix (Paul), 248.
Lafontaine, 274.
Lago, 79.
Lahore, 190, 198.
Laitue romaine, 138.
Lambécius, viii.
Lambert, 286.
Lampes, 65.
Lancashire, 136.
Langdale (sir Marmaducke, lord), 262.
Languedoc, 17, 74, 136, 138, 150, 189, 198, 199.
Lanterne de Judas à Saint-Denis, 224.
Laocoon, 132.
Laque du Japon, 182.
La Rue, 210.
Lassay (marquis de), 203.
Lasti, 266.
Launay (Nicolas de), 169.
Lauraguais (le comte puis duc de), x.
Lauriers d'Alexandrie, 185.
Lavaran (Mme), & non Lavavan, 273.
Law, viii.
Lebeuf, 266.
Leblanc, 268.
Lebouteux, 170.
Lebrun, 52, 169, 234.
Leewenhocke, 144.
Lefebvre (Tannegui), 79, 200, 201.

Le Gascon, 253.
Le Jay, 285.
Lenoncourt (cardinal de), 242.
Lenoncourt (Robert de), 242.
Lenôtre, 47, 48, 176, 180.
Lepautre, 170.
Le Peletier (Mr), 124.
Leprince, 90, 99.
Lesdiguières, 171.
Le Tellier (archevêque de Reims), vii, 29.
Leyde (Lucas de), 242.
Leyde (université de), xiv.
Lhuillier, 258.
Liancourt, 242, 291.
Liancourt (cardinal de), 241.
Liancourt (duchesse de), 240.
Liancourt (Roger du Plessis de), duc de la Rocheguyon, 240, 242.
Libraires de Paris, vii.
Lieusaint, 61.
Ligue (la), 305.
Limoges, 265.
Lincoln (comté de), 199.
Lincy (de), v.
L'Isle-Adam (tombeau de), 284.
Lister (le docteur), i, ii, iii, iv, xi, 1, 3, 5, 8, 9, 10, 11, 12, 15, 29, 36, 45, 49, 54, 58, 60, 93, 104, 110, 118, 122, 130, 140, 149, 158, 194, 212, 217, 219, 279, 293.
Lister (sir Mathieu), 3.
Lit de la duchesse de Chaulnes, 297.
Lithuard, 119.
Litterary character, xxi.
Littre (Alexis), 74.
Livourne, 269.
Livre d'heures de la reine Anne de Bretagne, 231.
Loire, xv, 68.
London (Mr), 199.
Londres, xiv, xvi, xvii, xxii, 1, 8, 18, 21, 22, 26, 27, 30, 31, 36, 51, 54, 80, 90, 118, 127, 135, 159, 162, 174, 204, 205, 210,

215, 230, 251, 256, 257, 311, 312.
Lons-le-Saulnier, 207.
Lord-justicier, 13.
LORGES (M. de Duras, duc de), 173.
LORGES (maréchal de), 207.
LORNE (mylord), 97.
Lorraine, 115, 132.
Loth, v.
Lough-Neagh, 84.
LOUIS (saint), 224, 230, 303.
LOUIS XI, 302.
LOUIS XII, 290.
LOUIS XIII, 39, 40, 92, 222, 237, 245.
LOUIS XIV, 1, 11, XI, XII, 18, 20, 39, 40, 143, 216, 222, 235, 268. Voir Roi & Roi de France.
LOUIS XV, 184, 245.
LOUIS XVI, 259.
LOUVOIS, 100.
LOUVOIS (abbé de), 102.
Louvre, 24, 49, 52, 90, 103, 106, 223, 226, 228, 233, 241, 246, 247, 259, 261, 281, 285, 287, 289, 310.
LOWNDES, II.
LUCRÈCE, XVII.
LULLE (Raymond), 306.
Lutèce, 204.
Lutetia Parisiorum erudita, IV.
Luxembourg, 24, 25, 28, 49, 50, 253, 254, 289.
Luxembourg (Petit-), 256, 289.
Lyon, XV, 119, 133, 209.
LYRA (Nic. de), 287.

M

MABILLON (le P.), 114.
MACAULAY, XIX.
MACHIAVEL, 301, 305.
Machine de Marly, 188.
MADAME, 180.
Madeleine, 242.
MADEMOISELLE, 178.
Madone, 235, 241, 242, 243.

Mardick, 300.
Madrid d'Espagne, 240.
Madrid. Voir Château.
Magny, 249.
Mail (le), 286.
MAINE (duc du), 96, 179.
MAINE (duchesse du), 94.
MAINE (Lacroix du), 127.
MAINTENON (Mme de), 93.
Mais de Notre-Dame, 228.
Maison de Mgr l'archevêque à Saint-Cloud, 291.
Maison de M. Bautru, 283.
— de M. de Bretonvilliers, 286.
Maison de Mme de Chaulne, 285.
— dorée (la) de Néron, 195.
— de M. d'Esmery, 285.
— de M. de La Ferté-Senneterre, 283.
Maison de M. Lambert, 286.
— de M. de La Vrillière, 282.
— de M. le Coigneux à Saint-Cloud, 291.
Maison de M. Le Tellier, 288.
— de M. des Hameaulx, 285.
— de Mademoiselle, 281.
— de M. Monnerot à Meudon, 291.
Maison de feu M. des Noyers, 282.
— de M. Perrochel à Sèvres, 291.
Maison de campagne du cardinal de Richelieu, 237.
Maison-Rouge (la), 247.
Maison de M. de Sennolfe à Conflans, 290.
Maison réglée, 152.
MAISONS (René de Longueil, marquis de), 261.
Malade imaginaire (le), 157, 158.
Maladies habituelles à Paris, 204.
— vénériennes, 211.
Malassis, 266.
MALEBRANCHE (le P.), 123.
MALHERBE, 93.
Malmesbury, 274.

Malpropreté de Paris, 311.
Malte (grand maître de), 275, 284.
MANCHESTER (le comte de), 17.
Mans (le), 79.
MANSARD (François), 169, 261.
Manteau d'Anne de Bretagne, 223.
MANTEGNA, 242.
Manufacture de glaces, 130.
— des Gobelins, 132.
Marais (le), 231.
MARALDI, 60.
MARC-ANTOINE, 269.
MARC-ANTONIO, 277, 278.
MARCHAND (Floriant) le Jet d'eau vivant, 270.
Marché aux Chevaux, 288.
Marché-Neuf, 286.
— Saint-Germain, 161.
Maréchaux de France, 275.
MARESCHAL, 208, 210.
MARIE de Médicis, XIV, 49, 163, 226, 236, 253, 255.
MARIE de Modène, 18.
MARIETTE, XXIV, 126, 235, 265, 268.
MARLBOROUGH (duc de), 18.
Marly, 178, 185, 186, 188, 189, 191, 193, 197.
MAROLLES (l'abbé de), 45, 89, 103, 242, 260, 262, 275.
Marronniers d'Inde, 169, 200.
MARRYAT (J.), 128, 129.
Marseille, 275, 300.
Martyres de sainte Justine & de sainte Catherine (tableaux), 242.
Marum Cortusii (plante), 168.
— de Syrie, 171, 175.
Mascarades à Paris, 264.
MASCARON, 29.
Massacre des Innocens, 122, 123.
MATHIEU (saint), 105.
Mathurins, 287.
MAUROY, 282.
MAYERNE (sir Théodore de), 216.
MAZARIN (le cardinal), 133, 264, 269.
MAZARIN (le duc de), 42.

MAZARIN (Hortense Mancini, duchesse de), XVIII, 149.
MÉCÈNES, 68, 116.
Médecin malgré lui (le), 157.
Médecine à Paris, 204, 213, 214, 215.
Médecins anglois, 307.
Médecins & chirurgiens françois, 306. Voir Médecine.
MÉDICIS (Cosme II de), 226. Voir MARIE.
Méditerranée, 299, 300.
Mélanges de la Société des Bibliophiles, 108.
MELLAN (Claude), 126.
MELLO (D. Francisco de), 198.
Mémoires du cardinal de Retz, 264.
— inédits sur les artistes françois, 242.
Ménagier de Paris (le), 138.
MERCURE, 115, 116, 117, 246.
Mercure galant, 21, 169.
MÉRIMÉE (Prosper), 293, 294.
Mer Rouge, 272.
Mers du Levant, 275.
MÉRY (chirurgien), 69, 71, 72, 73, 81.
MESNIL (du), 269.
Mesure de la grosse cloche de Compostelle, 290.
Meudon, 52, 178, 182, 197, 292.
Mexique, 196.
MEYER, XXIV, XXV.
Mézières, 258.
MICHAUD, 275.
MICHEL-ANGE, 232, 241, 243, 284, 286.
Middle-Temple, XIII.
MILL (le docteur), 120.
Millthrope, 136.
MILTON, XX.
Mines de Liége, 188.
Minimes, 285.
MINOT, 214.
Mirabel, 150.
Miroir ayant appartenu à Virgile, 224.

Modène, 110, 242. Voir MARIE.
Mogol, 190, 196.
Moines, 33.
MOLART, 179.
MOLIÈRE, 157, 158, 159.
MOLYNEUX, 108.
Momie, 118.
MONALDESCHI, 245.
Monnoie, 93, 259.
MONSEIGNEUR (fils de Louis XIV). Voir Dauphin.
MONSIEUR, 157, 161, 178, 180, 181, 214, 276.
Montagny, 176.
MONTAGUE, 93.
MONTAIGLON (de), XXIV, 126.
Montalzat, 149.
MONTAUSIER (le duc de), 69, 93.
MONTIGNY (de), 170, 176.
Montlouis, 170.
Montmartre, 173, 174, 225, 283.
Montmorency, 291.
Montpellier, 189, 199, 214, 303.
Montreuil, 224.
Montrouge, 170.
Mont-Valérien, 291.
MORÉRI, 54, 79, 207.
Morilles, 141.
MORIN, 122, 123, 130, 272.
MORIN (les deux), 214.
MORIN (Louis), 79, 80.
MORIN (Pierre), 258.
MORIN (René), 258.
MORLAIX (Noël de), 192.
MORLEY, 192.
Morolique (satire), VII.
MOROSINI, ambassadeur de Venise, 276.
MORSTEIN (de), 170.
Mouchy, 291.
Mouton, 144.
MOYSE, 33, 284.
Mur de la Chine, 195.
Muscat blanc, 150.
Musée ashmoléen à Oxford, 4.
— de Cluny, 265.
— de Grenoble, 242.

Musée du Louvre, 226, 253.
— de Sainte-Geneviève, 115.
— des Souverains au Louvre, 90, 119, 223, 231.
MUSGRAVE (sir Philip), 262.
Musos, 57.
MUSSET-PATHAY, 258.

N

Naïades de la fontaine des Innocens, 257, 258.
Namur, 94.
Nanterre, V.
NANTEUIL, XXIII, XXIV, XXV, 248, 268.
Naples, XVII, 141, 303, 310.
National Galery, XIX.
Nativité de Notre-Seigneur, 122, 123.
NAUDÉ, XVII, 282.
Navarre, 302.
Navets, 137.
NELSON, XXII.
NEMEITZ, 26.
Nevers, XV.
Nice, 150.
NICOLAÏ (de), 170.
NEPTUNE, 239.
NÉRON, 195.
NEWTON (Isaac), 93.
NICOLAS (frères), 270.
NINON, 267.
NIZOLIUS, 126.
Noblesse françoise, 294, 295, 297.
Noix stomachale (liqueur), 315.
Nordland, X.
Normandie, 130, 152, 249, 250, 296, 299.
Normandie (Basse-), 111.
NORWICH (comte de), 225.
Notre-Dame, 226, 232, 266, 286.
— -des-Champs, 288.
— de Chartres, 266.
— de Liesse, 14, 22.
— de Lorette, 235.
— de Rouen, 250.

Noue (de la), 284.
Nourriture des Parisiens, 135.
Nummi Græci imperatorum, 96.

O

Observatoire de Paris, 59, 60, 201.
Occo, 111.
Océan, 300.
Odénat, 96, 110, 111.
Odéon, 259.
Œillet de Crète, 168.
Oignons, 138.
Oise, 249.
Oiseau rhinocéros, 273.
Oldenburgh, 80.
Oléarius, 57.
Olonne (comte d'), 274.
Opéra, 157, 272.
Opéras, 156.
Opérations de la pierre, 207, 208, 209.
Orange (le prince), XIX, 19.
Orangerie de Saint-Cloud, 181.
— du château de Versailles, 184, 185.
Oratoire (l'), 123.
Orfévres de Paris, 228.
Orient, 96, 195.
Origine des nations, 95.
Orléans, XV, XVI.
Orléans (le duc d'), 65, 168, 254, 276.
Orléans (Gaston d'), 253.
Ormuz, 129.
Orne, 252.
Orphée, 239, 289.
Orville (Constant d'), 152.
Oseille, 139.
Osmont (Jean, sieur de Vaux), 260.
Ossory (lord), 265, 267.
Oxford, XIII, XV, 67, 91, 114, 227.

P

Padoue, XIV.
— (les frères de), 117.

Pagodes de Siam, 182.
Pain de Gonesse, 135.
— de Paris, 135.
Pajou, 258.
Palais Cardinal, 225, 259, 262, 263, 272.
Palais de Justice, 230.
— de Liancourt, 240.
— Mazarin, 42, 43, 230, 282.
— du Parlement à Rouen, 250.
— du Roi, 310.
— -Royal, 24, 25, 157, 225, 282.
Palma (le), 243.
Palme (le), 243.
Palmyre, 55, 96, 110, 114.
Pape (le), 17, 207.
Papier d'Égypte, 114.
Parc de Saint-James, 167.
Parc de Versailles, 193.
Paris (M. Paulin), III.
Paris, II, IV, V, VII, X, XI, XII, XVI, XXV, 7, 8, 18, 19, 20, 22, 24, 25, 27, 30, 31, 35, 36, 37, 38, 41, 42, 46, 47, 49, 51, 52, 54, 59, 60, 61, 62, 64, 65, 67, 77, 90, 91, 92, 94, 95, 96, 98, 108, 109, 117, 119, 126, 130, 131, 133, 134, 135, 137, 138, 143, 144, 145, 149, 150, 151, 152, 161, 164, 165, 166, 169, 170, 172, 173, 174, 177, 178, 179, 180, 182, 183, 192, 196, 197, 198, 199, 201, 202, 203, 204, 205, 206, 207, 208, 209, 210, 212, 214, 217, 221, 224, 225, 226, 227, 228, 229, 236, 237, 240, 243, 244, 248, 249, 253, 255, 256, 257, 259, 260, 261, 262, 265, 266, 267, 268, 269, 277, 281, 283, 290, 297, 305, 310, 311, 312, 313, 314.
Parisiens, 127, 134, 135, 151, 154, 155.
Parlement, 18, 29, 64, 93, 95, 230, 266, 267, 269, 273.
Parmesan (le), 243.

Parnasse (le), grotte de St-Cloud, 236.
Parterre du Luxembourg, 254.
PASSERAT, 287.
PASSIGNANO (Domenico), 243.
Passion (scènes de la), 250.
PAUL III, 242.
PAUL (le chevalier), 275.
PAULET, 32.
Paulette, 32.
PAULONI, 207.
PAUSANIAS, 58.
Pauvres, 34.
Pavé des rues de Paris, 227.
Pays-Bas, XIV, 185, 304.
PEIRESC, 68, 116.
Pentateuque, 123.
Pentecôte, 137, 145, 273.
PEPIN, 222.
Pépinière royale du Roule, 192, 193.
PEPYS, XVIII.
Perdrix de Languedoc, 145, 181.
— grises, 145.
— rouges, 145, 181.
PÉRELLE, 170.
PÉRELLE (Adam), 265.
PÉRELLE (Gabriel), 265.
PÉRELLE (Nicolas), 265.
Pères de l'Oratoire, 33, 283.
PÉRICHOT, 242.
Perle d'Angleterre (enseigne), 131.
— de moule d'eau douce, 132.
— marine d'Orient, 132.
Pérou, 196.
Perpignan, 303.
PERRAULT, 60, 158.
PERRIER, 268.
PERRUCHOT, 242.
Perse, 153.
Perse (golfe de), 129.
Persans, 196.
PERSÉE, 239.
Petersborough, 264, 273.
Petit-Mylord, surnom du portrait d'Évelyn, XXIII, 268.
Petit-Pleureux (le), 283.

Petites-Maisons, 289.
Pézénas, 189.
PEZRON (le P.), 95.
Pharmacie centrale, 169.
Phénicie, 55.
PHILIPPE AUGUSTE, 227, 250.
PHILIPPE III, 224.
Phrygie, 55.
Piccioli, xv.
PICHON (M. le baron Jérôme), III.
PIERRE (le czar), XIX, XX, 172.
Pierre tirée d'un cheval, 58.
— de Caen, 253.
— (maladie de la), 154, 206.
Pierres à bâtir, 61.
— coquilles, 201.
— extraites du corps humain, 207.
PIGANIOL de la Force, 131.
PILON (Germain), 285, 286, 287, 288, 290.
Pinde (le), 10.
PINET (Mr), 124.
Piquepuce, 290.
PISANI (le marquis de), 93.
Place de la Bourse, 230.
— Dauphine, 25, 281.
— Maubert, 288.
— Royale, 23, 25, 35, 39, 41, 232, 284, 285, 297.
Place du Temple, 232.
— Vendôme, 39, 52.
— des Victoires, 25, 38.
Places de Paris, 25.
Plaisir-des-Dames, 315.
PLATE-MONTAGNE (Nicolas de), 315.
Plâtrières de Montmartre, 138, 283.
PLINE, 109.
PLESSIS (du). Voir LIANCOURT, 242.
PLESSIS-BOURNONVILLE (du), 260.
PLUMIER (le P.), 125.
POELEMBURG, 242.
Poids romain, 112.
POIGNANT, 274.
POINTEL, 281.
Poireaux, 138.

Poires de virgouleufe, 145.
Poiſſons, 143.
Pollet (fort), 251.
POLLUX, 133.
Polonois, 138.
POLYBE, 194.
Pomme d'api, 145.
— de Kent, 145.
Pommes de terre, 137.
PONCE, 282, 286.
Pont-Alais, 283.
PONT-ALAIS (Jean de), 283.
Pont au Change, 226.
Pont-Neuf, 22, 39, 225, 231, 232, 268, 281.
Pont Notre-Dame, 226.
— -Royal, 22.
— Sainte-Anne, 226.
— Saint-Bernard, 22.
— Saint-Michel, 315.
— fur le Danube, 195.
— fur la Marne, 244.
PONTCHARTRAIN, 81.
PONTIS (de), 75.
Pontoife, 249.
POPELINIÈRE (Mme de la), 157.
PORBUS, 234.
Porcelaine de Chine, 46, 48, 186, 265.
Porcelaine de Saint-Cloud, 129.
PORPHYRE, 140.
Portail des Feuillans, 282.
— de Saint-Gervais, 284.
— de Saint-Sauveur, 290.
Porte Dauphine, 231.
— Saint-Antoine, 60, 111, 130.
— Saint-Bernard, 132, 134.
— Saint-Honoré, 282.
PORTLAND (comte de), 1, 1, 13, 17, 19, 20, 27, 199, 216, 225.
PORTSMOUTH (duch. de), XVIII, 65.
Portrait d'Auguſte, 224.
— de Cléopâtre, 224.
— d'Évelyn, XXIII, XXIV, XXVIII.
Portrait de Jules Céfar, 224.
— de Marc-Antoine, 224.

Portrait de Néron, 224.
— de la reine de Saba, 224.
Portraits du Roi, 197.
Port-Royal, 288.
Portugal, 81, 198.
Poterie de Saint-Cloud, 128.
Potery (Hiſtory of), 129.
POTIER DE BLANCMESNIL (Nicolas), 243.
Poudre de fympathie, 277.
Pourceaugnac, 157.
POUSSIN (le), 241, 243, 269, 281, 289.
PRAXITÈLE, 57.
Prefle, 170.
PRÉVOST (Charles le), 266.
PRÉVOST (Jacques le), 266.
PRÉVOST, baron d'Oyfonville (Paul), 266.
PRIAPE, 55, 223.
PRIMATICE (le), 110, 241, 242, 245, 246.
PRINCE (M. le). Voir CONDÉ.
PRIOR, 157.
PROBIE, 72, 209, 210.
PROCOPE, 152.
Promenades, 25, 156.
Pronoſtics, 79.
PROPHÈTES (manuſcrit grec des), 109.
Prorrhétiques, 79.
Provence, 68, 150, 275, 296, 302.
Provinces-Unies, 305.
PRUDENCE, 106.
Pfautier de Saint-Germain, 113.
Pſous (le muſcle), 208.
PTOLÉMÉE AULÈTES, 57.
PUSSART, 11.
PUSSORT, 170.
Pyramides, 283.
Pyrénées, 299.

Q

Quai de Béthune, 248.
— de Gefvres, 283.
— de l'Horloge, 81.

Quartarius, 117.
Question donnée à un malfaiteur au Châtelet, 270, 271.
Quinze-Vingts, 282.

R

RACINE, 293.
RADCLIFFE (sir Georges), 264, 269.
Raisin. Voir Espéran, Unies.
RAMBOUILLET (marquise de), 93.
RAPHAEL, 241, 242, 245, 247, 269, 284, 290.
Ratafia, 150.
Ratafia de perdrix, 315.
RAVAILLAC, 309.
Ré (île de), 151.
Réclames pour le traitement des maladies vénériennes, 211.
Régale (Traité de la), 119.
Reims, VII, 95, 142, 268.
REINE (la), 234, 235, 260, 276.
REINE MÈRE (la), 274.
REINE RÉGENTE (la), XI, 225, 288.
Reine de Sicile (la), 247.
Reinette, 145.
Religieuses de Sainte-Marie, 225.
REMBRANDT, 46, 47, 93, 122, 123.
RÉMUS, 246.
RENARD, 282.
Renoncules, 200.
Repentir de saint Pierre, 123.
RETZ (la duchesse de), 286.
RÊVES ou Servet, 120.
RHENANUS (la messe de B.), 119.
Rhodes, 284.
Rhône, 149.
RICCIARELLI (Vita di Daniello), 232.
RICHELIEU (le cardinal de), 29, 52, 121, 229, 232, 251, 259, 262, 275, 287, 298.
RICHELIEU (le duc de), 251.
RILEY (sir Hugh), 264.
Rinsy (le), 291.
RIS (M. le comte Clément de), III, 149.

Riswick, 1, 17.
RIVIÈRE (Bureau de la), 138.
Rixe à Vanves, 265, 266, 267.
Roanne, XV.
ROBBIA (Girolamo della), 164, 265.
Robe du Christ à Argenteuil, 291.
Robec, 249.
ROBERT (le roi), 229.
ROCHEFOUCAULD (la), 242.
ROCHEFOUCAULD (le cardinal François de la), 241.
ROCHEFOUCAULD (le duc de la), 240.
Rochelle (la), 303.
Rocroi, 301, 303, 313.
RŒMER, 60.
ROHAN (le cardinal de), 29.
ROHAN (le duc de), 298.
ROHAN (le prince de), 35, 36.
Roi (le), V, 168, 178, 179, 183, 187, 188, 190, 194, 197, 198, 213, 225, 228, 235, 236, 239, 259, 267, 275, 276, 277.
Roi d'Angleterre (le), 17, 51, 242.
Roi d'Espagne (le), 17, 51.
Roi de France (le), XVI, 225, 262, 272, 274.
Roi de Perse (le), 224.
Roi de Suède (le), V.
Rois d'Égypte (les), 195.
Rois de France, 221.
ROMAIN (Jules), 243.
ROMAIN (saint), 250.
Romains (les), 116, 150, 154, 194, 197.
ROMAN, 60.
Rome, VII, XV, XVII, 41, 55, 97, 110, 126, 132, 138, 195, 207, 229, 232, 238, 268, 273, 310.
ROMULUS, 246.
RONSARD, 93.
Rosso (le), 245, 247.
Roturiers françois, 295, 296.
Roucy (le comte de), 90.

Rouen, 249, 250, 251.
Royal d'or, 223.
RUBENS, 41, 49, 50, 51, 253.
Rue d'Alger, 170.
— de l'Ancienne-Comédie, 152.
— de Bourbon, 293.
— Bourgtibourg, 212.
— de la Cerisaye, 171.
— de Choiseul, 173.
— du Colombier, 260.
— Culture-Sainte-Catherine, 174.
— Dauphine, 231, 259.
— d'Enfer, 176.
— aux Fers, 257.
— des Fossés-Montmartre, 282.
— des Fossés-Saint-Germain, 152, 157.
Rue de la Fromagerie, 35.
— Guénégaud, 157.
— de la Harpe, 62.
— de Jouy, 169.
— de Lille, 293.
— de la Michodière, 173.
— des Minimes, 224.
— de Mirepoix, 315.
— de Montmorency, 171.
— Neuve - des - Petits - Champs, 282.
Rue de Nevers, 259.
— Poulletier, 248.
— Princesse, 69.
— de Reuilli, 131.
— Richelieu, 175.
— Saint-Antoine, 175, 228.
— Saint-Augustin, 173.
— Sainte-Avoye, 171.
— Saint-Denis, 225, 257.
— Saint-Germain, 281.
— Saint-Gilles, 224.
— Saint-Honoré, 225, 232, 282.
— Saint-Jacques, 104, 126, 265.
— Saint-Louis, 284.
— Saint-Thomas-du-Louvre, 259.
— de Seine, 240.
— Serpente, 95.
— de Sèvres, 90.
— Simon-le-Franc, 284.

Rue de Tournon, 21.
— Traînée, 283.
— Vivienne, 102, 287.
Ruell, qu'on doit prononcer *Ruel*, 237, 261, 291.
Rues de Paris, 27.
Russes (les), 138.
Ruysch, 7.
RYER (du), 237.

S

SACROBOSCO, 287.
SAINCTOT (M. de), 16.
Saint-André-des-Arcs, 287.
Saint Antoine, 243.
Saint-Benoît, 272.
Sainte Catherine, 242, 249.
Sainte-Chapelle, 230, 231, 286, 289, 290.
Saint Christophe, 286.
SAINT-CLAIR (de), 268.
Saint-Cloud, 17, 61, 129, 145, 178, 179, 180, 181, 236, 261, 291.
Saint-Cosme, 287.
Saint-Denis, 35, 221, 222, 223, 224, 263.
Saint-Denis-de-la-Châtre, 286.
Saint-Domingue, 77.
Saint-Estienne-du-Mont, 288.
Saint-Eustache, 283.
SAINT-ÉVREMOND, XIX.
Sainte-Geneviève, 287.
SAINT-GEORGES (Q. de), 242.
SAINT-GERMAIN (le président de), 266, 267.
Saint-Germain-l'Auxerrois, 281.
Saint-Germain en Laye, 236, 239, 261, 266, 291.
Saint-Germain-des-Prés (chœur de), 112.
Saint-Gervais, 49.
Saint-Honoré, 283.
Saint - Jacques - de-la - Boucherie, 283.
Saint-James, 105.

Saint-James-Park, 9.
Saint-Jean-de-Latran, 287.
Saint-Jean de Lyon, 112.
Saint-Josse, 283.
SAINT-MARTIN (M. de), à Arcueil, 290.
Saint-Martin (la), 137.
Saint-Médéric, 284.
Saint-Ouen, 35, 36.
Saint-Pierre-au-Chant-du-Coq (tableau), 122.
SAINT-PAVIN, 237.
Saint-Sébastien (tableaux), 243, 283.
Saint-Sépulchre, 284.
SAINT-SIMON (le duc de), 90, 173.
Saint-Victor, 25, 288.
SAINTE VIERGE, 273.
SAISSAC (le marquis de), 198, 215.
Salle des Antiques au Louvre, 281.
— — aux Tuileries, 234.
Salle des Banquets, 98.
— des Festins, 245.
— des Gardes, 245.
— des Machines, 157.
— (Grand'), 286.
Salm, 114.
SALOMON, 224.
SALVETAT, 128, 130.
Samaritaine (la), 226, 268, 281.
Sang & vêtemens du Christ à Saint-Denis, 223.
Sanglier, 145.
SANNARD, 291.
SARRASIN, 285.
SARRAZIN (Jacques), 235.
SARTO (André del), 247.
Satyre agenouillé, 241.
Saulx-les-Chartreux, 95.
SAUMAISE, 110.
SAUMUR (Paul de), 275.
SAUVAL, 225, 232, 247, 248.
Sauveur au milieu des docteurs (le), 242.
Savoye, 138, 276.
SAVOIX (le duc de), 17, 51.
SAXE, 303.

Sayes-Court, XVI, XVIII, XIX.
Scarborough Spaw, 209.
Sceaux, 170.
SCHOTT (Adrien), 126.
Sciences & lettres en France, 306.
SCIPION (Continence de), tableau, 241.
SCUDÉRY (Georges de), 92.
SCUDÉRY (Mlle de), 92, 94.
Sedan, 132.
Sedum pyramidal, 176.
SÉGUIN, 57, 111.
Seine (la), 22, 131, 134, 163, 166, 180, 204, 206, 225, 234, 249, 251, 261, 311.
Séjour de Paris, par Nemeitz, 26.
SENNOIS (M. de), 290.
Sel gris, 135.
Sel du Roi, 216.
Séminaire Saint-Sulpice, 289.
SÉNATAN, 270.
SÉNÈQUE, 140.
SÉNOZAN (de), 270.
SERMIZELLES (M. de), III, VI, XII.
Sermons, 156.
SERVET (Michel), 102, 119.
Servitude volontaire, XVII.
SÉVERX, 62.
Sèvres, 291.
Sextarius, 117.
SHAKESPEARE, XX.
SHARP DE HACKNEY (John), 8.
SILÈNE, 53.
Silésie, 139.
SILVESTRE, 247.
Singulière (liqueur), 315.
Smilax (plante), 168.
SNEIDERS, 243.
Société des Bibliophiles, XII, 293.
— Royale de Londres, XV, XX, XXI.
Soir, 203.
SOMMERS, baron d'Evesham (John), 13.
Songes (Traité des), 266.
Sonières, 266.
SORBIÈRE, 8, 10.

Sorbon (Robert de), 229.
Sorbonne (la), 99, 103, 239, 263, 287, 311.
Soubise (le maréchal prince de), 36.
Southever, XIII.
Souverain (vaisseau le), 41.
Souvray (le commandeur de), 287.
Spon, 55, 110, 240.
Spondille, 65.
Staffordshire, 129.
Stanley (Venetia Anastasia), 277.
Standsfield (Éléonor), XIII.
Standsfield (John), XIII.
Statue de la Clémence, 245.
— de Henri le Grand sur le Pont-Neuf, 225.
Statue de Louis XIII, 232.
— de Louis XIV, 282.
— de Neptune, 226.
— de la Paix, 245.
— romaine, 182.
— de saint François, 287.
— de saint Jean, 263.
— de la Sainte Vierge, 263.
Statues, 38, 39, 40, 41.
Stecas de Bochin (plante), 168.
Steinwick, 242.
Stella, 93.
Stemvick, 242.
Strafford (lord), 273.
Stulet (Isabelle), 266.
Suède, 58.
Suger, 263.
Suidas, 58.
Suiffe, 296.
Suisses (les), 274, 276, 301.
Sully-sur-Loire, 36.
Superbe (la), surnom de la maison de la Vrillière, 282.
Surrey (comté de), XIII.
Swammerdam, 101.
Sydenham, 6, 10, 11.
Sylva, ouvrage de Lister, XXI.
Sylvestre (Israël), 237.
Synopsis conchyliorum, 4, 102.

T

Tableau du maître-autel des Petits-Jésuites, 289.
Tablettes cirées, 113.
Tacca (Pierre), 226.
Tallard (le comte de), 212.
Tallemant des Réaux, 237, 249, 258, 266, 266, 277.
Tamise (la), 204, 211.
Tarbes, 243.
Tarn-&-Garonne, 149.
Tavernier (J.), 254.
Temple (le), 231, 284.
Temple (sir W.), 198.
Temple protestant de Charenton, 243, 290.
Templiers (les), 232.
Termes au Louvre, 282.
Testament (le Nouveau), 120.
Thévenot, 242.
Thé, 152, 153.
Théâtre (le), 184.
Théâtre-d'Eau (le), 184.
Théophile, 93.
Thermes (les), 287.
Thévenot, 57, 96, 100, 101, 106, 242.
Thionville, 303.
Thomas (tombeau du maître de saint), 287.
Thou (de), 29, 267, 287.
Thouret, 257.
Thulden (Van), 245.
Thuret (Isaac), 106.
Tibre (le), 246.
Tiraboschi, 110.
Tite-Live, 106, 120, 121.
Titien (le), 242, 243.
Titus, 195.
Tombeau de Mme d'Angoulesme, 285.
Tombeau de Balduinus, 287.
— de Belleau, 287.
— de Birague, 285.
— de l'amiral Chabot, 285.

Tombeau d'une chatte, 172, 173.
— de Clovis, 288.
— du Dauphin, 287.
— de Donné de Savoye, 287.
Tombeau de deux escholiers, 287.
— de Fernel, 283.
— de Flamel, 283.
— de François Ier, 290.
— de Henri II, 290.
— de l'Isle-Adam, 284.
— de M. Le Jay, 285.
— de Louis XII, 290.
— de Lyra, 287.
— du loyal Mathurin, 287.
— des connétables de Montmorency, 291.
Tombeau de Passerat, 287.
— de Mme la Princesse (Catherine de la Trimouille), 286.
Tombeau de la duchesse de Retz, 286.
Tombeau du cardinal de Richelieu, 121, 287.
Tombeau de deux rois de France, 289.
Tombeau des rois de France à Saint-Denis, 222.
Tombeau des rois de Portugal, 287.
— de saint Cloud à Saint-Cloud, 291.
Tombeau de sainte Geneviève, 288.
— de Suarez, 287.
— de messieurs de Thou, 287.
Tombeau de Vincent de Cesteaux, 286.
TORTEBAT, 242.
Tôte, 251.
TOUCHAR, 170.
Toulon, 150, 275, 300.
Toulouse, 204.
TOULOUSE (le comte de), 179.
Tour quarrée, 288.
— de Saint-Jacques-de-là-Boucherie, 256, 283.
Tourlaville, 131.

Touraine (la), 260.
TOURNEFORT (le docteur), 66, 67, 68, 76, 81, 167, 168, 200, 209, 216.
Tours, 108, 264.
Traité de Perspective, 264.
Traitement des maladies vénériennes, 212.
TRAJAN, 195.
Transactions philosophiques, 7, 94, 108, 126, 209.
Trente (concile de), 144.
Trésor de Saint-Denis, 222, 223, 224.
Trianon, 193, 197.
TRIMOUILLE (Catherine de la), 286.
Triton, 255.
Trompe de Montpellier, 282, 286.
— d'Orient, coquille, 286.
— de la rue de la Savatterie, 286.
Trouville, 203.
TUBY (Jean-Baptiste), 132, 184.
Tuileries (les), 22, 24, 25, 28, 133, 157, 170, 196, 226, 236, 246, 282.
TUKE (sir Samuel), 261.
Tulipes, 201.
Turcs (les), 196, 300.
Turquie (la), 153.
Tyrannus ou la Mode, XVII.

U

Unies. Voir Des Unies.
Université (l'), 225, 226, 227.
— de Cambridge, 93.
UPCOTT, 299.
Urbino, 269.
Urne en pierre, 112.
Ursulines, 228.
Ussé (M. d'), 108.
Utilité des voyages (de l'), 54.

V

VABALATHUS, 96, 97, 110, 111.

Vaga (Perino del), 269.
Vaiddau de Gramont, 281.
Vaillant, 96, 110, 200.
Valcour, 281.
Val-de-Grâce, 23, 25, 49, 288.
Valentiné d'Ussé (Louis-Bernin de), 108.
Vallée (de la), 260.
Valmont (de), 84.
Van der Borcht, XXIII.
Vander-Linden, 214.
Vandermeulen, 274.
Vandeuil (de), 260.
Van Dyck, XXIV.
Vankeyden, 259.
Vannol, 93.
Vanves, 265, 266, 267.
Van Vliet, 123.
Vasari, 232.
Vaté (le), 150.
Vauban, 108.
Vaugirard, 25, 137, 139.
Vaux (de), 260.
Vendanges de Suresne (les), 157.
Venise, 52, 118, 224, 243, 264, 276, 310.
Vénus, 243, 269, 272.
Verde de Florence, 149.
Verneuil, 291.
Verney (Guichard-Joseph du), 68, 72, 73.
Vérole à Paris, 210.
— (Traité sur la petite), 7.
Véronèse (Paul), 52, 241, 242, 243.
Versailles, 17, 43, 48, 67, 76, 132, 143, 173, 178, 191, 196, 197, 198, 209, 214, 248, 274, 289.
Vespasien, 195.
Vestale de bronze, 112.
Vic, 150.
Victoire (la), 38, 39, 111.
Vienne, 120.
Vierge, 247, 286.
— assise, 243.
— de Brienne, 247.
— au Singe, 247.

Vierzon, 265.
Vieuxbourg (Louis, marquis de), 94.
Vieuxbourg (Mme de), 94.
Vignon (Claude), 242.
Ville de Venise (auberge), 224.
Villeneuve-le-Roi, 124.
Villeneuve-Saint-Georges, 131.
Villeroy (duc de), 172, 187.
Villiers (l'abbé de), 187.
Vincennes, 25, 28, 61, 264, 290.
Vinci (Léonard de), 242, 247.
Vin d'Anjou, 149.
— blanc d'Arbois, 148.
— de Beaune, 147.
— de Bourgogne, 144, 147, 149, 190, 205, 315.
Vin bourru, 148, 315.
— de Cabreton, 150.
— de Cahors, 150.
— des Canaries, 150.
— de Canteperdrix, 149, 315.
— de Champagne, 147, 149, 205.
— blanc de Condrieu, 148.
— de Côte-Rotie, 149.
— de l'Ermitage, 149.
— d'Espagne, 150, 151.
— de France, 151.
— du Gannetin, 149.
— d'Italie, 151.
— blanc de Mâcon, 148.
— de Malaga, 150.
— de Meursault, 148.
— d'Orléans, 150.
— de Palma, 150.
— de Paris, 147.
— de Rheims, 148.
— de Saint-Laurent, 149, 150.
— de Touraine, 149.
— de Volnay, 148, 149.
— de Xérès, 150.
Vins & liqueurs, 147.
Vinum passum, 150.
Viollet-le-Duc, 61.
Virloys, 110.
Visitation de Sainte-Marie, 225.
Vitraux peints de Vincennes, 290.

Vitres de Saint-Médéric, 284.
VITRUVE, 41, 62, 97, 98, 116.
VIVIER (du), 46.
VOLLENAI, 148.
VOLNAY, 148.
VOLTERRE (Daniel de), 232.
Vosges, 115.
VOSMAER, 123.
VOUET, 283.
Voyage à Paris, 1, 7, 15, 140.
Vulgate, 109.

White-Hall, 40, 41, 98, 216.
WICKAR (le révérend docteur), 217.
WIGNACOURT (Alof de), 241.
WILLIES (le docteur), 200.
WILLIS, 70.
WILLOUGHBY (sir Francis), 122.
Winchester, 173, 217.
Windsor, 40.
WINSLOW, 69.
Wotton, XIII, XVII, XIX, XXII, XXIII, XXIV.

W

WALL (J.), 228.
WALKER (Robert), XXIII.
WALLER, XVI, XX, 263.
WALLIN (George), IV, V, VI, VIII, X, XI.
WARD (Matthew), XIX.
Westminster, 221, 224, 230.
Whitby, 138.
WHITE (Thomas), 273.

Y

Vères, 132.
York, 3, 62.
Yorkshire, 3, 59, 84, 134, 170, 186.
YVETEAUX (Nic. V. sieur des), 266.

Z

ZAMET (Sébastien), 171,
ZÉNOBIE, 57, 96, 97.

FIN DE LA TABLE ALPHABÉTIQUE

Typographie Lahure, rue de Fleurus, 9, à Paris.

www.ingramcontent.com/pod-product-compliance
Lightning Source LLC
Chambersburg PA
CBHW050543170426
43201CB00011B/1544